中国少数民族设计全集

The Design Collection of Chinese Ethnic Minorities

拉祜族

中国少数民族设计全集编纂委员会 编

图书在版编目（CIP）数据

中国少数民族设计全集．拉祜族／中国少数民族设计全集编纂委员会编；肖飞，朱益民著．—太原：山西人民出版社，2019.10
ISBN 978-7-203-10975-4

Ⅰ．①中… Ⅱ．①中… ②肖… ③朱… Ⅲ．①拉祜族－民族文化－研究－中国 Ⅳ．① K28

中国版本图书馆 CIP 数据核字（2019）第 207752 号

中国少数民族设计全集．拉祜族

编　　者：	中国少数民族设计全集编纂委员会
著　　者：	肖　飞　朱益民
责任编辑：	蔡咏卉
复　　审：	武　静
终　　审：	蒙莉莉
装帧设计：	谢　成

出 版 者：	山西人民出版社　人民美术出版社
地　　址：	太原市建设南路 21 号
邮　　编：	030012
发行营销：	0351－4922220　4955996　4956039　4922127（传真）
天猫官网：	https://sxrmcbs.tmall.com　电话：0351－4922159
E — mail：	sxskcb@163.com　发行部
	sxskcb@126.com　总编室
网　　址：	www.sxskcb.com

经 销 者：	山西出版传媒集团·山西人民出版社
承 印 者：	山西出版传媒集团·山西新华印业有限公司
开　　本：	889mm×1194mm　　1/16
印　　张：	17
字　　数：	210 千字
印　　数：	1—1 000 册
版　　次：	2019 年 10 月　第 1 版
印　　次：	2019 年 10 月　第 1 次印刷
书　　号：	ISBN 978-7-203-10975-4
定　　价：	280.00 元

如有印装质量问题请与本社联系调换

中国少数民族设计全集编纂委员会

总 主 编（按年龄排序）
　　　　　张夫也　王立端　戴晋明　廖　军　王　琥　李豫闽　过伟敏　顾　平
　　　　　王　强　李　岗
执 行 主 编　王　琥
编 务 统 筹　张明山

中国少数民族设计全集编辑工作委员会

主　　　任　刘伟冬
编　　　委（排名不分先后）
　　　　　王　琥　王　峰　王　强　王立端　王浩滢　白　波　过伟敏　许　星
　　　　　许边疆　李　岗　李　丽　李豫闽　成光虎　肖　飞　余　强　汪传跃
　　　　　罗　力　杨明朗　陈　述　陈见东　邱　珂　胡万明　顾　平　郑　静
　　　　　郭立忠　姬　莹　张夫也　张泽国　张明山　张秋平　张耀引　梁盛平
　　　　　樊　进　谢　玮　熊　伟　熊　微　熊建新　蔡克中　葛　芳　鞠　斐
　　　　　魏　洁　廖　军　戴晋明

中国少数民族设计全集出版工作委员会

主　　　任　胡彦威　周　伟
执 行 主 任　姚　军　欧京海
编 务 统 筹　阎卫斌　周小龙
编　　　辑（排名不分先后）
　　　　　王新斐　史美珍　冯　昭　冯灵芝　吉　昊　吕绘元　刘小玲　任秀芳
　　　　　孙　琳　孙宇欣　李广洁　李建业　李　靖　员荣亮　张小芳　张志杰
　　　　　张书剑　何赵云　陈俞江　吴春华　武　静　周小龙　柳承旭　郝文霞
　　　　　赵　玉　赵晓丽　席　青　秦继华　高　雷　郭向南　阎卫斌　崔人杰
　　　　　傅晓红　蔡咏卉　翟丽娟　樊　中　薛正存　魏　红　魏美荣
整 体 设 计　谢　成

中国少数民族设计全集·拉祜族

本册著者　　肖　飞　朱益民
参与撰写　　（排名不分先后）
　　　　　　　黄　斌　李　梅　李天琦　章建春　施　婵
　　　　　　　黄　勋　曾娜妮　刘　玮　郭　钏　罗昭雯
　　　　　　　汪　萌　熊　文　朱正旗　付林晓　芦志鹏
　　　　　　　马文斌　张贺峰　陈春园　梁显龙　刘　洋
　　　　　　　黄　琪

求同存异　和合共荣

刘伟冬

中华民族，是一个由56个民族组成的大家庭。在漫长的文明发展史中，汉族和各少数民族都为中华文明的繁荣发展贡献了自己的聪明才智。纵观中华文明史，其实就是一部各族群之间"求同存异，和合共荣"的文化演进史。

从根子上讲，4000年前的"中国"，仅指北方中原地区，居住在这里的相传是上古时期黄帝部落和炎帝部落的后裔，故而自称"炎黄子孙"。其时的"中国"，不过是黄河中下游（西起陇山，东至泰山）区域。在千年发展与民族融合之后，尤其是晋末"衣冠南渡"，南迁的中原汉族与南方百越民族彻底融合，来自北方的鲜卑等民族融入汉族，使汉族前所未有地壮大发展，逐渐形成后来疆域辽阔、人口众多、物产繁盛、文化昌明的中华民族的主体族群。特别值得强调的是，自从作为一个民族整体之后，中华民族就从未中断过自己的民族发展史——这在世界历史上是硕果仅存、独一无二的。

中华民族具备兼容并蓄、虚心好学的民族天性。仅以设计学范畴的事例讲：在数千年文明发展历史中，中华民族在不断向外输出优秀的文明成果（如烧造之陶瓷砖瓦、营造之榫卯斗拱、织造之丝绸刺绣、锻造之"失蜡"分模等），影响全人类的日

常生活与生产方式的同时，也不断地吸纳域外各民族的优秀文明成果，如汉魏之印度佛教和西域音乐、隋唐之西亚服饰和家具、宋元之东洋印染和漆艺、明清之西洋机器与建筑……在中华民族内部，这样的文化交流更是从未停止过，而且是风生水起、枝繁叶茂，愈发流畅、深入，中华民族各族群之间"求同存异，和合共荣"的文化大演进，共同创造了中华民族极为灿烂辉煌的造物文明历史。仍以设计学范畴为例：原本是匈奴人发明的单足绳圈，被晋代的汉族人设计成铁质双镫；最早是鲜卑人原创的毡毯卷边，被晋代的汉族人改造成"高桥马鞍"，这宗中国式马具设计案例，被誉为"13世纪中国传入欧洲的最重要文化成果"（李约瑟语）。再如，西域（今新疆地区）是全世界最早的皮靴生产地，哈尼族为主的红河地区出现了全世界最早的梯田。再如，全世界最早的"干栏式建筑"和全世界最早的稻米人工育种、栽培，均起源于长江中下游的百越地区；全世界最早的竹藤编结器物起源于闽越地区……由中华民族共同创造、发明，后来又影响了全人类文明进程的优秀造物设计案例很多，不胜枚举。几千年中华民族的文明史，就是各种文化多元融合、共同发展的最好例证。不了解中华民族内部各族群的文明交流史，就无法真正理解中国文化史，也不能理解为什么中华民族总是能在逆境中成长强大。甚至可以说，能否完整地理解中华民族的文化史，是检验每一个当代中国知识分子（特别是文史哲专业的学者）文化立场的"试金石"。

随着改革开放的逐渐深入，各民族地区的经济与社会状态已发生了天翻地覆的变化。令人遗憾和担心的是，由于各地区政策执行力度不平衡，保护措施不得力，少数民族的文化特性正在逐步衰退，有些地区的少数民族文化特征甚至已经消失殆尽，仅仅存在于徒具形式，充满口号、标语的民族文化村旅游景点中。有学者预言，再不加快整理抢救工作，中国的少数民族可能在物质形态和文化内涵的特征上，若干年后将不复存在。

从少数民族地区反映古代中国社会某些面貌的文化遗存看，这些少数民族之所以一直与汉族地区差距巨大，存在多方面的原因，其中历代汉族统治者对少数民族的歧视政策是主要原因。此外这些地区本身就处于偏僻荒地，不是沙漠就是山区，自然条件远不及汉族聚集地区，社会发展水平滞后。20世纪50年代，有相当比例的少数民族在当时仍处于原始农耕社会或奴隶制社会，不要说通电、通水、通汽车，不少人一辈子连铁器长什么样都没见过。部分少数民族聚集地的各种自然条件也较差，缺肥少水，基本生活来源，一靠老天爷恩赐的"望天收"农作物；二靠家庭手工作坊制作些竹藤编结物和土织、土陶等土特产来换取粮食；三靠养猪、兔、羊和鸡、鸭、鹅等家禽来换取日用品，如灯油、农具、衣物和油盐酱醋等；四靠为土司、头人和大户们出卖劳力（社会底层奴隶身份），年老即被抛弃。中华人民共和国成立后，党和政府在这些地区实行社会主义改造，打倒以土司、巫师和头人为首的剥削阶级，将土地和生产资料一律收归集体所有，解放了全体少数民族民众，使他们历史上第一次有了自由劳作和生活的权利。

中华人民共和国成立之初，党和政府就高度关注民族事务问题，为如何保护、关心各少数民族制定了一系列方针、政策，也为当代中国社会处理民族问题、保护民族文化树立了光辉典范。中央人民政府政务院于20世纪50年代初发布了《关于民族事务的几项决定》，为新中国民族政策奠定了最初的思想基础，其主要内容是：一、各大行政区军政委员会（人民政府）须指导各有关

求同存异　和合共荣

省、市、行署人民政府认真推行民族区域自治及民族民主联合政府的政策和制度,并随时向政务院报告推行经验,请示者须事前向政务院请示。二、各大行政区军政委员会(人民政府)须指导各有关省、市、行署人民政府认真并有计划地实行政务院在1950年颁发的《培养少数民族干部试行方案》,并将该项工作进行情况定期加以检查,每半年向政务院报告一次。中央民族学院及西北、西南、中南各军政委员会和新疆省人民政府的民族学院,必须依计划实行,并向政务院报告。三、政务院于1951年下半年适当时间将同时召开有关少数民族的卫生、教育及贸易三个专业会议,责成政务院文教委员会、中财委指导中央卫生部、教育部、贸易部开始筹备,并责成中央民族事务委员会协助进行。有关部门如农业部、文化部也须派人参加。四、责成中央人民政府各委、部、会、院、署、行注意建立有关民族事务的业务。五、在政务院文教委员会内设民族语言文字研究指导委员会,指导和组织少数民族语言文字的研究工作,帮助尚无文字的民族创立文字,帮助文字不完备的民族逐渐充实其文字。六、扩大中央民族事务委员会委员名额,责成中央民族事务委员会提出补充名单的建议,并于1951年下半年召开中央民族事务委员会扩大会议,检查与总结关于推行民族区域自治及民族民主联合政府的经验。

20世纪50年代,中央人民政府和政务院,曾多次组织"中央慰问团""土改工作队"和"普查工作队"等,花费大量人力和物力,深入各少数民族地区,进行了大量较为翔实的社会历史调查。50年代这轮由政府统筹、由中央民委组织行政领导和人类学、社会学专家学者以及民族同志组成工作队与考察队的少数民族大考察活动,1953年正式启动,1956年结束(个别地区延期至1958年才结束)。直接成果之一,就是为1956年国务院公布的55

个少数民族的正式定名和划分，提供了可靠的依据。

从当时考察的资料看，各少数民族的社会发展水平参差不齐，不少民族呈现类似汉族曾经历过的各种历史发展状况，为我们今天考察、了解并研究过去的历史以及各学术分支问题，提供了绝好的活体范本。比如以"设计发生学"研究为例，以山寨（村落）为主的初级社会组织形态，原始手工业在农耕环境中的地位，原始造物的手工技艺与设备、工具等，都是我们极感兴趣的研究对象。

在西北、西南和东北各少数民族聚集地区，有些古时流传下来的本民族手工造物技术，迄今仍保存良好。其吸收了汉族和其他兄弟民族的技术长处之后演变出来的各时段手工造物技术，则印证了各民族互相融合、取长补短的史实。更有些原始手工艺，特别具有艺术和历史研究价值。以维吾尔族人为例，本世纪初，笔者在新疆喀什城艾格孜艾日克老街看到几样手工艺绝活：其一是整条街的维吾尔族乐器店，除了热瓦普、曼陀林和冬不拉等少数维吾尔族知名乐器外，全是些笔者叫不上名来却似曾相识的弹拨乐器和拉弦乐器，于是从心里认可了"西域古乐成就了中国传统民乐"这句话所言不谬。其二是亲眼所见一个拖着鼻涕的不到10岁的维吾尔族小男孩，拿着电砂轮在铜壶上信手飞快地刻着精美细腻的图案，一不要底稿，二没有图纸，真是佩服得五体投地，也相信了"汉族人长于热铸，西域人长于冷锻"这个说法。其三是在喀什近郊著名的大巴扎"金器一条街"上看见近百家金店生意红火，家家门前毡毯上都围坐着一群金店伙计和顾客，正在热烈讨论、共同设计着花样繁多的未来金饰嫁妆，感受到了"中国传统样式的金银首饰工艺，最富有创意的设计和最先进的工艺制作，原来在维吾尔族人手里"这句大实话。还有，笔者

求同存异　和合共荣

在云南景洪县城集市上，曾亲眼见过景颇族老乡用古老的"焖烧法"烧出的红彤彤的土陶——跟笔者一知半解的仰韶彩陶的烧制工艺几乎一模一样。还有，笔者在大西北甘陕宁各省亲眼所见的回族、保安族、裕固族和东乡族老乡巧手做出的那些花样繁多、样式复杂的面塑造型，真是个个精妙绝伦。这方面的事例实在太多了。

50年代的少数民族地区社会大普查，以及半个多世纪以来社会各界对其丰富而珍贵的考察、研究，意义深远，价值极为重大。这些地区客观上保存的较为完整的、与数千年前中国原始社会最初形态近似的许多社会特征，为我们研究社会的最初形态形成和当时的经济、文化、政治的基本状况以及"设计发生学"的相关课题，提供了珍贵的类型学"活化石"范本，价值非凡。改革开放以来，这些少数民族地区也获得了前所未有的巨大发展，人民生活日新月异；但与此同时，少数民族地区的民族性在不可避免地愈发衰减、退化，甚至消失。如果我们再不采取保护措施，若干年后，各少数民族的许多宝贵民族文化遗产将无法挽救地彻底消亡，这部分同属于全人类精神财富和中华民族集体智慧的宝藏，我们将再也看不到了。

在"设计发生学"问题上，我们一向秉持文化多元论的观点，认为人类文明是全世界人民共同创造的，各国家、地区、民族均做出过大小不一、形态各异的贡献；同理，中华民族的灿烂文明是中国的各族人民共同创造的，每个民族都对中华传统文化做出过贡献，也都应当得到尊敬和肯定。中国的各少数民族在中华文明漫长的演化过程中，都曾经以自己独特而充满智慧的文明成果，补充、完善甚至改良着中华文明。比如，古代西域的龟兹古国各民族创造或引自西亚的弹拨乐器和拉弦乐器以及音律、曲

式，彻底改造了中国古代音乐，新创作出代表中国古乐精髓的江南丝竹；南疆的维吾尔族和北疆的哈萨克、塔塔尔、塔吉克等族首创了制革术，并引进古波斯革皮书籍装帧术和制靴术、制毡术、毛衣编结术；海南岛的黎族率先种植棉花并纺织棉布，传入内地后棉织业逐渐形成中国古代手工行业的"天下第一营生"……保护少数民族的民族文化特性，就是保护我们的历史遗产，就是传承我们的文明。我们应进一步发扬文化兼容的优良传统，把振兴中华的百年民族复兴梦，逐步落实为将大中华建设成为中国各民族共同拥有的美好家园。

由上千名来自全国各高等艺术院校的教授、研究生组成的55支团队参与编撰的《中国少数民族设计全集》（55卷），正是有识之士基于对各少数民族的民族文化特性正在快速衰减、消亡的严重现实问题的深切忧虑而进行的抢救、发掘、整理中国少数民族文化遗产的重要文化工程。经过两年精心筹划，六年努力写作，在国家出版基金管理部门的支持下，在山西人民出版社和人民美术出版社的策划和组织下，目前《中国少数民族设计全集》的书稿编撰工作已基本完成，即将付梓。在长达八年的漫长过程中，全国兄弟院校各团队涌现出的各种可歌可泣的事迹经常感动着笔者，并不时鞭策着全体作者克服千难万险，一路向前。有的分卷作者身患绝症仍不眠不休地忘我工作，有的分卷作者遭遇各种意外仍坚持工作。特别是，很多民族同志公而忘私、不计较个人得失，有人不惜将自己赚钱的企业关张歇业，全身心地投入各自所负责分卷的繁重编撰工作中；有人义无反顾地将自己珍藏多年的本民族实物、资料和研究成果无偿提供给相关分卷作者。大家万众一心，克服各种复杂得难以想象的困难，以确保这部凝聚了众人八年心血的巨著，能按计划如期完成。借此机会，笔者谨代表本丛书编委会全体成员，向领导、编辑和作者们表示衷心的感谢！

作为一项文化创举，笔者深信《中国少数民族设计全集》必将在未来岁月的长期检验中，愈发显现其非凡的、独特的文化价值。

2017年夏季于南京

前言

拉祜族是中国的古老民族与跨境民族之一，目前主要聚居在中国西南部、越南北部、泰国、老挝西北部地区以及缅甸东部。据我国人口调查，中国境内的拉祜族人口为485966人（2010年人口统计），集中生活在云南省澜沧江东西两岸的普洱市和临沧市。千百年来，拉祜族人民在辛勤的劳动中创造了绚烂夺目、源远流长的民族特色文化，为华夏文明的繁荣和发展作出了卓越的贡献。

从历史地域变迁来看，拉祜族在先秦以前生活在中国西北河湟流域的广大地区，属于西戎的一部分。到秦汉时期，拉祜族先民迁徙到甘南高原，属于"河湟羌"的一部分。隋唐时期，拉祜族先民迁徙到了金沙江以南至洱海的区域，与当时一些氐羌系民族被中原王朝泛称为"昆"或是"昆明"。4世纪中叶至8世纪中叶，拉祜族人为云南彝族爨氏所统治。其后，爨氏奴隶主政权分裂为东爨、西爨两部分，拉祜族先民处于西爨氏家族的统辖之下，并与其他少数民族相互形成"乌蛮"部族集团。8世纪中叶以后，拉祜族人又归顺了取代爨氏政权的强大的南诏、大理政权，并与南诏、大理政权保持了比爨氏政权更加密切的统属关系。大约10世纪以后，拉祜族先民脱离大理政权大规模南迁。从《拉祜族史》、其他历史文献、历史传说、古地名以及拉祜族各支系的分布状况看，这次大规模南迁活动分为东西两路同时进行。东路主要从拉祜西、拉祜普、苦聪顺哀牢山西侧和无量山东侧南下，最后到达了景谷、景东、镇沅一带；西路则从拉祜纳出发，经弥渡、巍山，最后渡过澜沧江到达了临沧、双江一带。其后，又经过漫长的迁徙，到元明时期，拉祜族

先民到达滇西南澜沧江两岸的广大地区。到18世纪初至20世纪初清王朝统治的近200年间，拉祜族先民因不能忍受清王朝和傣族各级土司的压迫统治，先后联合了布朗、佤、傣、哈尼、汉等族人民爆发了20余次起义，但都以失败告终。起义失败后，拉祜族先民又进行了一次小范围的局部性迁徙。在这次迁徙中，一部分拉祜族人顺元江南下至绿春、金平一带，另一部分拉祜族人渡过澜沧江到达澜沧、孟连一带，最终定居，并形成了现今的分布区域。

云南西南部山区物产丰饶、资源多样、四季常青，优越的自然条件、丰富的水利资源和地下矿藏资源，为拉祜族的发展奠定了物质基础。在长期的历史进程中，云南西南部独特的地域特征滋养着拉祜族人民，再加上拉祜族与各民族之间文化的相互渗透和相互影响，从而形成了拉祜族自己独具特色、丰富多彩的民族文化。拉祜族文化丰富了中华文化的内涵，增强了中华文化的魅力和创造力，是中华文化重要的组成部分。新中国成立后，国家及政府大力弘扬民族文化，进一步繁荣发展少数民族文化事业，中共十七大明确提出要运用现代科技手段和学术研究力量保护、开发和利用各民族的丰富文化资源，重视文物和非物质文化遗产的保护工作，以达到丰富、弘扬中华民族文化的目的。因此，研究和整理拉祜族丰厚的文化积淀、民俗风情和历史印迹是非常有意义的工作。

拉祜族经历了一段漫长的历史变迁，形成了具有本民族特色的历史文化。正是基于对其历史文化的研究，《中国少数民族设计全集·拉祜族》才得以编写完成。在收集资料的过程中，关于拉祜族的文字资料和图片信息并不是很全面，主要是通过书籍和网络收集到的。而网络上的信息资源存在一定的缺陷，拉祜族又处在云南比较偏远的地区，交通不便，因此拉祜族文化的传播不是很广，在很大程度上受到地域的限制。本书中笔者主要将拉祜族手工造物技术分

为"拉祜族传统建筑""拉祜族传统服饰""拉祜族传统餐饮""拉祜族传统生活用具""拉祜族传统生产工具""拉祜族传统手工艺""拉祜族传统民俗和宗教造像"等八大类呈现给读者，并以串珠子的形式，用一根线将拉祜族的历史性、地域性、民俗性融合在一起。编写的内容主要注重在拉祜族的文化设计上面，通过图文并茂的形式，将拉祜族艺术审美与民族文化相结合，以全新的面貌展现给读者。将拉祜族放在少数民族大系统中进行介绍和分析，其视野不同于之前单独的撰写，这样有利于将拉祜族和其他少数民族进行比较，更鲜明地体现其民族特色。非常有意义的地方在于，本书作为《中国少数民族设计全集》丛书之一，它将自己独特的魅力呈现给读者，不单只是为本丛书增添了色彩，同时也让更多的人开始关注拉祜族，了解拉祜族的历史，了解中国少数民族文化。

本书中每一个案例都是经过精心挑选和资料的查阅，最后确定下来的，这样做的目的是为了能够找到具有代表性的案例进行分析编写，使其内容简单明了又有说服力。然而在其编写的过程中困难是避免不了的，有些内容很难找到图片资料，只能根据文字的描述来绘制图片。即使这样，在丰富案例的内容方面仍留有一些遗憾，但是通过笔者的努力，以文字的形式弥补了一些图片上的缺陷。

在文字的编写上，为了让读者在了解拉祜族传统文化的同时，又能理解其文字中所蕴含的拉祜族传统文化内涵，笔者将案例中具有象征含义的图案、色彩、材质、工艺等一一呈现出来，从而利用这些事物将拉祜族的集体意识形态、民族文化的发展以及物质生活展现出来，并且将其中的美一起呈现给读者。在文字描述的过程中，编写小组主要从历史、人文、设计等角度出发，运用人类学、民俗学、设计学、历史学等研究手段进行综合论述。案例从图案、色彩、传统习俗等几个角度出发，全面展现拉祜族的文化底蕴。对

文字的要求是以精练、质朴的语言进行描述和分析，做到朴实而又有说服力。

在图片的设计上，通过对每个案例的图片进行分析绘制，以平面展示的形式表现出来。为了能够将拉祜族的民族特色与民族风情更好地展示给读者，保证图片的质量是极其重要的。其图片的制作手段主要是以拍摄、手绘和电脑制作为主。案例中图片的展示主要是通过实物图、尺寸图、结构名称图、操作示意图、效果示意图、延展图等呈现给读者。每个案例中图片多角度展示的目的是为了使图像看起来简洁、清晰、形象，让读者更加容易理解案例的内容及其文化内涵。

在两年的编写过程中，我们通过对各种资料的整理、收集、研究，对拉祜族的历史文化和民俗习惯有了进一步的了解，并为较为封闭的拉祜族村寨团结互助的精神以及相沿成俗的事物所震撼。比如，在拉祜族村寨如果有人生病了，将会举行拴福线等仪式，用集体的力量来祈求患者尽快痊愈，在这期间全寨老幼均要去看望，这种和睦友善的乡土人情让患者倍感温馨。对待砍伐神树或水源林木等违背村寨古规古理的人，将会被村寨乡邻唾骂，甚至诅咒其会受到鬼神的处罚以及生病等，这些都是村寨不成文的村规民约，仍沿用至今。拉祜族在艰难的生存环境中所具有的积极乐观的生活态度，让我们认识到了拉祜族善良、勤劳、坚忍不拔、自强不息的民族精神。

同时，我们越深入了解越感触颇深，尤其是对于拉祜族乃至所有少数民族文化、风俗、宗教等传统的传承和发展有了深刻的认识，怎样继承和发扬各少数民族的文化传统，已经成为我们更加关注和思考的问题。在当今社会经济高速发展的时代，很多历史文化、风俗习惯、生活方式等都随着时代的变迁而消亡，许多少数民

族所特有的东西为大众文化和流行文化所同化，共性取代了个性，多数同化了少数。改革开放以来，拉祜族与其他民族的交往日趋广泛和频繁，其神秘面纱慢慢被掀开，越来越多的外地人来到拉祜族居住地旅游、做生意，以电影院、卡拉OK厅为主的娱乐业迅速发展，生意兴隆。以往在宁静的夜晚唱民歌、跳芦笙舞为现代社会的休闲娱乐活动所取代，流行歌曲被越来越多的拉祜族青年学唱，而唱民歌的村民则越来越少。文化一体化的进程使主流媒体落户到拉祜族村寨，比如电视机进入各家各户。流行艺术的普及，挤压了拉祜族传统艺术存在的空间，更令人担忧的是，拉祜族整个民族都追求现代化的文化，从而在不知不觉中抛弃了自己的民族文化。人们开始对拉祜族传统文化的自信心感到不足，越来越多的年轻人远离了传统文化，例如竹塘乡某村已出现不过拉祜新年、不说拉祜语的现象。这是少数民族文化的灾难，更是中华文化的不幸。在这一社会、文化背景下，我们这一研究课题就显得非常重要和具有深远的文化意义。我们希望通过本书的编写，让更多的读者重视、了解、关心少数民族文化艺术，懂得少数民族文化作为中华大文化中不可或缺的一部分，应该得到保护、继承和发展。

目录

第一章　拉祜族传统建筑

拉祜族落地式茅屋　002

拉祜族干栏式掌楼　006

拉祜族页底　010

拉祜族草顶竹楼　013

拉祜族底谷　016

拉祜族谷仓　020

拉祜族居民院场　022

拉祜族独木楼梯　024

拉祜族前廊　026

拉祜族阳台　030

拉祜族竹笆墙体　035

拉祜族火塘　037

拉祜族庙寨　040

拉祜族寨门　043

第二章　拉祜族传统服饰

拉祜族男子开襟长袖上衣　048

拉祜族男子马褂　051

拉祜族宽裆粗腿长裤　054

拉祜族女袍　057

拉祜族筒裙　061

拉祜族老年装　064

拉祜族童装　067

拉祜族男子圆形帽　070

拉祜族女子包头　073

拉祜族背袋　076

　　拉祜族火镰包　079
　　拉祜族彩绸腰带　082
　　拉祜族脚筒　085
　　拉祜族浅帮黑面圆口布鞋　088
　　拉祜族葫芦头饰　090
　　拉祜族普巴　093
　　拉祜族银耳环　096
　　拉祜族银耳坠　098
　　拉祜族银戒指　101
　　拉祜族银纽扣　104
　　拉祜族银项圈　106
　　拉祜族银泡　108
　　拉祜族银手镯　110
　　拉祜族银吊子　113

第三章　拉祜族传统餐饮

　　拉祜族鸡肉稀饭　118
　　拉祜族粑粑　121
　　拉祜族"烧"菜　124
　　拉祜族剁菜　127
　　拉祜族竹筒饭　129
　　拉祜族烤茶　131
　　拉祜族传统烹饪方式·舂　134
　　拉祜族水酒　136

第四章　拉祜族传统生活用具

　　拉祜族家具　140

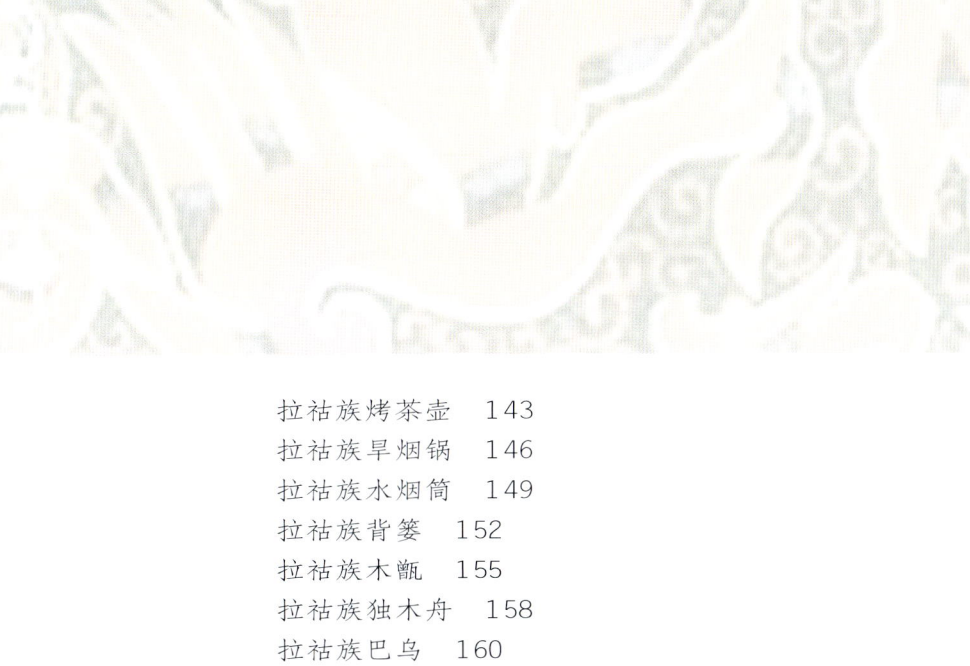

拉祜族烤茶壶 143
拉祜族旱烟锅 146
拉祜族水烟筒 149
拉祜族背篓 152
拉祜族木甑 155
拉祜族独木舟 158
拉祜族巴乌 160
拉祜族葫芦笙 162
拉祜族吉谷 166
拉祜族口弦 169
拉祜族木筒鼓 172
拉祜族小三弦 175
拉祜族铓锣 178

第五章 拉祜族传统生产工具

拉祜族长刀 182
拉祜族犁 185
拉祜族刈刀 188
拉祜族斧子 190
拉祜族铁锄 192
拉祜族狩猎的陷阱装置 194
拉祜族弹弓 197
拉祜族鱼篓 199
拉祜族碓臼 202
拉祜族纺织机 205
拉祜族养蜂箱 208

第六章　拉祜族传统手工艺

　　拉祜族织品图案　212
　　拉祜族竹木编织　214
　　拉祜族木雕　216
　　拉祜族器物彩绘　218

第七章　拉祜族传统民俗和宗教造像

　　拉祜族葫芦笙舞　222
　　拉祜族磨秋　225
　　拉祜族陀螺　227
　　拉祜族"扩"节　230
　　拉祜族婚俗　233
　　拉祜族祭祀行序与用具　237
　　拉祜族自然崇拜　240
　　拉祜族屋内祭祀神龛及香案　243

参考文献　247

第一章 拉祜族传统建筑

拉祜族落地式茅屋

图一　拉祜族落地式茅屋主图

落地式茅屋是拉祜族人最常见的传统住所，是拉祜族比较原始和简便的建筑形式。它主要有两种类型：一种是四周用竹笆片和木板围栅作墙面的"竹笆房"，另一种是用稻草和茅草和着泥巴糊挂墙体上的"挂墙房"。本案例主要解说的是"竹笆房"。

对拉祜族茅草屋的结构介绍主要分为房屋正面、侧面、顶部和室内布局四个部分。

拉祜族多在冬季建房，平时除遭遇火灾、水灾等非建不可外，一般不建盖房屋。茅屋的结构简单，搭建容易，多选择视野开阔、景色优美的环境，注重色彩美，给人一种很自然的视觉感受。茅屋会按照本民族的习俗设计，正中央开门，房梁避开垭口、山背，对着太阳升起的方向。建造茅屋时，先在地基上立几根带杈的柱子，梁放在杈上，椽子放在梁上，椽子上再铺盖茅草，然后在柱子四周用竹笆片或木板围栅作墙，这样建成的茅屋颇有"构木为巢"的古风。

茅屋的内部结构是：用篱笆把屋内分隔成三间，左边一间给儿女住或作为儿女婚后的新房，右边一间或向东一间设火塘，中间过道是进门和上楼的地方。火塘是待客和娱乐用的，两侧置床铺供父母使用，正上方是

拉祜族落地式茅屋外形图

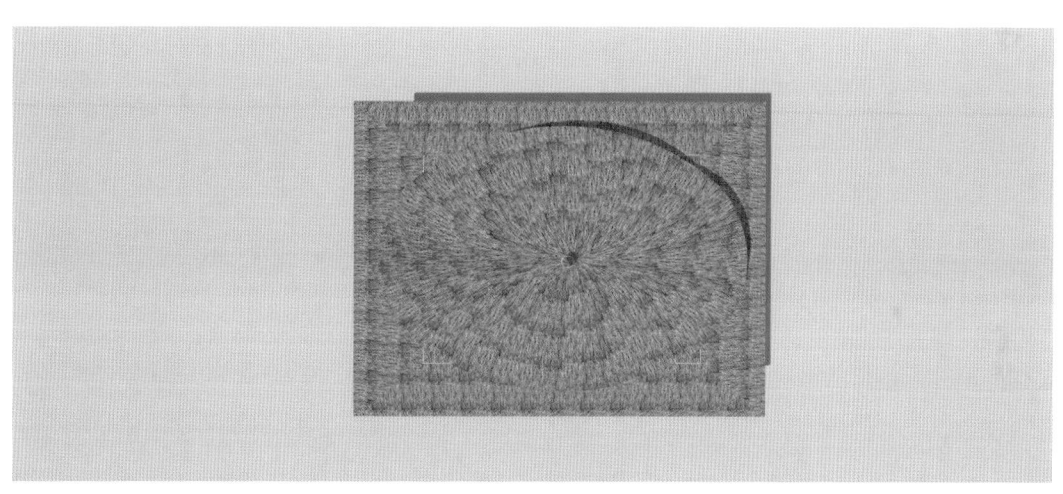

拉祜族落地式茅屋俯视图

图二　拉祜族落地式茅屋外形模型图

用来烘烤东西的，叫"炕笆"。火塘上架有供做饭和煮猪食用的铁三角，火塘前后靠围栏的地上摆放着炊具，围栏上面挂着猎枪、箭弩等。茅屋室内正前方摆着供奉家神的神桌，楼层铺有用来存放粮食的篱笆，在经济落后的地方往往用木板、竹笆片或芦苇围栅作墙体以挡风雨，形成落地式房屋。

落地式茅屋的屋檐不是很高，要弯腰才能进入房内。由于没有留窗或全部封死，房内阴暗。这种房子的特点是抗风、暖和，屋内长年生火，蚊虫难入内。

图片来源
图一　肖飞　制图
图二至图六　张贺峰　制图

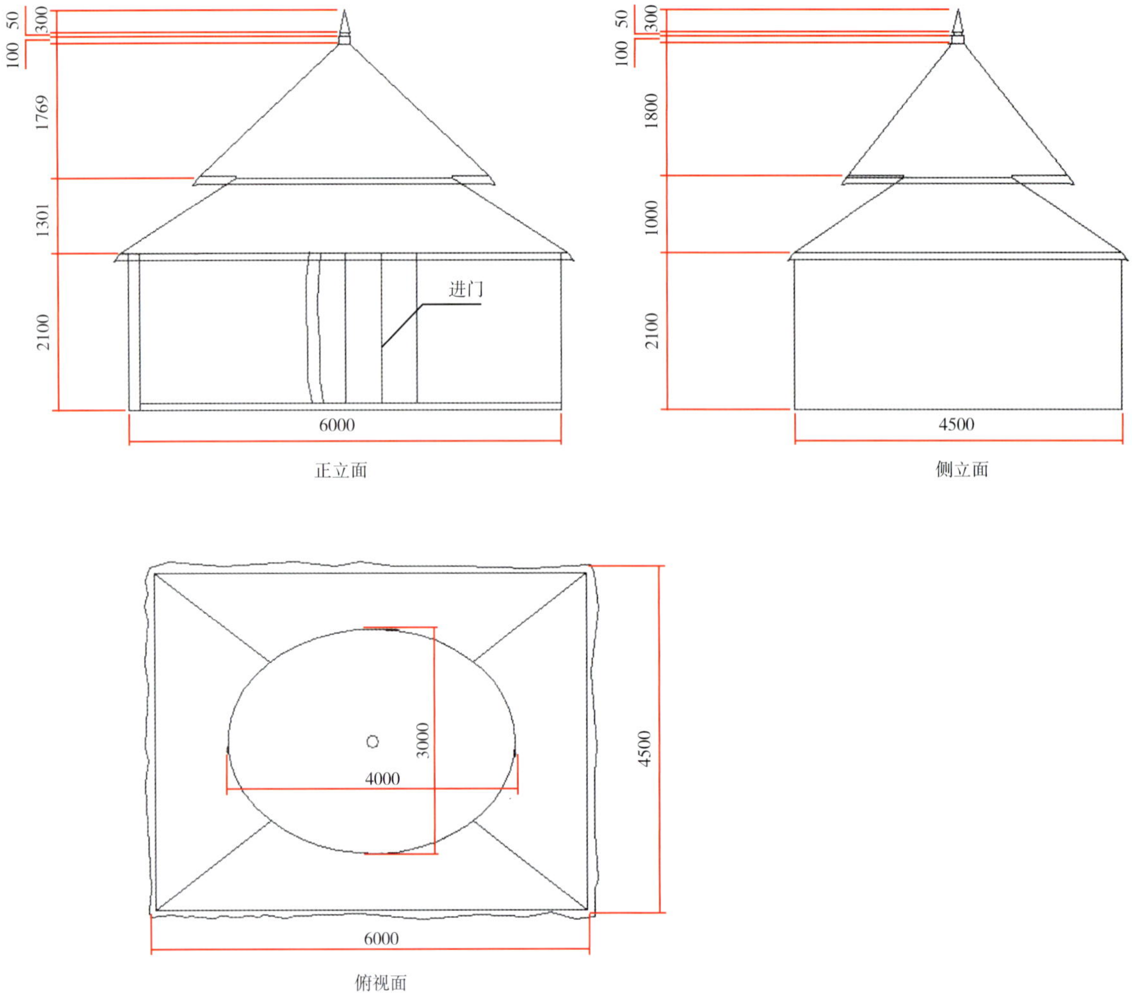

图三 拉祜族落地式茅屋三视、尺寸图（单位：mm）

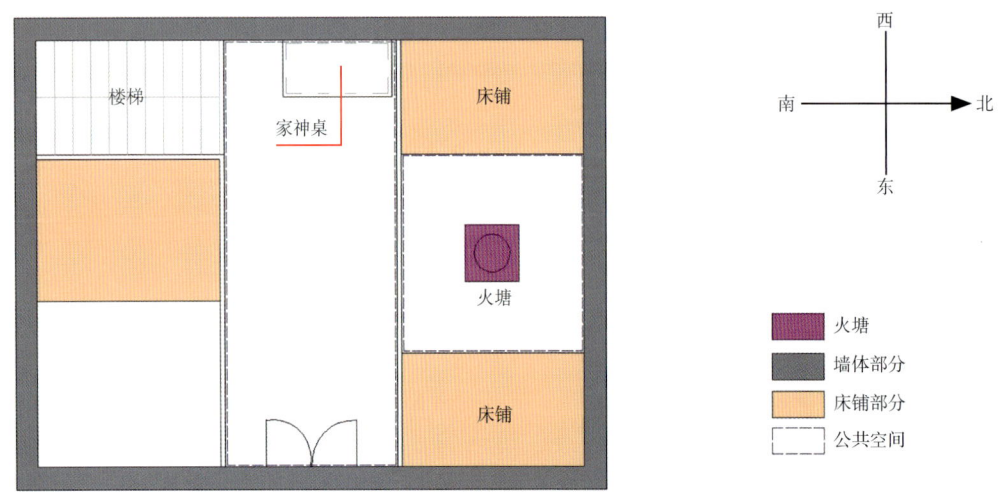

图四 拉祜族落地式茅屋平面布局示意图

火塘

木墙面

图五　拉祜族落地式茅屋室内局部示意图

儿女房间

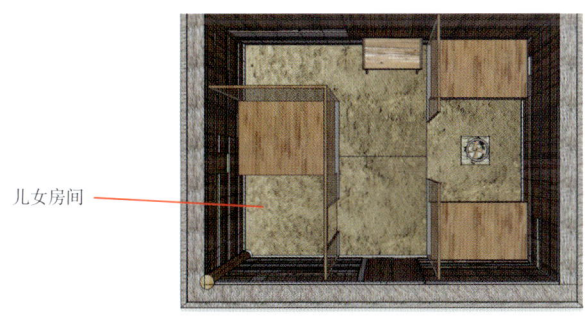

火塘

父母房间

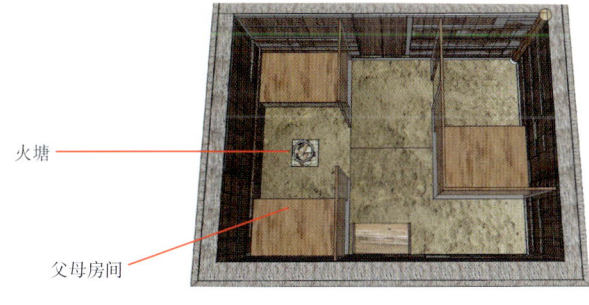

图六　拉祜族落地式茅屋室内布局示意图

第一章　拉祜族传统建筑

005

拉祜族干栏式掌楼

图一　拉祜族干栏式掌楼主图

　　干栏式掌楼是在落地式茅屋的基础上发展起来的拉祜族民居建筑，是一种竹木结构的草顶干栏建筑。

　　掌楼是一种双斜面竹楼，多以栗木为柱、竹为椽、草为顶、竹篱为墙，屋顶呈坡度较陡的"人"字形，不容易漏雨。形似傣族竹楼，但较之简陋。掌楼为上下两层，楼上居住，因为远离地面，具有防潮防湿、避免牲畜进家等多种作用；楼下关牲畜，并堆放柴火、脚碓等杂物。

　　掌楼分长楼、小楼两种。长楼为母系制大家庭居住；小楼为个体小家庭居住，有方形和椭圆形两种。长楼和小楼的结构基本上是一样的，只是长楼更长、占地面积更大而已。长楼面积多为100～200平方米，高7～8米，呈长条状，一般由12～21根木桩架起，楼门开在大梁的左右两侧，内部向阳的一侧留有宽大的走廊，另外一侧用木板隔成若干间，每个个体小家庭居住1至2间，末间有一火塘供小家庭取暖和做饭。20世纪60年代之后，长楼随着公社的解体而消失。现在多为小楼，小楼一般顺梁开门，门外是晒台。竹楼的后半部分隔一两间内房作卧室，前半部分中央设火塘，为会客、休息和娱乐的场所，火塘上方挂"炕笆"，供防火和烘干粮食之用。这种明确的功能分区设计和空间结构错落的人居环境，展示出掌楼独有的室内空间设计形式，在简洁的空间布置中完成了人居与自然的和谐对话。

传说拉祜族祖先娜笛、扎笛到栗树林和水冬瓜林砍树作梁，用芦苇作墙壁，茅草上顶，用竹子铺成楼板，盖成掌楼。这种建筑结构不但在取材上立足于现实自然条件，而且它的结构功能本身也是适应现实环境条件的产物。

简洁朴实的拉祜族房屋和周围环境融为一体，体现出拉祜族崇尚自然、天人合一的自然观念，极具民族特色。

图片来源
图一 罗昭雯 制图
图二至图八 张贺峰 制图

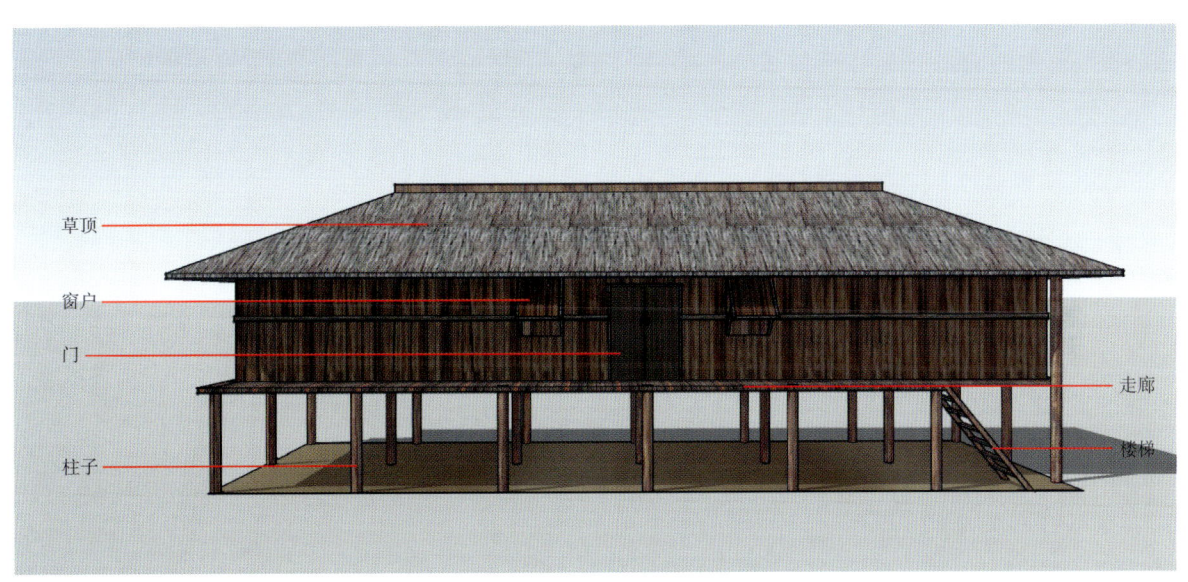

图二 拉祜族干栏式掌楼结构名称图

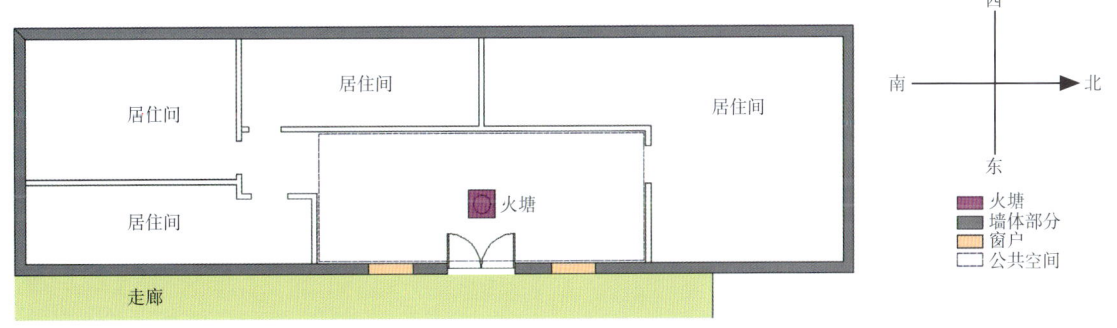

图三 拉祜族干栏式掌楼平面布局图

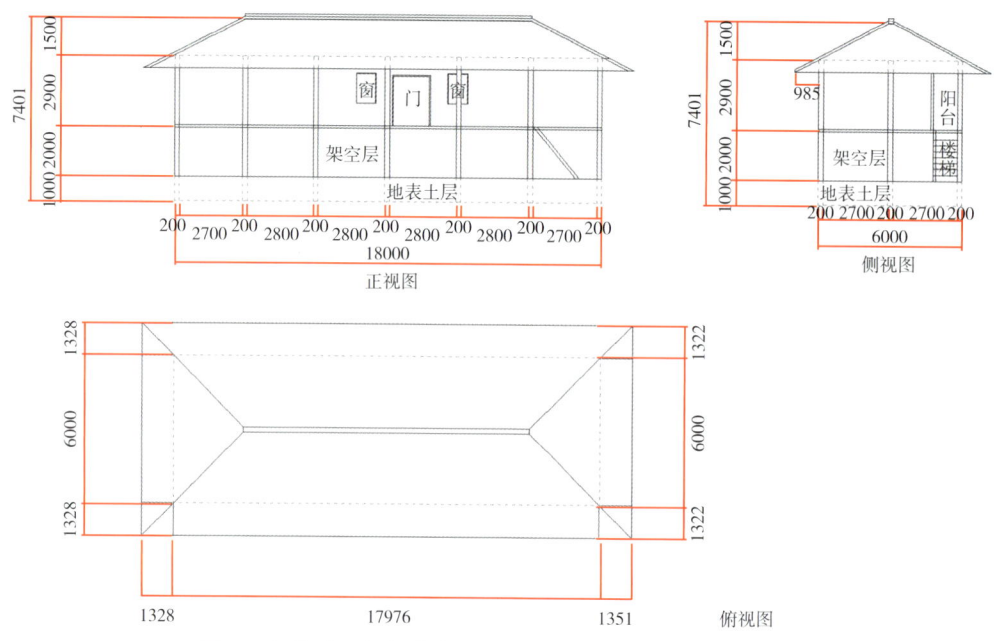

图四　拉祜族干栏式掌楼三视、尺寸图（单位：mm）

图五　拉祜族干栏式掌楼木柱地基示意图

图六 拉祜族干栏式掌楼材质构造图

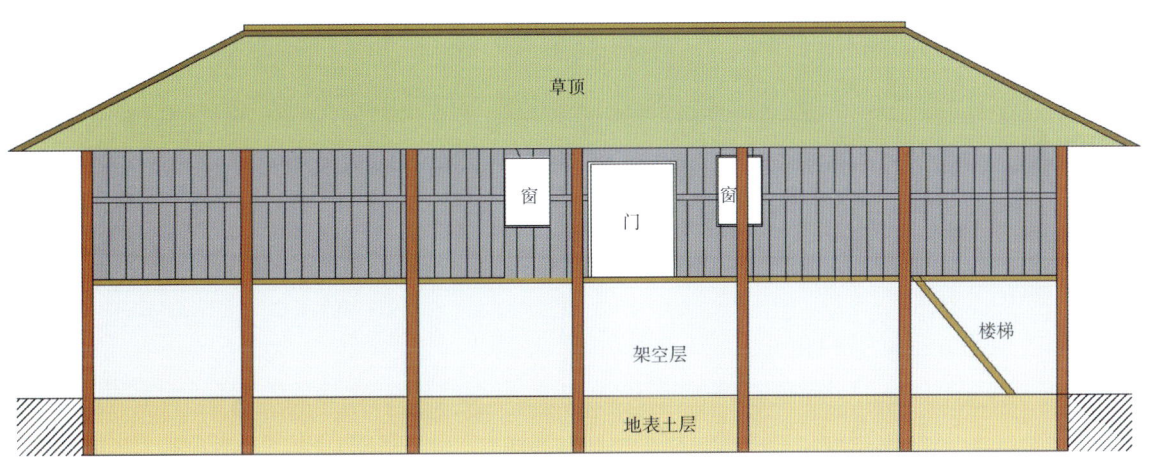

图七 拉祜族干栏式掌楼剖面图

图八 拉祜族干栏式掌楼情境示意图

拉祜族页底

图一 拉祜族页底主图

云南省澜沧糯福区的拉祜西人将长屋这种住房称为"页底"。从考古和民族资料上来看，云南是长屋的发源地，并且曾经广为散布，像云南剑川海门口遗址和浙江余姚河姆渡遗址，都能充分说明这一点。

新中国成立之前，澜沧拉祜族自治县西南部和孟连傣族拉祜族佤族自治县等地的拉祜族所处环境十分闭塞，很少受到外界的影响，因此还保留着母系、双系大家庭公社制，也就是同耕共享、有屋共住的方式。那时的拉祜族大家庭公社成员同居一幢干栏式的"大房子"即长屋，这就形成了拉祜族大家庭永久住房——页底。

页底的规模大小不一，视家庭人口而定。据记载，残存在澜沧拉祜族自治县糯福乡巴卡乃寨的页底，最长为23米，最宽为14米，最大面积达252平方米，可以住26个小家庭共130余人，但一般情况下，页底长10米、宽7米左右。

页底的建造，是先完成一部分，后随人口的增加，再在两侧延长而成；也有待人口增加时，另建房屋一次完成。页底建筑样式都为干栏式，呈长方形，两头对开。屋顶用茅草排铺而成，茅草与房架间均用藤条缠绕固定，为椭圆形或是"人"字形屋盖，四周墙壁是由竹篾围成。页底室内是梁、柱系木结构，每根梁、柱之间都是由子母扣咬紧，全屋都不用钉子。室内两边用竹篱笆或是木板隔成若干个小隔间，不设前墙，供小家庭成员居住。新婚夫妇组成的小家庭可占一个，拉祜语称这种小家庭为"底谷"。页底中间有宽敞的通道，火塘就设在通道上，人口多的页底则设几个火塘。火塘的数目可以与底谷的数量相等，也可以不相等。

拉祜族公用的页底，随着大家庭的解体而逐渐消失，取而代之的一般是供1~4个有血缘及姻亲关系的小家庭居住的面积较小的住房，例如拉祜族干栏式掌楼、落地式茅屋等，其结构大体上仍保留着古老页底的传统习俗，即椭圆形或"人"字形草顶干栏式住房。这也说明像页底这样的传统居住方式，还是能满足拉祜族现阶段的生产生活和精神文化需求的。

图片来源
图一至图三　梁显龙　摄影、制图
图四　马文斌　摄影
图五、图六　罗昭雯　制图

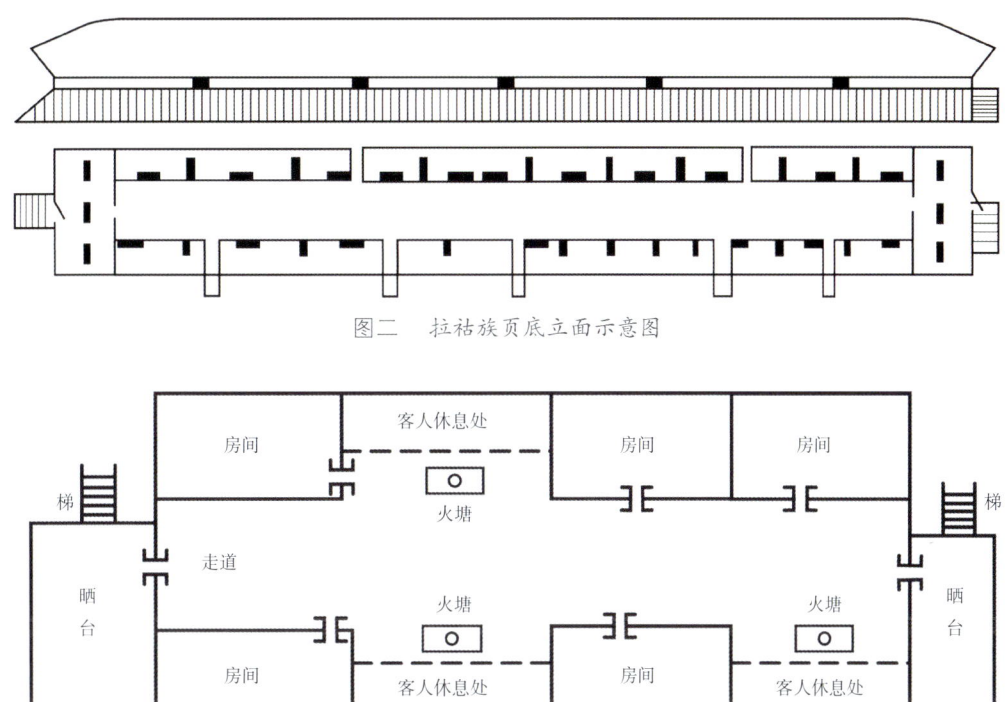

图二　拉祜族页底立面示意图

图三　拉祜族页底平面布局图

图四　拉祜族原始页底情境图

图五　拉祜族页底走廊结构示意图

图六　拉祜族页底延展图

拉祜族草顶竹楼

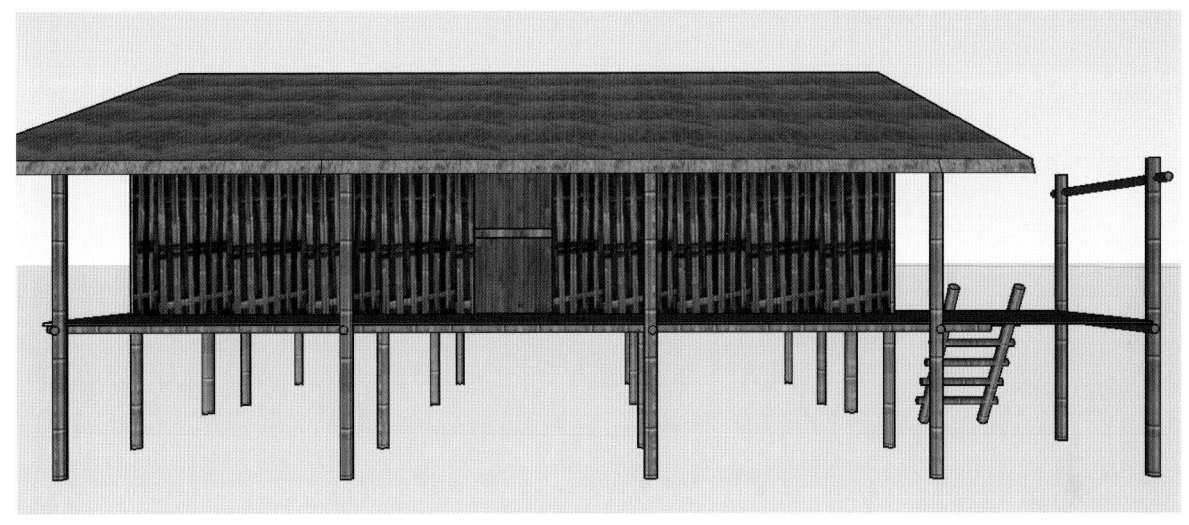

图一　拉祜族草顶竹楼主图

　　草顶竹楼是拉祜族较为常见的普通居所，通常以茅草或稻草铺盖房顶，用竹材作为墙壁和地板。

　　草顶竹楼的屋顶形式大多为椭圆形或"人"字形，这两种屋顶都能解决防风挡雨的问题，并且这样的搭设也容易快捷排水。草顶竹楼几乎所有梁、柱、墙及附件都是用竹子制成的，支柱多达40余根，是用竹笆片铺面。拉祜族所处地域盛产竹子，方便就地取材，一座草顶竹楼大约要用100多根粗壮的龙竹方可建成。竹楼的梁柱直接用一整根龙竹的竹根部分进行支撑；龙竹中间部分以十可以劈破为竹笆片，作为地面材料；凤尾竹作椽，可以将其破成竹条压脊、压草顶；绵竹可以破成竹篾用来捆扎；梁柱交接处可以穿凿榫扣；墙壁、门板都可用大块竹挡嵌夹竹笆，再组装安放；以竹篱围院，以竹栅为门扉。

　　草顶竹楼的格局与拉祜族所居的干栏式掌楼相似，都是上下两层。为了防潮、通风、散热，均用竹木为柱架空，与地面保持一定的距离，底层用来堆放杂物，上层用来住人。该竹楼平面图呈方形，从独木楼梯登上前廊，前廊有顶，周围都用栏杆围合，光线很好，空气流通，是主人待客、纳凉和日常活动的地方。外有露天的阳台，用来存放水罐、晾晒衣物。室内是堂屋和卧室，堂屋中央设有用于煮饭烧茶和供一家人团聚的火塘。

　　目前，拉祜族所居的房子大多为草顶竹楼，该竹楼保持着拉祜族质朴的民族本色。

图片来源
图一、图三、图四　马文斌　制图
图二　罗昭雯　制图
图五至图七　梁显龙　制图

图二 拉祜族草顶竹楼屋顶示意图

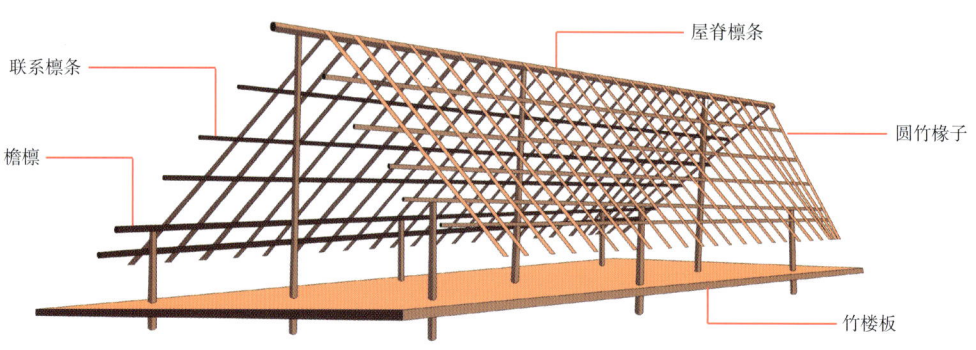

图三 拉祜族草顶竹楼框架结构名称图

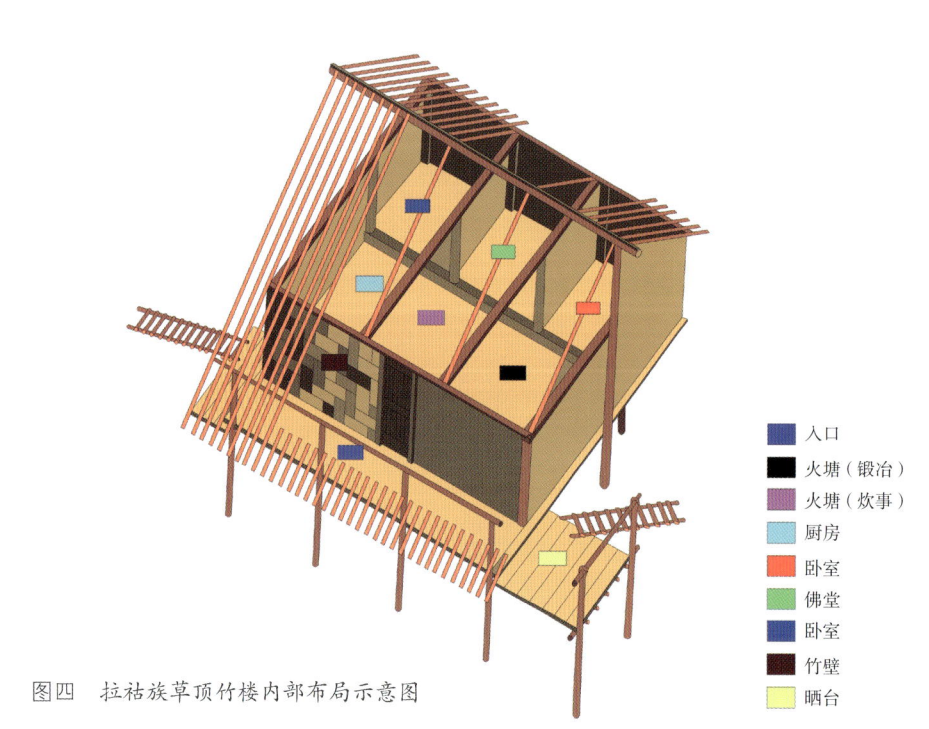

图四 拉祜族草顶竹楼内部布局示意图

图五　拉祜族草顶竹楼侧面结构示意图

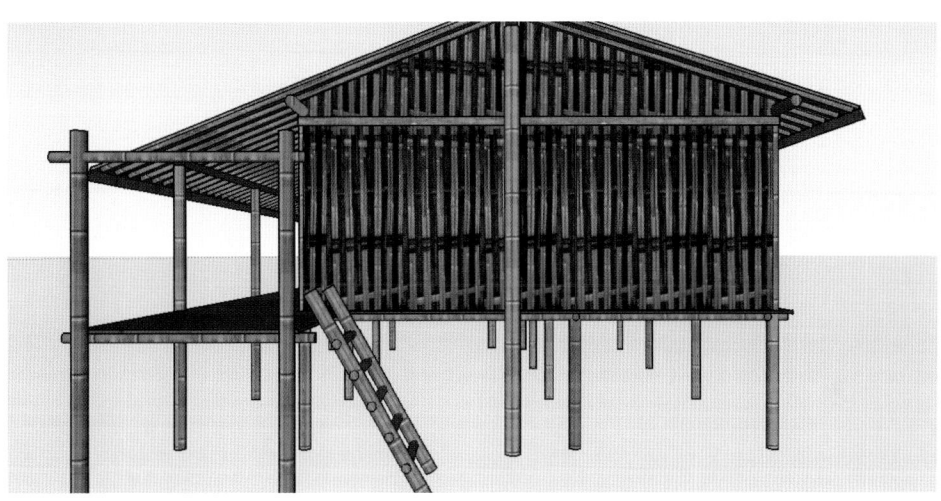

图六　拉祜族草顶竹楼截面示意图

图七　拉祜族草顶竹楼前廊示意图

拉祜族底谷

图一　拉祜族底谷主图

　　拉祜族底谷是指以夫妻为单位的居室隔间，也是以夫妻为单位的小家庭居所。它是底页（大家族共居之木桩竹墙斜顶大木楼）的一部分，是底页的重要组成部分。

　　拉祜族底谷的数目是大小不一的，一般最少的也有6～8个，多的则达到了20多个。大家庭居住的人口10～100人左右，这样就使得每个大家庭中底谷的数目是不一样的。由于家庭的人数不一样，因此其里面底谷的大小也就不一样了，有小孩的家庭，其居住的底谷就相对大一点。

　　拉祜族大家庭中的每个底谷内有一个木框中填土铺成的火塘，在火塘上安有三块锅桩石，上面摆有一只土锅，也叫砂锅。火塘在底谷内是供小家庭做饭、取暖和居住所用，居住于底谷的人是和大家庭的其他人分户吃饭的。房间内还有一个床铺，是供这个小家庭睡觉休憩所用的。整个房间的布局虽然简单，但因为有家人的陪伴，整个房间显得很温馨。

　　不仅如此，拉祜族还有一个习俗，即喜欢打猎，也善于打猎。他们常常会把猎来的兽头和一些动物的羽毛挂在底谷室内，这样既能展示自己的狩猎能力，又装饰了居室。

总体来说，拉祜族底谷的形成有利于整个大家庭的日常生活管理。在从事农业生产的时候，其底页中的各个底谷分散居住，各自负责自己耕种的田地，整个劳作过程可以及时集合、及时分散。这种结构也有利于促进夫妻之间关系的融洽与和谐。随着改革开放以后经济的迅速发展及社会的进步，拉祜族的底页随之开始解体，所谓的底谷也就慢慢地消失了，最后形成了以个体家庭为单位的居住形式。

图片来源

图一至图四　张贺峰　制图
图五至图七　马文斌　制图

图二　拉祜族底谷示意图1

图三　拉祜族底谷示意图 2

图四　拉祜族底谷示意图 3

图五　拉祜族底谷火塘场景图

图六　拉祜族底谷床铺示意图

图七　拉祜人底谷炊事情境示意图

第一章　拉祜族传统建筑

拉祜族谷仓

图一　拉祜族谷仓主图

　　谷仓对拉祜族来说是神圣的。拉祜族有"叫谷魂"的习俗，是一种谷物收获完毕之后在谷仓举行的仪式。仪式进行时，拉祜人要杀牲畜进行祭祀，希望将谷魂从田间、山地里请到粮仓之中，魂在则谷存，谷魂保佑来年的五谷丰登。

　　拉祜族谷仓有囤仓和房仓之分。囤仓大多使用竹木编织而成，呈圆桶状，封口处可设木制圆桶盖。为了防鼠、防虫和防潮，拉祜人常将湿泥巴拌上牛粪涂抹在囤仓上，使其严实不漏风。囤仓有深有浅、有大有小，由于大的囤仓取粮不便，则不设桶盖，改设囤门。其实，有门的大囤就接近房仓了。大部分的拉祜人都习惯用房仓贮粮，一般设置于所居掌楼的下层，上层住人，房仓下面也会垫上支架，为避免潮湿往往与地面保持一定的距离，而且取用粮食也十分方便。

　　居住在滇南的拉祜族，更多的是用竹篱笆墙体或是木板围成的干栏式房仓。他们为了防患火灾，一般将房仓建造在远离居所的村子之外。此类房仓类似于所居的掌楼，都是分上下两层，但谷物一般不放在下层，都是贮存在上层，以防潮防虫。

图片来源
图一、图四　马文斌　摄影、制图
图二、图三　罗昭雯　制图

图二　拉祜族房仓示意图

图三　拉祜族谷仓延展图

图四　拉祜族囤仓装谷情境图

第一章　拉祜族传统建筑

拉祜族居民院场

图一　拉祜族居民院场主图

　　拉祜族居民院场是房子外的一部分，是拉祜族居住建筑的附属场地，是生活和娱乐的场所。拉祜族的房子朝阳而建，居民院场是房子正前方一片宽阔的场地，因此居民院场也是朝阳的。

　　具体来说，拉祜族居民院场有大有小，其大小不是由房子的大小决定的，房子外假如没有其他居民房，其空地都可以用来作为居民院场。拉祜族居民院场没有固定的形式，只是一片开阔的场地，形状有长方形、三角形、不规则的几何多边行。拉祜人会在院场上堆放一些干柴和农具。在院场的旁边会开出两条小渠，有利于排水，使生活用水或是雨水不会淤积在院场里。以前拉祜族的院场地面是以土地为主，随着社会的发展，拉祜人会在院子里铺上窑砖或者石板，这样在下雨天很实用，有防滑和保持干净的作用。

　　拉祜族居民院场没有围墙，整个视野是很开阔的，有利于采光。

　　拉祜族居民院场是拉祜人娱乐、休闲的场所，有利于加深拉祜人邻里之间的感情。他们白天在院场上唱歌、跳舞、聊天，晚上在院场上纳凉。同时，拉祜族居民院场也是拉祜人晾晒农作物最合适的地方。平日里，他们在院场上铺上一块大席子，把从农田里收割的稻谷、玉米等农作物都放在院场上晾晒。拉祜族的祭祀是很重要的，每个家庭都会举行小型祭祀活动，居民院场还有利于他们举行祭祀活动。

图片来源
图一、图二、图四　马文斌　制图
图三　陈春园　制图

图二　拉祜族居民院场晾晒农作物示意图

图三　拉祜族居民院场祭祀场景图

图四　拉祜族居民院场休憩情境示意图

拉祜族独木楼梯

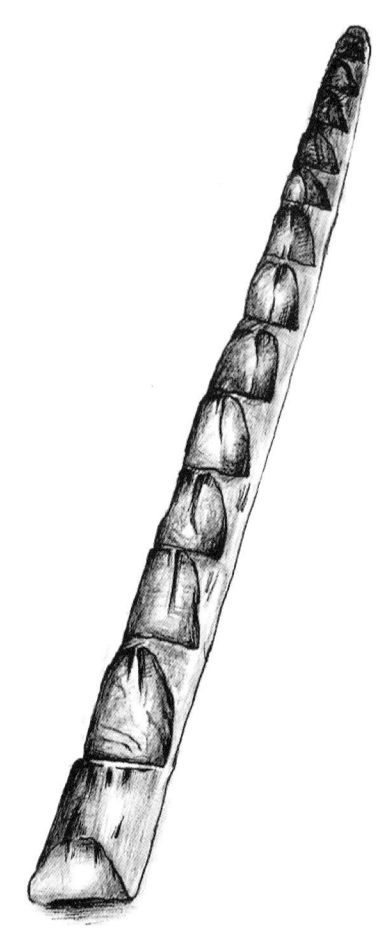

图一　拉祜族独木楼梯主图

独木楼梯用于拉祜族建筑中楼层之间和上下建筑高差较大时的交通联系。它并非拉祜族所独有，是一定程度上受其他少数民族建筑样式的影响而逐渐形成的。

独木楼梯制作简单，是在一根木头上均等地砍上几个缺口，或是把一根木头从中间剖开，然后从上往下凿几个缺口。这种独木楼梯，上下时一脚一梯，不似现代楼梯可以同时供几个人上下。因为它只能一个人单独使用，受力面积有限，使用过程中也不会有潜在的危险。

独木楼梯与拉祜族生活在深山里的居住环境息息相关。就取材而言，楼梯的材料可就地取材，比较容易。由于受到地势限制，交通又不便，很多时候拉祜人在建构房子的时候，使用的材料都是木材和竹子，因而楼梯也就理所当然地使用木质材料。

独木楼梯的优点是大大节约了空间和成本，且易于挪动。它独特的造型不仅具有实用性，而且起到了重要的点缀作用，还能有效防止野兽的侵入和骚扰。缺点是安全系数不高、承重量不大，尤其对于老人、小孩和负重的人不太实用。值得一提的是，独木楼梯的形成、布局和军事防御有着较为密切的关系，它可以迅速地撤出、挪动、销毁，可以切断进入居室的通路，起到自卫防盗的目的与功效。拉祜族独木楼梯是拉祜人的智慧在建筑艺术上的完美体现。

图片来源
图一　罗昭雯　制图
图二至图五　马文斌　制图

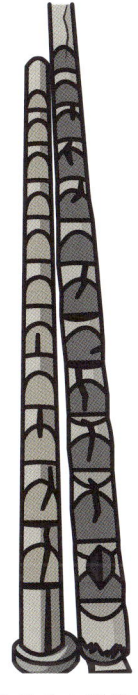

图二　拉祜族独木楼梯正面示意图

图三　拉祜族独木楼梯仰视示意图

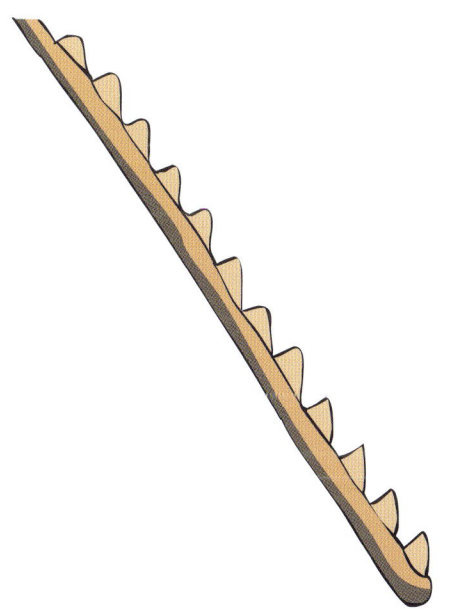

图四　拉祜族独木楼梯侧面示意图

图五　拉祜族独木楼梯使用情境示意图

拉祜族前廊

图一　拉祜族前廊主图

拉祜族建筑中的前廊，也称为外走廊，是拉祜族建筑中不可或缺的组成部分，在拉祜人日常起居中发挥着重要作用。

这种前廊以典型的山区少数民族柱梁作为构建结构，柱与梁以横竖交错的方式通过榫眼，使得柱柱相连、梁梁相接，巧妙地运用了最简单的力学建筑原理和极普通的几何结构搭建。具体来说，拉祜族建筑中的前廊无论柱、梁都互为垂直相交，构成一个在三维空间上的相互垂直的构架体系，从而形成了长方形结构的建筑基础，再逐个施以木板以供通行所用。此结构不仅稳定、可靠、耐用，而且维护起来非常简单。

这种前廊的结构形式具有以下特点：一是结构简单而稳定性强，以柱、梁、枋为基本构建，通过一定的结构形成完整的空间；二是用小材构造，不仅节约材料，而且适用于山地斜坡地质地貌，具有良好的通风防潮功能。此外，前廊结构用柱、梁、枋等构建，坚固耐用，充分展示了拉祜族建筑的工艺水平。

从建筑艺术和建筑材料运用的角度来看，拉祜族前廊采用长方形走廊的形式，具有稳定而庄重的特点，给人一种通畅、劲健的美感。然而，最具特色的是木料与竹料的结合运用，以木料为梁，以竹料为屏，两相结合，使前廊显得既稳重又灵巧，虽没有雕龙画凤，也无"万"字、"喜"字等吉祥图案，但竹屏结构简单朴实。进一步看，梁和屏对比强烈，上实下虚，在虚实对比关系上显示了其和谐统一、相互呼应的艺术效果。

从建筑功能来看，拉祜族前廊一般用于存放粮食、杂物，还可作晒楼，夜间则可以作为纳凉休息、观星赏月的场所。拉祜人常在此观山、眺水，并与外界沟通。

拉祜族建筑中的前廊结构，是拉祜族古老建筑工艺适应居住环境的典型创造。著名建筑学家梁思成曾说："建筑是人类一切造型创造中最庞大最复杂的，所以它代表的民族思想和艺术更显著更强烈，也更重要。"可以说，拉祜族前廊是深入研究其民族建筑历史与文化的重要载体之一，是拉祜族在山区环境下建筑历程的实物见证。

图片来源
图一　罗昭雯　制图
图二至图六　张贺峰　制图

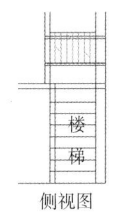
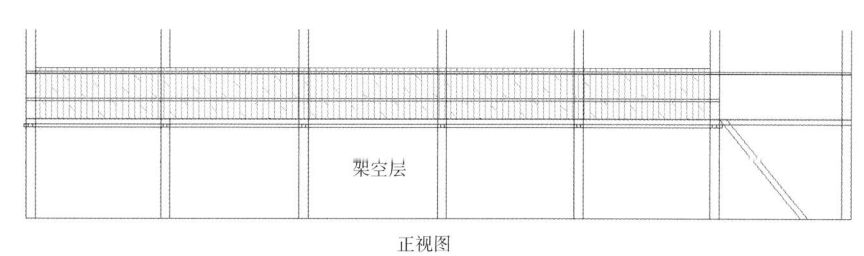
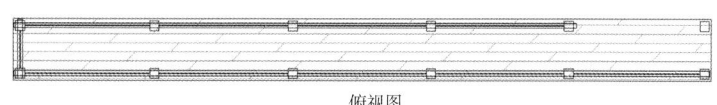

图二　拉祜族前廊结构三视图

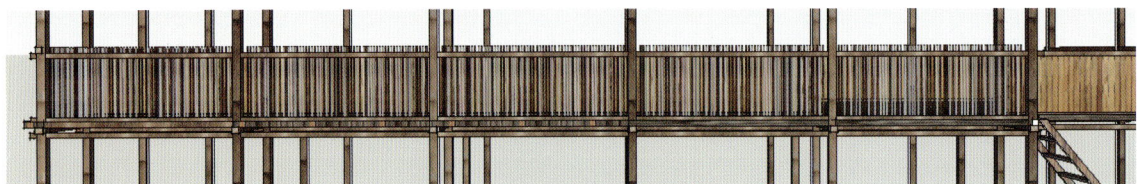

图三　拉祜族前廊平面展示图

图四　拉祜族前廊局部示意图1

图五 拉祜族前廊局部示意图 2

图六 拉祜族前廊内部结构示意图

拉祜族阳台

图一　拉祜族阳台主图

　　拉祜族阳台是房屋向外延伸的一部分，是供拉祜人晒太阳、呼吸新鲜空气的生活场所。

　　拉祜族阳台的构造虽然很简单，但是搭建阳台的地方会慎重选择。一般是向阳而建，这样就能受到太阳的照射；所选择的地面一定是土很紧实的地方，防止随着时间的推移，地面下陷导致阳台坍塌。建造阳台时，首先在地面钉上四个木桩，如果阳台需要搭建得更大更牢固，就要四个以上的木桩才能把底打牢。木桩打好后，上面再用一些长木头钉在一起，做一个平面的架子，最后木头与木头之间钉上一些木板或是一些竹片。由于拉祜族的房屋建筑是以干栏式为主，房屋底下都是用木桩固定的，因而阳台的木桩高度随着房屋的高度而变化，阳台的宽度也是由房子的宽度所决定的，可以建宽也可以建窄。

建阳台的材料一般就是木头和竹子，建阳台的地基使用的是木头，阳台的表面使用的是木板或者竹子。如果需要在阳台上晒一些很细碎的东西，一般会在阳台上铺上拉祜族人自己编制的凉席。

拉祜族阳台是不建护栏的，因为它的高度一般不是很高。

阳台对于拉祜人来说有很大的作用。拉祜族阳台没有屋顶，是露天的生活场地。在阳光照射下，拉祜人可以在阳台上晒一些谷子或其他食物，也有的在阳台上洗衣、晾衣，甚至可以在阳台上洗菜、准备食物，方便在房间里做饭。阳台上还可夜晚乘凉、白天谈笑。阳台确实是拉祜人休闲的好场所。

图片来源
图一、图八、图九　罗昭雯　制图
图二　马文斌　制图
图三至图七　张贺峰　制图

图二　拉祜族简易阳台示意图

图三　拉祜族阳台平面展示图

图四　拉祜族阳台局部示意图 1

图五　拉祜族阳台局部示意图 2

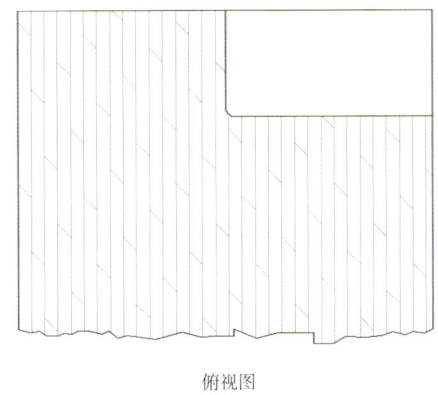

俯视图

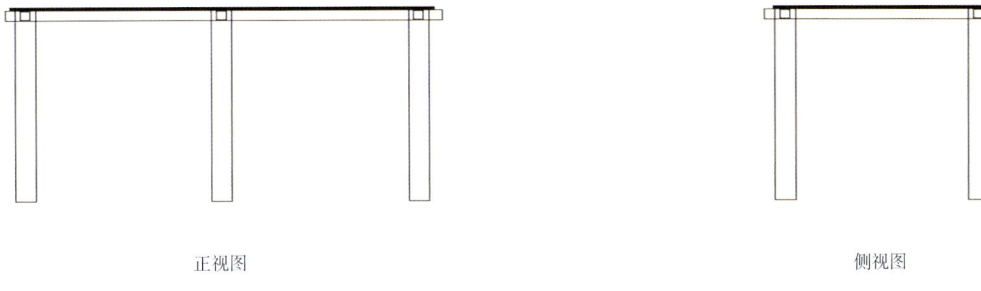

正视图　　　　　　　　　　　　　侧视图

图六　拉祜族阳台三视图

图七　拉祜族阳台表面示意图

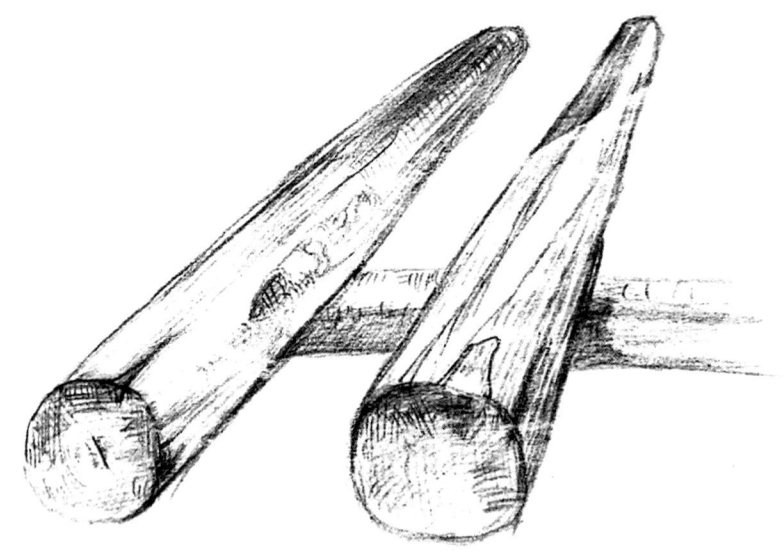

图八 拉祜族阳台材质示意图1

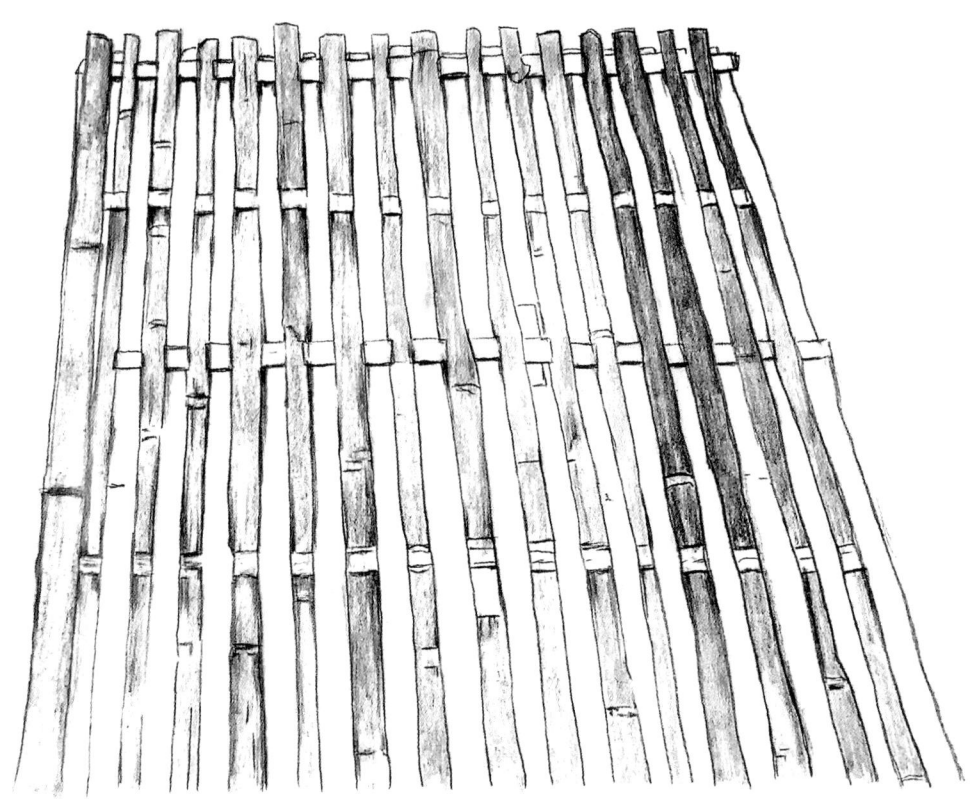

图九 拉祜族阳台材质示意图2

拉祜族竹笆墙体

图一　拉祜族竹笆墙体主图

云南拉祜族所处之地气候湿热、雨量充足、竹木茂盛，其在建筑构成方面自然形成了以资源丰富的竹木为主、砖瓦土石为辅的特点。竹笆墙体是拉祜族传统的落地式竹篾茅草房的墙面构造，这种茅草屋四周墙壁都是以用竹篾编成的竹笆围栏为主。

拉祜族竹笆是这样制作的：先用柴刀在一根竹子上每隔2厘米左右砍上3至4厘米长的一刀，然后再选准一处从上到下剖开，这时的竹子成为能平摊开来、宽度约30～50厘米（视竹子本身的粗细而异）的竹笆，一般长度是2.2米。

制作竹笆墙体是先把若干块竹笆竖起来，再用长竹片从两面分上、中、下夹住，然后用竹篾扎紧即成。拉祜族竹篾茅草房屋选址后，在地基上直接打进带枝杈的树桩，离地1.5米高处搭上横梁，架檩于两侧山墙高木桩上形成房架，再搭上细木椽子，形成双斜面屋顶，苫盖茅草，房屋的四个角柱和房梁先用树木做成，再用一块块竹笆墙围成四方形，这样，一间拉祜族竹笆房就落成了。

拉祜族竹笆材料都是选用当地最好的苦木竹，目前西南地区也在大力推广这种建筑材料。竹笆墙体具有防虫蛀、强度高、密度大、韧性好等特点，性能稳定、坚固耐磨、环保实用。竹笆墙体良好的透气性是其他材料不能比的。拉祜族村寨一般都在丛林茂密之地，到了夜晚，空气中的负离子从竹笆缝中潜入，再从竹笆缝中溜走，起到一种净化空气的作用，所以拉祜族人几乎没有患呼吸道疾病的。

图片来源
图一至图五　梁显龙　摄影

图二　拉祜族竹笆墙体结构框架图

图三　拉祜族竹笆墙体编制样式图

图四　拉祜族竹笆墙体编制样式延展图

图五　拉祜族竹笆墙体情境图

拉祜族火塘

图一 拉祜族火塘主图

火塘的产生源于拉祜族对火的依赖和崇拜。早在原始社会，人类还不懂得自己生火，所以保存火种就变得极其重要，而这种保持火种不灭的需求带来的直接影响是火塘的产生。传统的拉祜族建筑体系中包括落地式茅屋和干栏式掌楼，而火塘则是拉祜族室内构造中必不可少的一部分。

拉祜族火塘跟北方的炉灶和火炕一样，具备煮食、取暖、熏臭除虫、照明四种基本功能，除此之外，还兼有娱乐、休息甚至传承烤茶文化的功能。拉祜族火塘分为三种类型，每一种都各自有其用处：一种是专供煮饭用的灶塘，拉祜语为"周度"；一种是供父母及老人使用的火塘，拉祜语为"报路木拜"；一种是供子女使用或招待客人的火塘，拉祜语叫做"塔屋"。

拉祜族住房的中央通道也称堂屋，由主房和粮仓组成，十分宽大。住房内部横向分隔为内外两间，外间正中央设三四个火塘，除一个用来煮猪食外，其余的都是归男子所用的生活火塘；内间也设有火塘，一般为妇女所用。内外间的分隔不是很明显，只是在男、女铺间设有短墙相隔。糯福坝卡是拉祜西的大家庭，住的是掌楼，房内的格数按小家庭的个数划分，一个小家庭一个火塘，也有两家共用一个火塘的，但会各分一个陶锅煮饭。有老人的家庭，火塘终年不息，火塘边摆放着长辈的床铺。

拉祜族火塘多由石块砌成，一般坑内直径0.4～0.6米，坑高0.2米左右。有的家庭为了方便使用圆铁架，铁圈内的三个舌状铁角斜向圈心，圈下有三个支撑用的铁柱子。火塘上方常吊置锣锅，要么用铁链或牛皮、藤条挂吊，要么支三角架。这种三角架是由古时候的"三块白石支起锅"转化来的。三块锅庄石具有不同的寓意，代表了不同的神祇：靠南边的一块代表火神，上首一块代表男人魂魄聚集之所，下首一块代表女人魂魄集聚之所。

火塘在拉祜人生活中占有重要位置，是拉祜人物质世界的依靠和精神世界的寄托。拉祜族乔迁新居时必须要做的一件事就是在屋内中柱旁安置好火塘，并安放好铁三角架，然后在火塘中点香祈祷。安放好的火塘和铁三角架不能轻易移动，外人也不准触摸，否则就被视为大不吉利。

图片来源
图一、图二、图六、图七　李天琦　摄影、制图
图三至图五　梁显龙　制图
图八　马文斌　制图

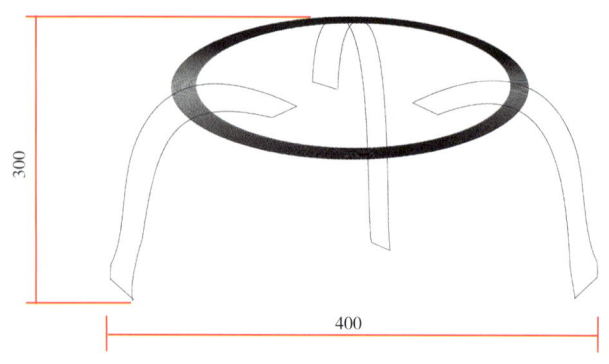

图二　拉祜族火塘尺寸图（单位：mm）

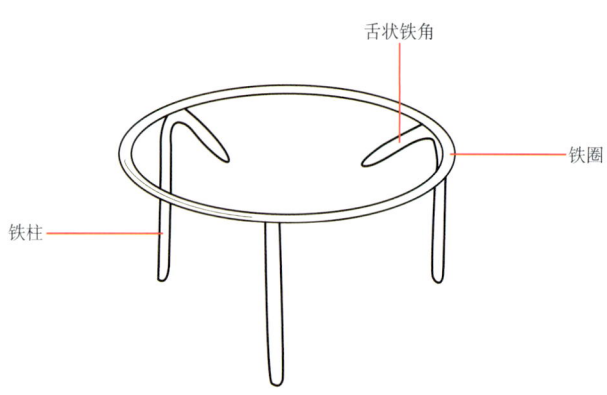

图三　拉祜族火塘圆铁架结构名称图

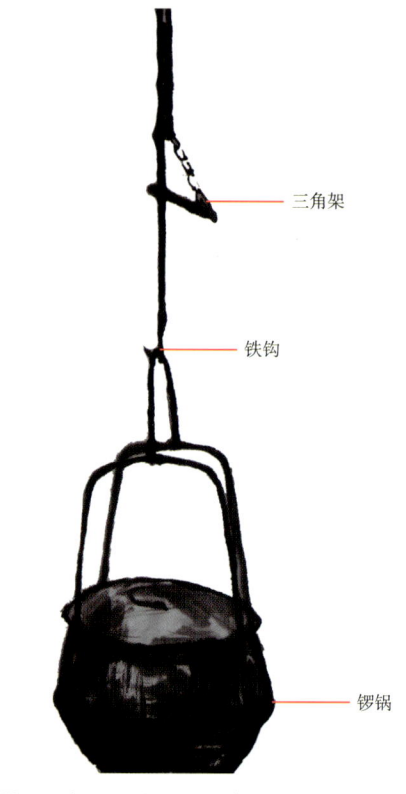

图四　拉祜族火塘上方锣锅结构名称图

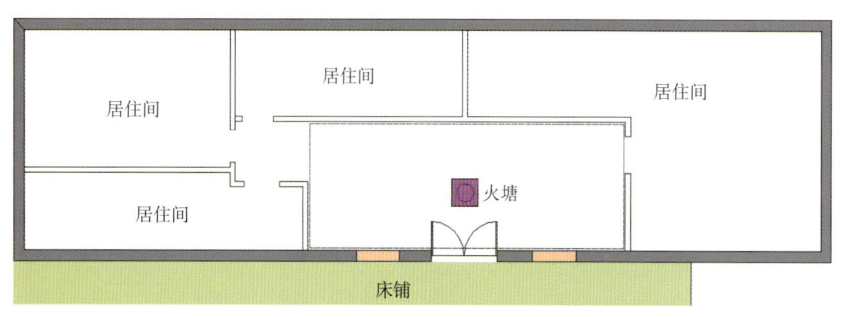

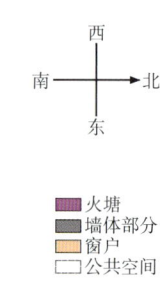

图五　拉祜族火塘室内位置示意图

图六 拉祜族火塘烤肉图

图七 拉祜族火塘煮制食物图

图八 拉祜族火塘使用情境示意图

第一章 拉祜族传统建筑

拉祜族庙寨

图一　拉祜族庙寨主图

庙寨是拉祜族祭祀神灵的特定场所，逢年过节、乔迁新居、婚丧嫁娶等，都要去庙寨请"安占"主持祭祀活动。

拉祜族庙寨是一座长、宽均为6～8米的茅草屋，十分简陋狭窄，既没有供奉的菩萨也没有崇拜的画像，而是由灵台、路桩、木桌和木台组成。大致的布局如下：

灵台是由四根柱子构成的梯形样式，由下至上分为三层。第一层拉祜语叫做"颠的"，放置供死者饮水用的两个茶壶。第二层拉祜族语叫做"依玛必哈目西"，放有小篾桌，其上有蜡烛、竹片等祭品。第三层拉祜族语叫做"帕萨"，是木桩的最尖端，直耸庙顶，据说人死后埋葬时，能看到神灵附于其上。

路桩在灵台的右侧，是由一捆插在沙堆上的细竹组成，象征着死人归入阴间的道路。

木桌放置在灵台的前方，拉祜语称"刻兜苦"，有五个木钵盛满水放置木桌上，供死者洗脸用。在木桌两边各立一根木桩，表示男左女右。木桌下方各挖两个小水潭，供死者洗脚用。

灵台的前后左右各设一个木台，拉祜语称"吾赕格"，上面放有各户赕来的米饭、蜡烛和竹片，前面两个木台是给女祖先享用的，后面两个木台是给男祖先享用的。

庙寨的四壁有牵拉蛛网的白线团，梁柱上也挂满了各家各户祭祀带来的经幡，大部分都是手工剪成的花、草、虫、鱼、鸟等吉祥物的图案。

图片来源
图一至图六　张贺峰　制图

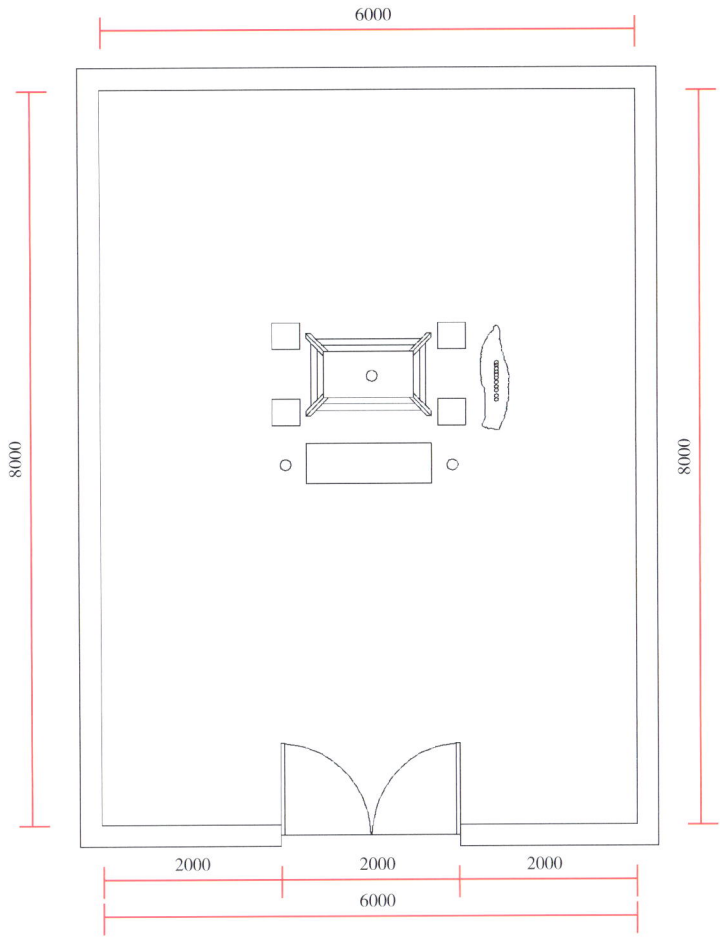

图二　拉祜族庙寨尺寸图（单位：mm）

图三　拉祜族庙寨正面示意图

第一章　拉祜族传统建筑

图四　拉祜族庙寨侧面示意图1

图五　拉祜族庙寨侧面示意图2

图六　拉祜族庙寨侧面示意图3

拉祜族寨门

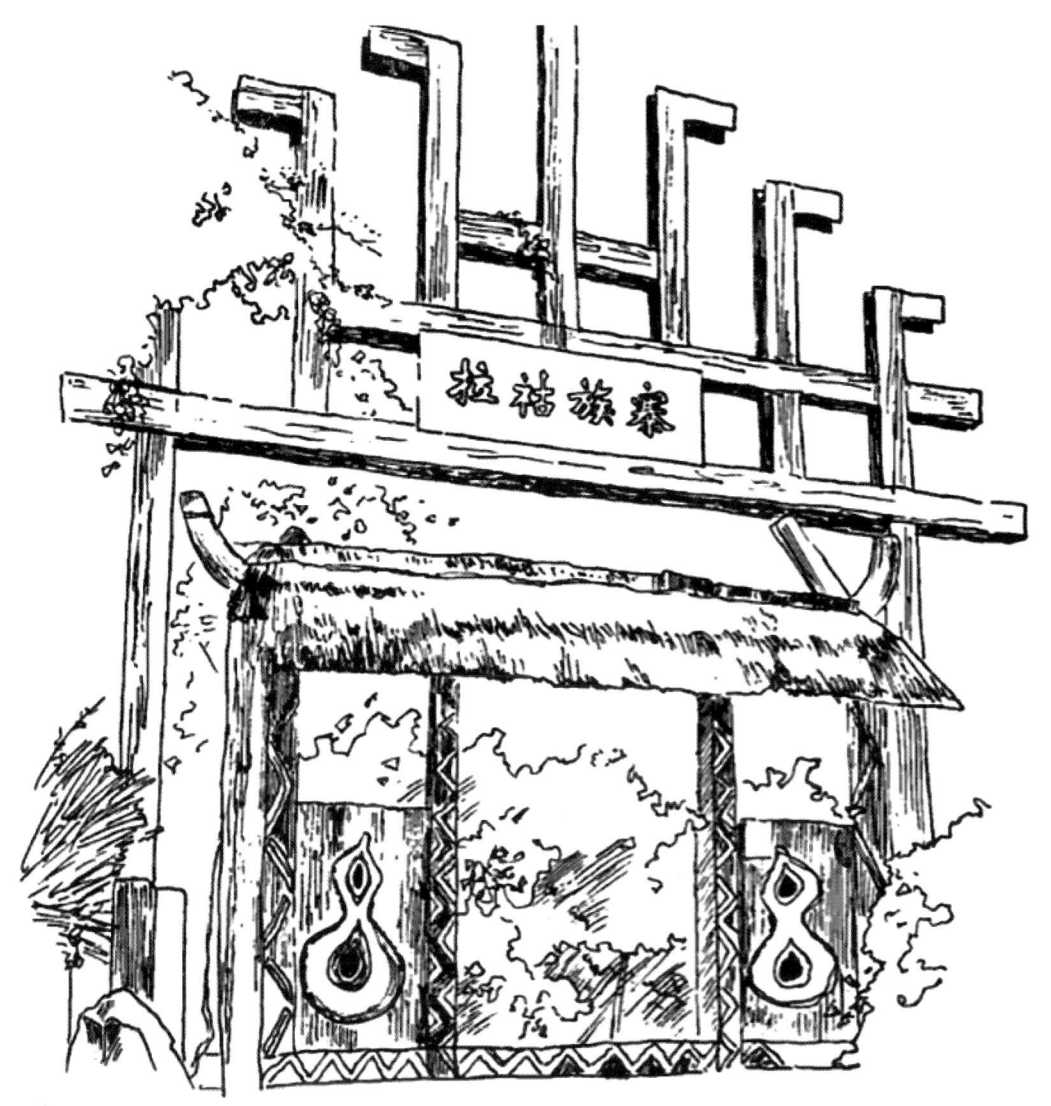

图一　拉祜族寨门主图

寨门是进入拉祜族村寨的大门，是判别村寨内与外的标准。

据拉祜族老人说，拉祜族原来不设寨，每三年或四年搬一次家。后来看到邻近傣族设有村寨，双方为了争夺土地发生了战争，因为实力旗鼓相当、难分伯仲，于是以谈判方式达成协议：坝区内归傣族，坝区外归拉祜族。从此以后，拉祜族开始在山坡上建立寨子，寨门就是整个村寨中最为重要的界定要素，只要设立了寨门，就算是确定了整个村寨的范围。

拉祜族有些村落以寨桩为核心，设有东、

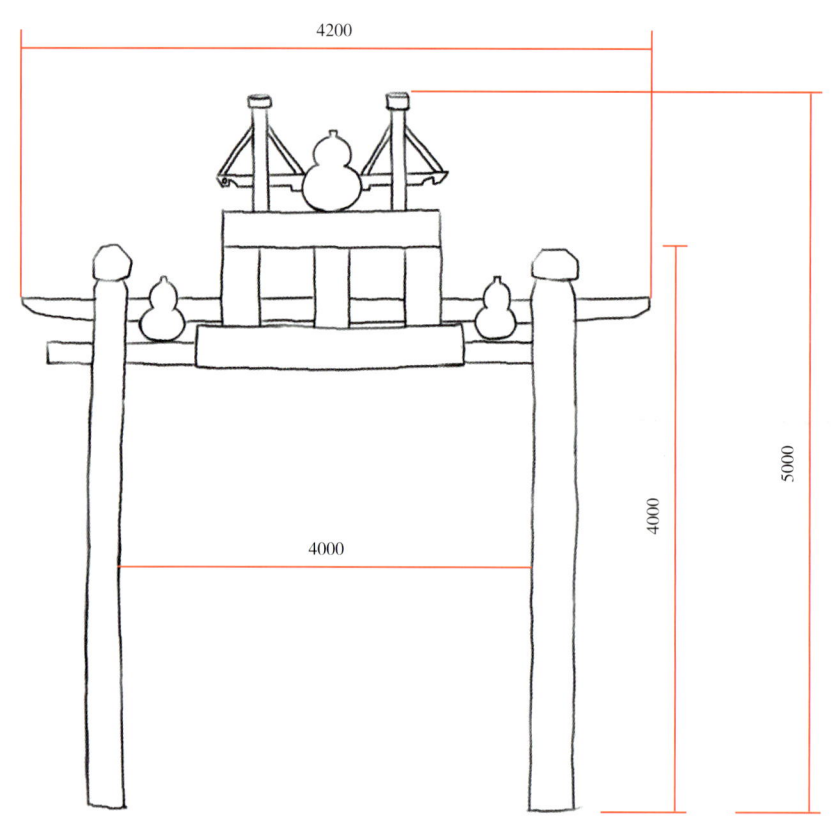

图二　拉祜族寨门尺寸图（单位：mm）

西、南、北四个木寨门。这些寨门结构相对简单，主要由立柱、横梁、木门组成。木头立柱上面搭有两个横梁，横梁之间由葫芦木刻板相隔开来，再用刨光木块拼成两条左右对称的木门。由于拉祜人崇拜葫芦，所以木门上面都刻有葫芦样式的精美图案。还有更为简单的拉祜族寨门，即直接用草绳横挂在村寨入口道路两旁的大树上。

拉祜人认为寨门有着和寨桩一样的地位，都能镇宅驱邪。他们认为鬼灵会给村寨带来灾难，因此必须做道寨门予以阻拦。有些拉祜族村寨讲究得更多一些，在寨子的入口设置竹木牌楼，牌楼顶上装有竹编的人或吉祥物，其用意是为了阻止凶神进入村寨；寨门上的草绳上还挂有巫术用具，据说可以打击接近村寨的恶灵。

对寨门的这些有意设计，反映了拉祜人对居住环境的审美要求和吉祥期盼。

图片来源

图一　罗昭雯　制图
图二至图五　陈春园　制图

图三　拉祜族寨门平面示意图

图四　拉祜族寨门木刻吉祥物示意图

图五　拉祜族原始寨门情境示意图

第二章 拉祜族传统服饰

拉祜族男子开襟长袖上衣

图一　拉祜族男子开襟长袖上衣主图

　　开襟长袖上衣是现代拉祜族男子日常生活中的服饰，保留有传统的服饰特点。色彩以深色的黑色、青色、蓝色等为主，彰显出男子的刚劲、粗犷和勇敢。其装饰相对于拉祜族女性服装而言较为简洁。开襟是从传统改良而来，立领、圆襟这些元素没变，增添了一些色布，出现了新的纹样和图案。

新中国成立前，拉祜族男子穿的开襟长袖上衣主要是以麻布为主，也有部分棉布。各家各户自己种植棉花，用简单的纺车纺纱，用简陋的织布机织布，织成后的布染成蓝色、青色，最后做成衣服，色彩都比较单一。新中国成立后，国家经常把内地各色棉布和化纤织品调入当地，为拉祜族人在衣服缝制上增加了更多的图案和色彩装饰的可能。

开襟长袖上衣由衣身、领口和衣袖三大部分组成。衣型是宽腰直筒型，外形方方正正。在衣襟上缀有银泡钮扣，衣领、襟边、袖口与下摆处都镶缀有银泡并绣有彩虹纹等装饰图案。

男子开襟长袖上衣的设计主要集中在领子、袖边和口袋上。领子圆形，向下有一个三角形的领口，领子和袖边绣有彩虹纹并缝缀银泡。以布条为结扣，由银泡组合制成。其前襟绣有一个葫芦的形状，拉祜族人视葫芦为自己的始祖和保护神，葫芦是他们的图腾。

拉祜族人对服装上纹饰的灵感，既有来自大自然的因素，也有来自本民族的历史记忆。这个民族以采集和狩猎为主要生活来源，平时为了生活的需要，小伙子们都是在开襟长袖上衣里面搭一件白衬衫，他们认为，白色与黑色相配，像喜鹊一样漂亮。

图片来源

图一、图三　李梅　制图
图二、图四　章建春　制图
图五、图六　英卫娟　制图

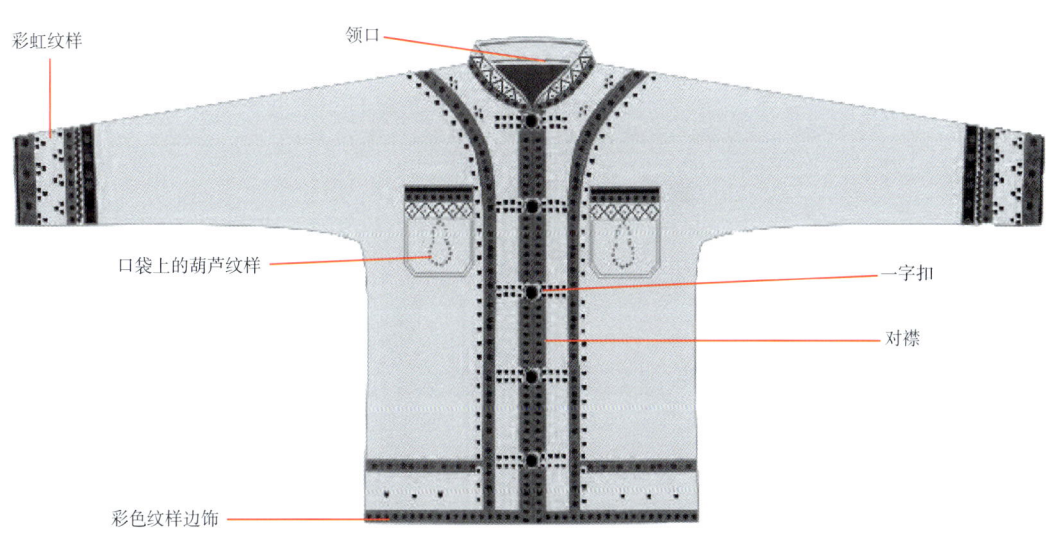

图二　拉祜族男子开襟长袖上衣正面结构名称图

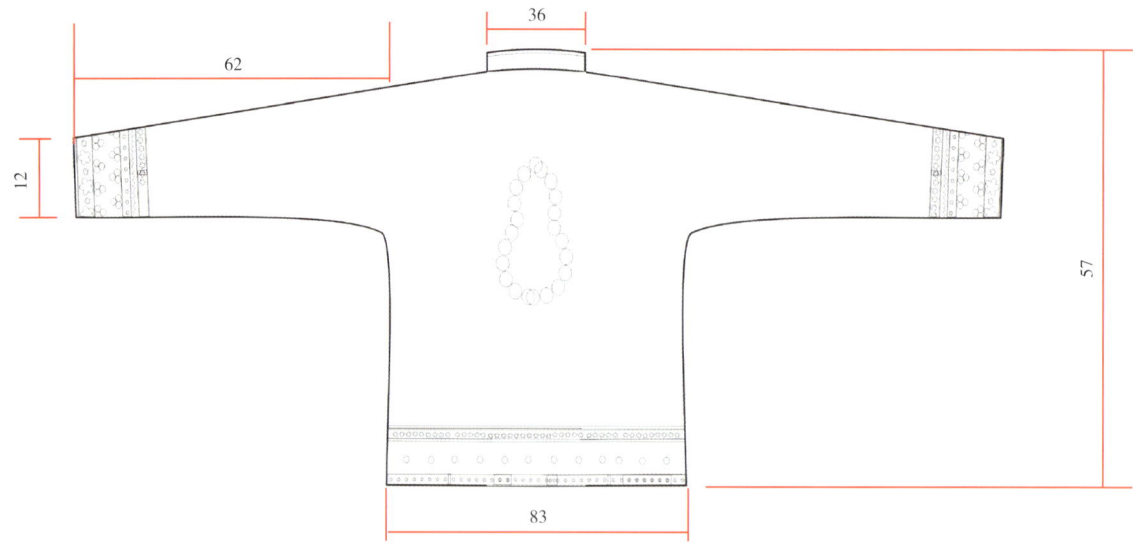

图三　拉祜族男子开襟长袖上衣尺寸图（单位：cm）

图四　拉祜族男子开襟长袖上衣图案示意图

图五　拉祜族男子开襟长袖上衣棉布纹样示意图

图六　拉祜族男子开襟长袖上衣麻布纹样示意图

拉祜族男子马褂

图一 拉祜族男子马褂主图

穿马褂是拉祜族男子一直以来的着装习惯。其所着马褂又叫无领开襟上衣，一般是对称开襟，衣长57厘米、胸围83厘米、袖口40厘米。在炎热的夏季，拉祜族男子不穿内衣，直接以马褂当背心穿，天气转凉时也就是在马褂里面添一件衬衫而已，简单方便，大方实用。

光绪《普洱府志》记载，分布于普洱、威远、他郎、宁洱等地的拉祜族（苦葱支系）"男衣青蓝布短衣裤"。拉祜族男子的这种着装习惯与他们的生存环境很有关系。长期以来，拉祜族人在深山之中过着游牧生活。而对于游牧民族来说，身着能够适应恶劣生存环境的服装就显得尤为重要。

从制作工艺上来说，拉祜族男子马褂服装特色主要体现在直腰式的短衣上，领口分为"V"字领和高圆领两种。其衬底一般是黑布,用彩线和色布缀上各种花边图案。肩、胸围、领口、衣摆边缘、开襟等处用红布条或其他颜色的布条与银泡镶嵌。短衣呈红、黑、白三色相间,还有一些彩虹纹、犬齿纹的修饰,犬齿纹一般是在领口的周围,整体风格简约而不简单。

图片来源

图一、图四　李梅　制图
图二、图五　章建春　制图
图三、图六　马文斌　摄影、制图

图二　拉祜族男子马褂结构名称图

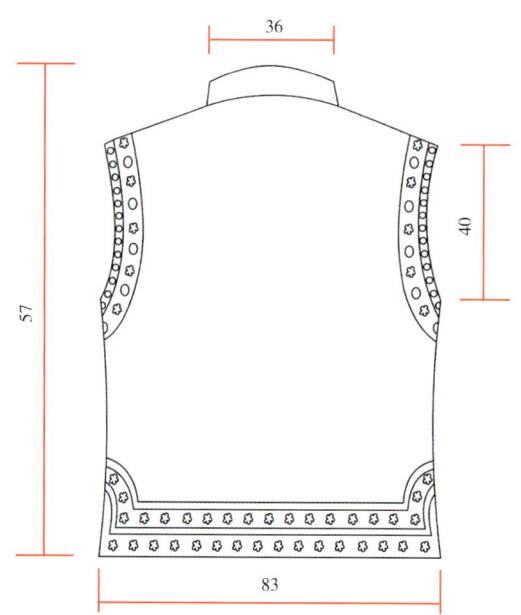

图三　拉祜族男子马褂尺寸图（单位：cm）

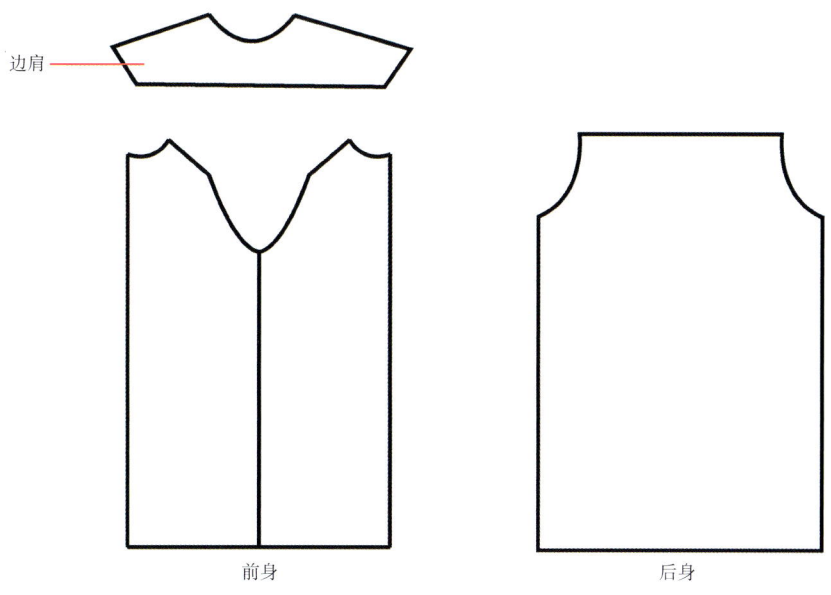

边肩

前身　　　　　　　后身

图四　拉祜族男子马褂开片图

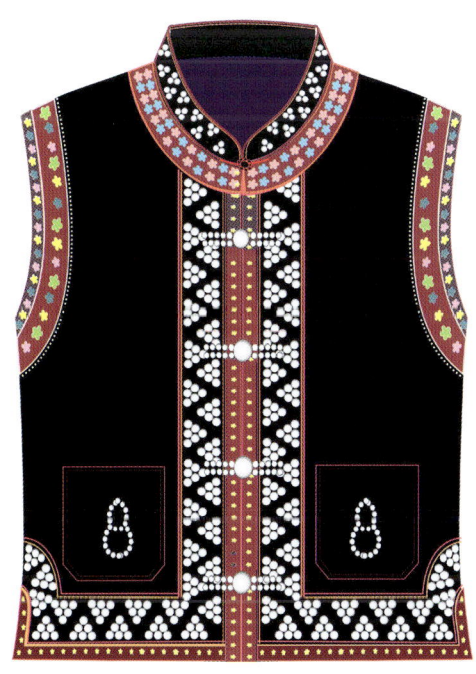

图五　拉祜族男子马褂正面展示图

图六　拉祜族男子马褂背面展示图

第二章　拉祜族传统服饰

拉祜族宽裆粗腿长裤

图一 拉祜族宽裆粗腿长裤主图

宽裆粗腿长裤俗称"蜂筒裤",因其裤管肥短、形同养蜂的蜂筒而得名。它的裤管下端缝缀色布或花边,腰间有束腰带,裤脚边上镶有两道彩色的布条,布条多以金黄色为底色,绣有彩虹纹、犬齿纹或波浪纹。

宽裆粗腿长裤由裤裆、裤筒、裤腰带组成,主要适合春秋季穿着。通常宽裆粗腿长裤的裤长100厘米,腰宽45厘米,裤筒直径28厘米。裤腰带简单地缝制在裤腰上,男子腰带简洁,没有过多的图案修饰,主要是起到收松裤腰的作用。裆和裤筒比较宽,裤筒的设计是直直的、宽宽的,颜色以黑色为主，只在裤脚上有一些二方连续的彩虹纹图案，也有人为了显示自己的财气在上面缝缀大银泡，色彩的搭配主要是按个人的喜好因人而异。大裤筒的设计是为了拉祜族男子干活、打猎、行走时方便。整个裤子的缝制很简单，就是由两大块布缝制成裤腿，最主要、最难、最花时间的缝制是在裤脚的纹样上，纹样上缝制的针法也不一样，"阿织席"整齐、均匀的针法在宽筒粗腿裤上也有表现，针法的走向主要是横向缝制。无论从服饰造型还是色彩角度看，宽裆粗腿长裤都显示了以野外生存状态为主的拉祜族人充满活力的生活态度，其设计元素常为现代服饰设计所借鉴。

拉祜族属于游牧民族，常常在山间行走奔跑，这样的生活环境下就要求服装必须满足一般生存需要。在日常打猎、游牧生活中，拉祜族男子的裤子既有利于活动，也穿着舒适，同时还能很好地保护身体。

图片来源
图一、图五　李梅　摄影、制图
图二至图四　英卫娟　制图

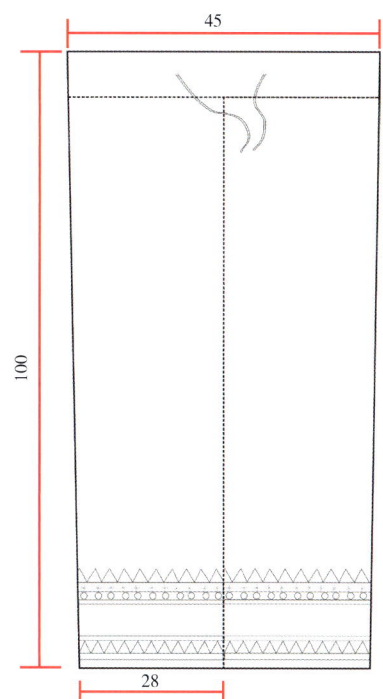

图二　拉祜族宽裆粗腿长裤尺寸图（单位：cm）

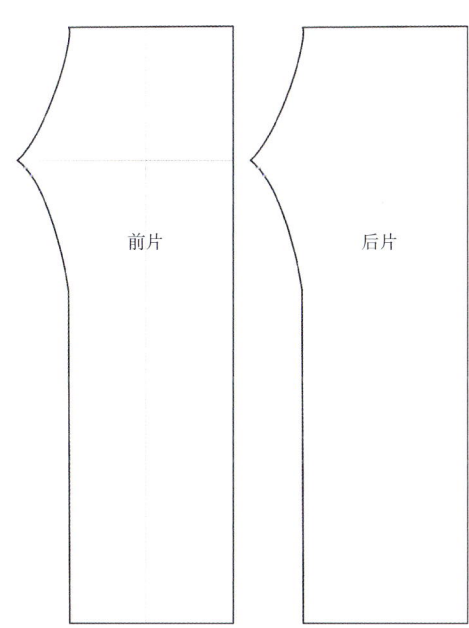

图三　拉祜族宽裆粗腿长裤开片图

图四　拉祜族宽裆粗腿长裤二方连续彩虹纹样局部图

图五　拉祜族宽裆粗腿长裤实物图

拉祜族女袍

图一　拉祜族女袍主图

　　拉祜族女袍传承有古羌人的传统服饰特点。据史学家考证："古代拉祜族属羌族系，从青藏高原南下……约在春秋战国时期，举族迁入云南。"（《拉祜族简史》，云南人民出版社1986年版）

　　按时间划分，拉祜族女袍的演变分为三个时期。第一时期为古代类型，这一时期的女袍颜色呈现为纯黑色。第二时期为近代类型，这一时期的拉祜族女性开始在自己织的白布上染色，有蓝、红、青蓝、黑等颜色，女袍上的装饰也更加丰富多彩。第三时期为现代类型，这一时期拉祜女袍既保留了传统服饰的诸多元素，也呈现出新的发展趋势，有了三角形、长方形的色彩拼合，胸前装饰了精美的银吊子。

拉祜族女袍长及脚面，两侧开衩高至腰际。随着织染技术和裁缝工具的不断完善、服饰制作技术的不断提高、人们审美的不断丰富，女袍的制作过程由简到繁、从单一色彩到五彩斑斓。制作女袍时，先把黑、红、黄、蓝、白等色布按照一定比例组合成各种美丽的图案，再用银泡组成相互交错的大小三角形图案，将其有规则地镶嵌在袍的领边、襟边、袖口等部位，最后用波浪形彩线缝合，或采用三角形、长方形图案的彩布拼合，并在襟边镶嵌银吊子。

拉祜族女袍有着自己鲜明的个性，具有浓郁的民族特色。女袍衣边上有犬齿交错的花纹。拉祜族崇拜狗，对狗有着深厚的感情，狗在他们的生活中扮演着重要的协作角色，因此往往用犬齿纹作为装饰。女袍上一般还有彩虹纹。这来源于两个传说：一个是说拉祜族居住的地区有一座织女山，山上的织女用五色线绣出美丽的彩虹，人们就模仿彩虹的颜色制作服饰；另一个是说有一位美丽的姑娘为了争取爱情自由而牺牲，人们穿上绣有彩虹图案的服饰纪念她，象征爱情的忠贞不渝。

拉祜族制作女袍喜欢使用黑色和红色。这两种颜色在拉祜族的信仰里有驱邪避害的作用，主要用在祭祀、生育、婚礼、葬礼等场合。

图片来源

图一、图五至图七　李梅　制图
图二至图四　章建春　制图

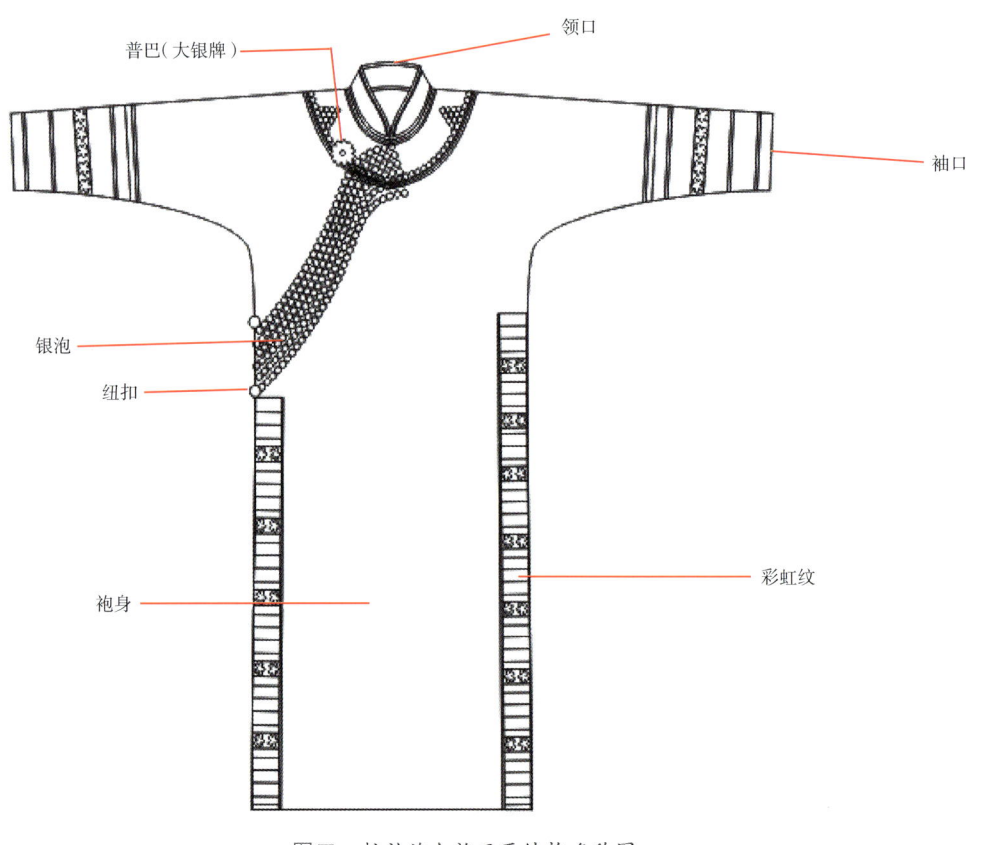

图二　拉祜族女袍正面结构名称图

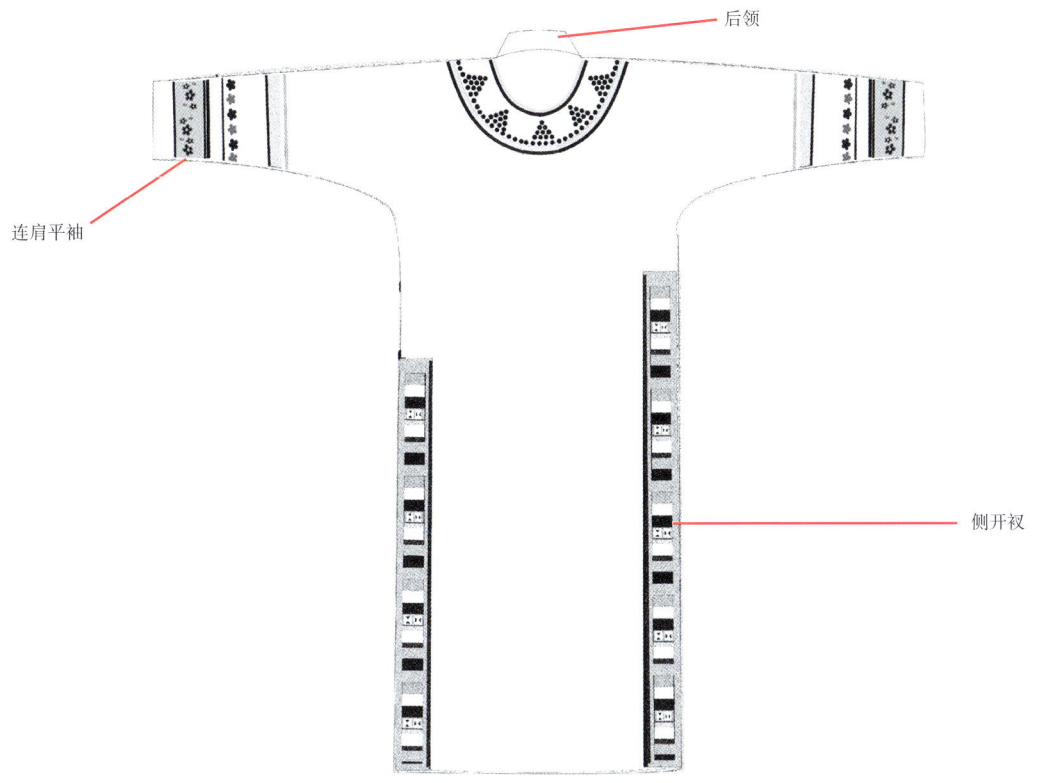

图三　拉祜族女袍背面结构名称图

图四　拉祜族女袍图案示意图

图五　拉祜族女袍上的彩虹纹示意图

图六　拉祜族女袍上的犬齿纹示意图

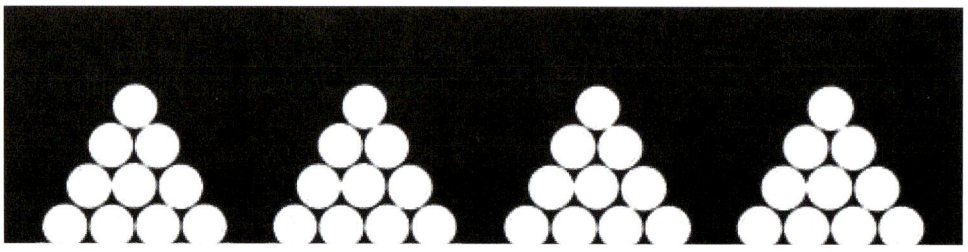

图七　拉祜族女袍上的银泡示意图

拉祜族筒裙

图一 拉祜族筒裙主图

筒裙又称直裙或直筒裙。其造型合体，侧缝自然垂落，呈筒、管状。因为裙头裙脚无褶无缝、一样宽窄，并且状似布筒，故名筒裙。

筒裙主要在澜沧拉祜族自治县的糯福、东回和勐朗、东朗、拉巴的部分地区，以及孟连傣族拉祜族佤族自治县等与傣族交错而居的地区流行，是拉祜族女性喜爱的服饰。其筒裙主要分为两大类：无花纹的素筒裙和有花纹的抠花筒裙。

拉祜族妇女的筒裙一般都是长筒裙，也有少部分穿短筒裙，长筒裙的长度在107厘米左右。盛大的节日来临时，拉祜族妇女们都喜欢身着黑布筒裙，筒裙的下摆和裾沿都装饰着红色涡旋纹和几何纹样。筒裙的缝制因地而异，澜沧县糯福、班利、勐滨一带拉祜纳妇女的筒裙多为黑布缝制，黑色的底布上缝制有由彩色布条拼成的几何彩图；双江、景谷等地区的拉祜族筒裙和傣族的有些相似。

相对而言，拉祜西妇女筒裙的制作要复杂得多，比拉祜纳的繁琐。她们是用红布和黑布拼接，并添有蓝布，接口是用一种拉祜西称"阿织席"的针法缝合。"阿织席"呈整齐、均匀的小点，仔细观察方能发现。在黑布或蓝布上有些部分用红、蓝、白、黄、绿等棉、丝彩线绣成彩带式图案，刺绣针法的走向皆横向。色彩的搭配因人而异，按照各自的审美情趣而定，但是讲究线条的平稳、均匀和强烈的色彩对比。因此，在筒裙的刺绣上不仅要有耐心，而且必须具备熟练的技巧，否则绣出的彩带图案会出现线条歪曲粗糙、图面稀疏不均、整体图案比例失调等现象。

筒裙是拉祜族妇女勤劳智慧的结晶，从纺线印染、制经纬线到织成布，再一针一线缝制成裙子，她们普遍精通。民间有谚语云："男儿不会破柴莫抢包头，女儿不会缝筒裙莫丢包。"

图片来源
图一、图六　李梅　制图
图二、图五　黄琪　制图
图三、图四　英卫娟　制图

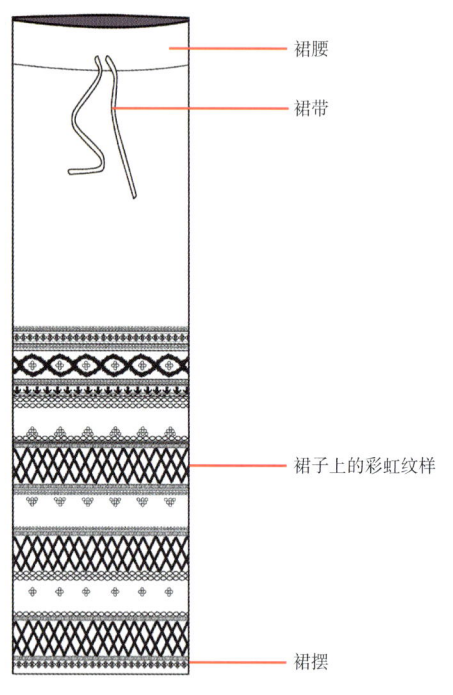

图二　拉祜族筒裙结构名称图

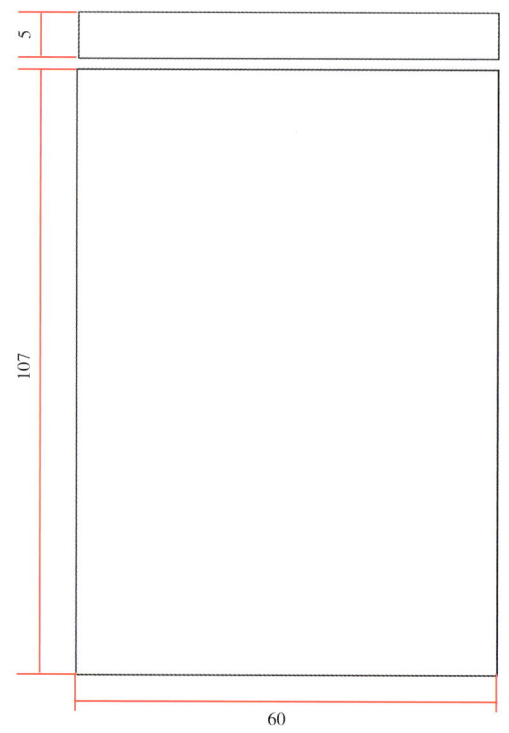

图三　拉祜族筒裙尺寸图（单位：cm）

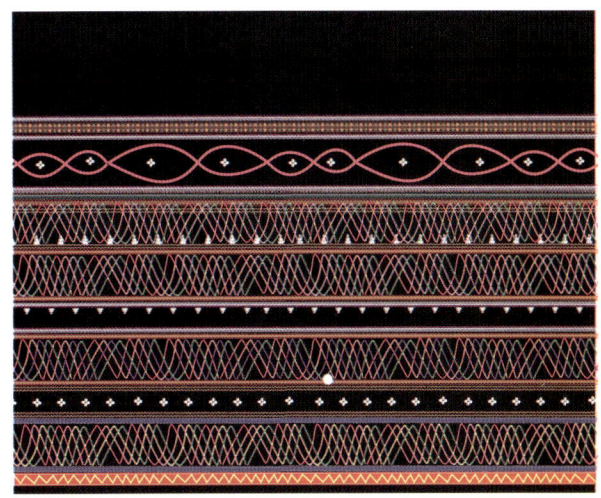

图四 拉祜族筒裙纹样示意图

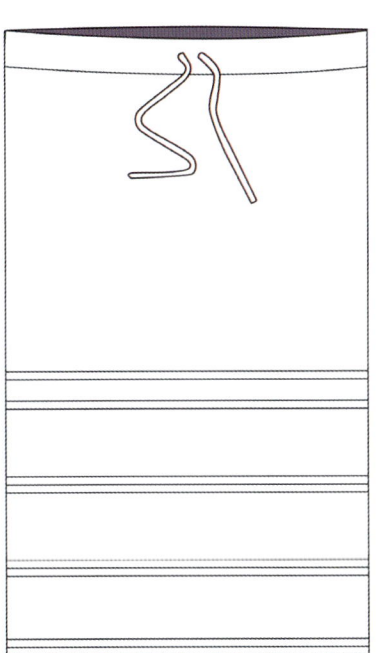

图五 黑色素短筒裙示意图

图六 拉祜族筒裙穿着效果示意图

拉祜族老年装

图一　拉祜族老年装主图

　　拉祜族老年装一般指60岁以上老年人的服饰穿着。拉祜族自古以来就崇尚黑色，老年人在穿着上也是以黑色为主，比较倾向于简约素雅。老年男子的衣服和包头主要是黑色，老年妇女的服饰除了黑色还有青蓝色，在领口和衣袖处也有一些彩色，起装点作用。

　　拉祜族老年装分为老年男子装和老年妇女装。老年男子的服装是由上衣、裤子和包头构成。包头是一条两米多长的黑布。上衣是长袖开襟的小立领，开襟处缀有7对盘扣，袖口比较宽松。裤子是宽大直筒的，上面系有腰带，衣服上无任何装饰。老年妇女的穿着主要是以包头和长袍为主。包头和老年男子的一样，也是用一条黑布包缠。长袍相对于老年男子的服装多了一些装饰，如在衣袖上绣有一些精美的纹样，主要是彩虹纹和犬齿纹。在右开襟上钉缀有2~3颗纽扣，腋下开裾，下摆为黑色，没有任何装饰。

拉祜族老年人的服饰装扮是为了方便劳作和参与一些活动。老年人在公共场合一般不会穿得太花俏，只是在服装的外形上稍做一些改变，主要是起到遮体保暖的作用。

图片来源

图一至图五　陈春园　制图

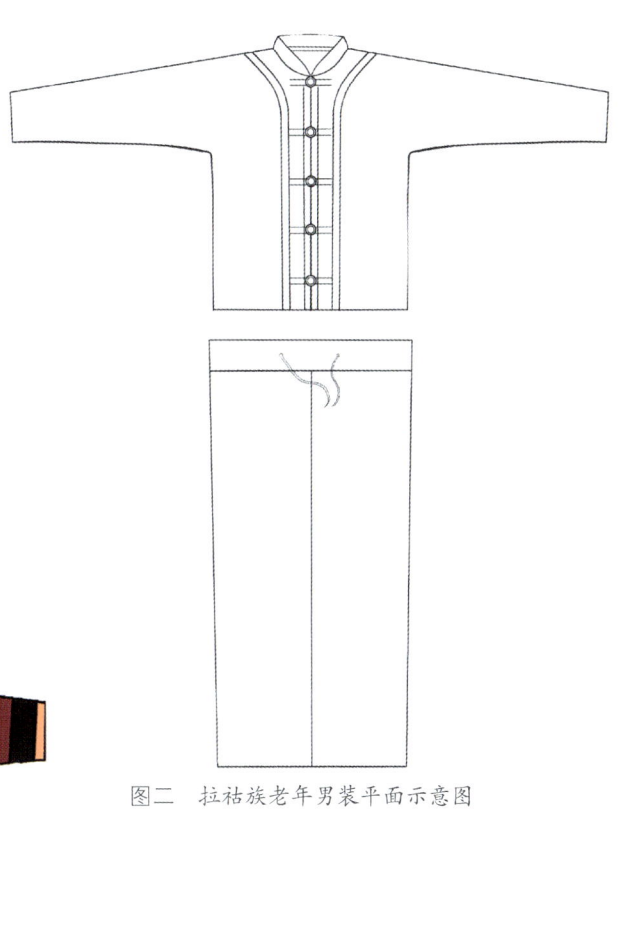

图二　拉祜族老年男装平面示意图

图三　拉祜族老年女装正面示意图

图四　拉祜族老年女装背面示意图

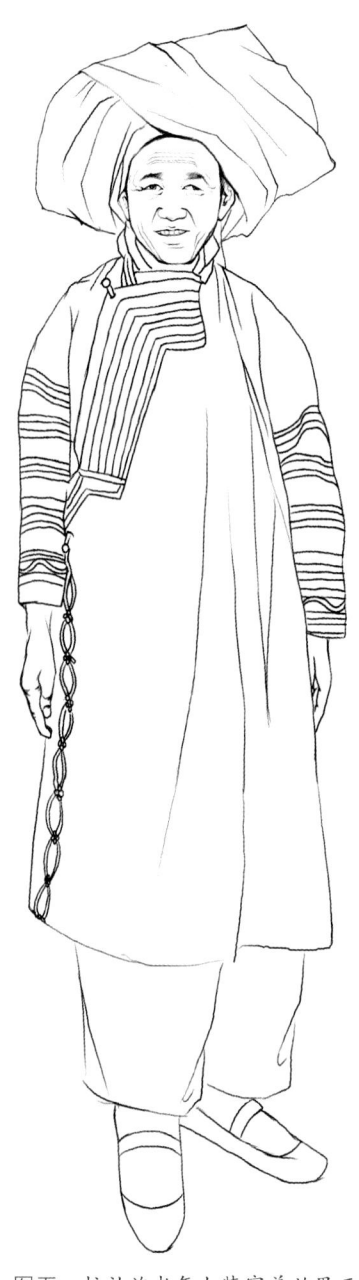

图五　拉祜族老年女装穿着效果示意图

拉祜族童装

图一　拉祜族童装主图

拉祜族童装是拉祜族儿童服装的简称，指未成年人所穿的服装。由于儿童比较活泼可爱，因此一般拉祜族童装的颜色也比较鲜艳。本文所描述的是女童所穿着的服饰。

其实，拉祜族童装大部分是成人服装的缩小版，和成人的款式基本上是一样的。童装在装饰上要比成人的装饰多，筒裙色彩的设计也是采用比较鲜艳的颜色，这是和成人服饰相区别的地方。

拉祜族女童装主要是由上衣和筒裙组

成，也有长袍形式的童装。上衣是开襟的小圆领，开襟处以前是用纽扣将衣服扣紧，随着社会的发展以及追求生活的便利，如今大多数已经改成了拉链的形式。这种形式不仅可将衣服扣紧，还能起到保暖的作用，挡风的效果比纽扣更好。在袖口和对襟处钉缀有很多银泡，并且将银泡组合成犬齿的样式，袖子上还对称绣有美丽的彩虹纹。在衣服的两边点缀有同样多的银泡和彩虹纹，这些银泡和彩虹纹为上衣增添了生气，使得整件服装显得不再那么沉闷。筒裙主要是直筒的，在下摆处绣有一些彩虹纹并缀有银泡。银泡不多，只起一些点缀作用。彩虹纹主要是以暖色调为主，这样服装显得比较活泼。长袍形式的童装是右衽开襟，下面是两边开衩。由于小孩的身高不高，所以开衩没有成年人服饰开得那么高。衣服上也是主要以银泡和彩虹纹为主要的装饰，但是在长袍上还会加上一些黄绿色，增添一些活泼的气息。

随着社会的发展，原先以黑色为主的拉祜族童装现在已经多样化，多以红色、蓝色等为底色，不仅具有遮体御寒的重要功能，同时也能展现儿童的天真与活泼。

图片来源
图一　马文斌　制图
图二、图五、图七　梁显龙　制图
图三、图四、图六　陈春园　制图

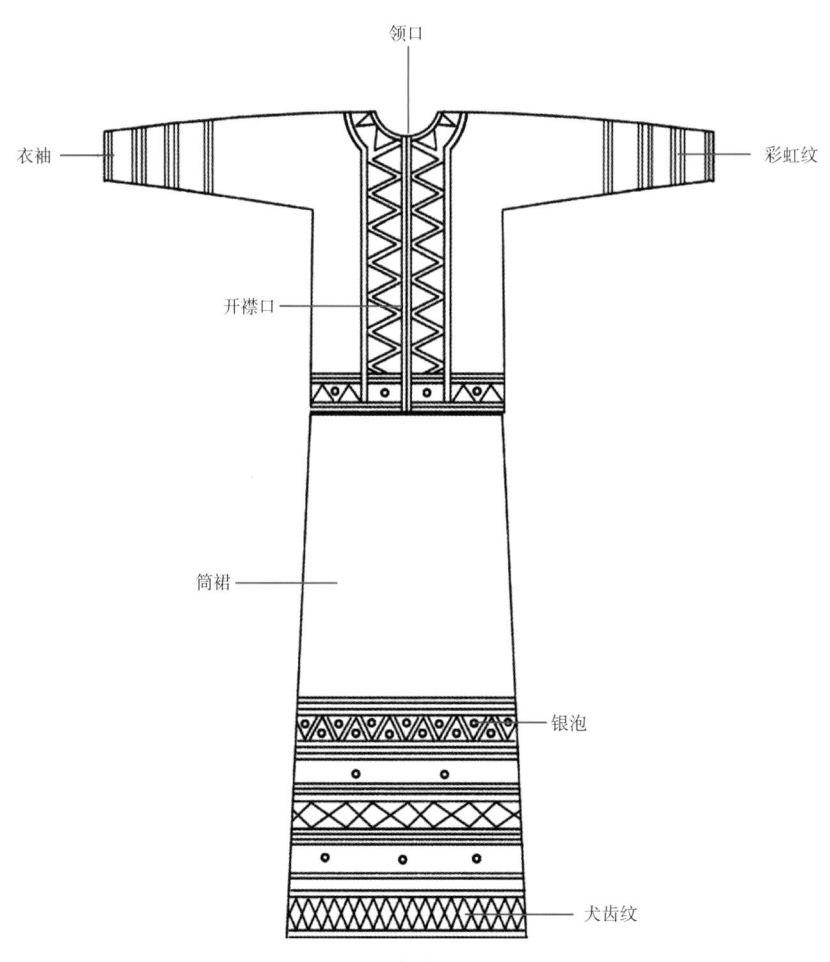

图二　拉祜族童装结构名称图

图三 拉祜族童装正面示意图

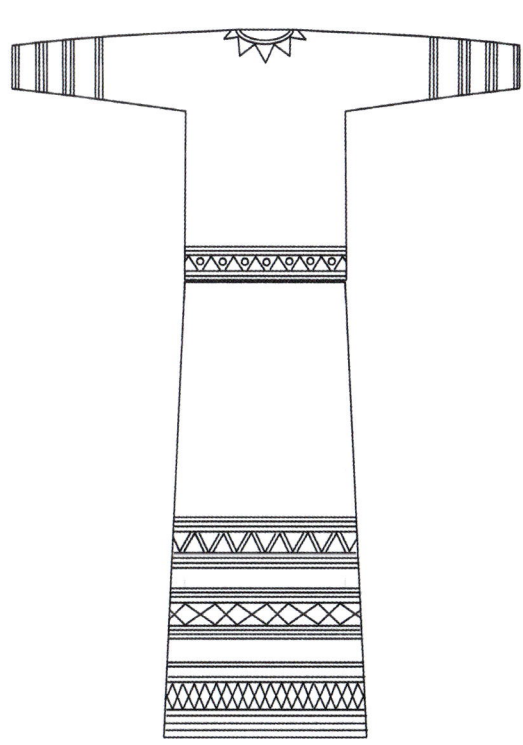

图四 拉祜族童装背面示意图

图五 拉祜族童装局部花纹示意图1

图六 拉祜族童装局部花纹示意图2

图七 拉祜族童装延展图

第二章 拉祜族传统服饰

069

拉祜族男子圆形帽

图一　拉祜族男子圆形帽主图

圆形帽是拉祜族男子戴在头上的一种兼具实用性的装饰物，简单大方。特别在一些重大的节日及假日活动中，可以随处见到佩戴圆形帽的男子。

圆形帽一般分为两种，一种是已婚男子所戴，无装饰、无刺绣图案，只由9片青蓝或黑色布缝制而成；一种是未婚男子所戴，用黑布制作而成，镶缀有彩色绒球和银泡，有的帽顶上还坠有一颗红色的顶珠，散发出年轻人的青春活力，更添美感。

圆形帽的特点是方便实用，主要分为顶面、正面和侧面。由于拉祜族绣制图案或者镶缀银泡通常采用的是二方连续的构图方式，所以它的正面和侧面几乎是一样的。帽子的宽度一般是20厘米左右，深度是16厘米，要具体根据戴帽人的头部大小来选择合适的尺寸。

图片来源

图一、图六　章建春　制图
图二、图四　马文斌　制图
图三、图五　李梅　制图

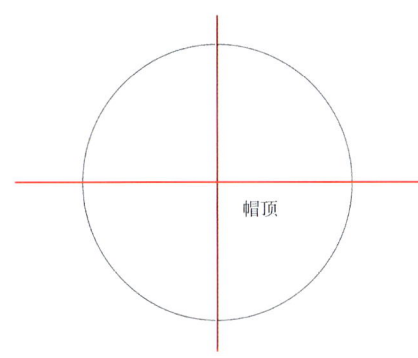

图二 拉祜族圆形帽开片图

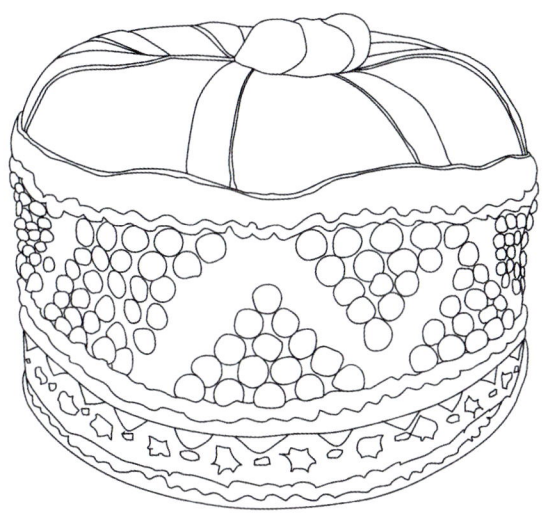

图三 拉祜族未婚男子圆形帽示意图

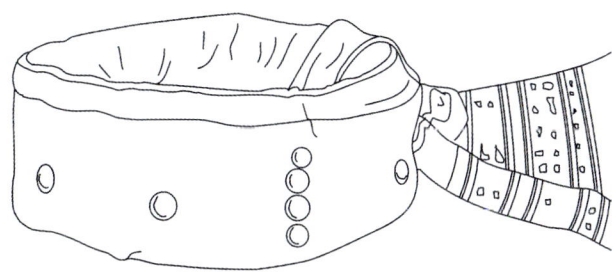

图四 拉祜族已婚男子圆形帽示意图

图五　拉祜族圆形帽顶部展示图

图六　拉祜族未婚男子圆形帽佩戴效果示意图

拉祜族女子包头

图一 拉祜族女子包头主图

包头是拉祜族女子的头饰，就是用一块布缠在头上。

拉祜族女子包头主要有白、黑两种颜色，色彩简单，没有过多的修饰。年轻的女子一般是用白色的布做包头，中老年妇女大多数是用黑色布做包头。包头由一块布和长穗组成，最外层是一条超长的彩穗头巾，长穗缝缀在布的末梢。传说拉祜族与外族作战失败，被困城中的妇女就将99条包头布打结连在一起，趁着夜色分33路翻爬下城墙逃了出来，后来就用包头上的33条长穗纪念这次胜利突围。

包头的长度一般3米左右，宽大概33厘米。包头时，先将布的宽度对叠，再从右往后按逆时针方向缠，一层压住一层，最后向里一掖，要使头帕两端穗头正好在两边鬓角处。缠头巾时，要让印花头巾护住两耳及腮部，垂及肩部；中间方格头巾的须边遮至眉毛；最外一层披散在后背，用缀有超长彩穗的头巾在额头处绕一个高耸的三角形，缠住头顶。为了表示男女之别，拉祜族女子通常会在头上留一束长发（俗称"魂毛"），再缠上包头。

拉祜族妇女包头尾穗图案纹样十分精美而富有寓意。实际上这些彩色纹样是以一种镶嵌的形式存在的，铜钱状的连续图案不仅起到隔断的作用，也使整个画面充满了秩序美。加上这个尾穗以后，整个包头显得生机勃勃。竖条的彩虹图案源自拉祜族自然崇拜彩虹的视觉艺术符号，铜钱状隔断有两层含意：一是希望富有；二是对美好生活的向往。两个合在一起，意思是在勤劳致富的同时，还要拥有美好的生活品质和圆满的爱情。包头是爱情的信物，如果一个拉祜族小伙子能够戴上姑娘亲自为他刺绣的包头，那他是非常荣幸的，同时也说明了姑娘的心灵手巧。

在拉祜族的信仰里，包头就是上天赐予的神圣礼物。传说包头是洪水时代的产物，当时人类为了逃生钻进大葫芦，飘到了天上。天神好奇地打开葫芦时意外砍伤了拉祜族祖先的头，血如泉涌，于是天神赶紧解下自己的腰带缠在拉祜族祖先头上。于是，拉祜族无论年轻女子还是中老年妇女，人人头上都裹着包头。

图片来源

图一、图三　李梅　制图
图二、图四　黄琪　制图
图五、图六　肖飞　制图

图二　拉祜族女子包头平面尺寸图（单位：cm）

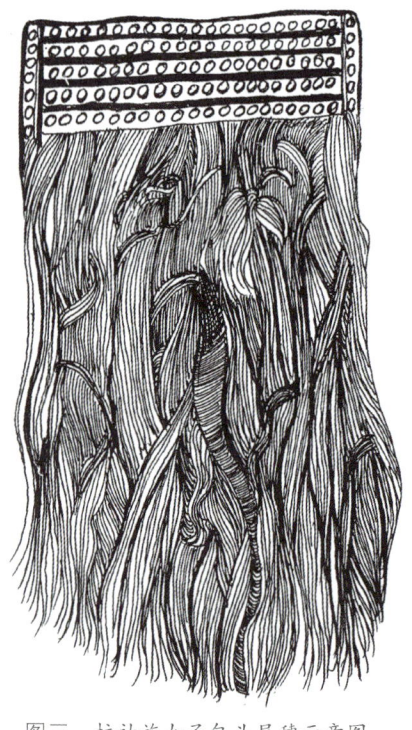

图三　拉祜族女子包头尾穗示意图

图四　拉祜族女子包头尾穗图案纹样示意图

图五　拉祜族女子包头缠法操作示意图 1

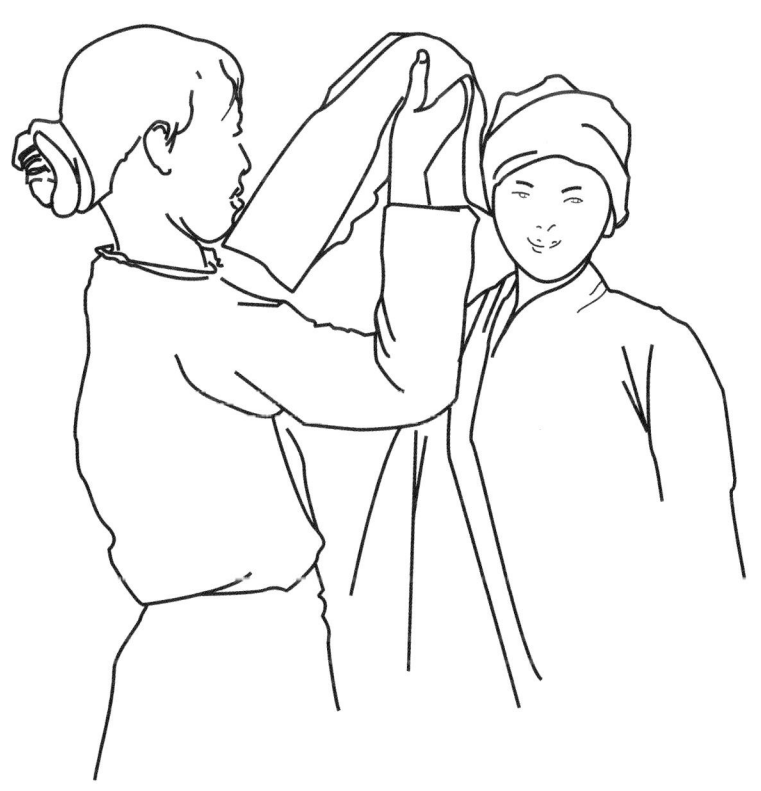

图六　拉祜族女子包头缠法操作示意图 2

拉祜族背袋

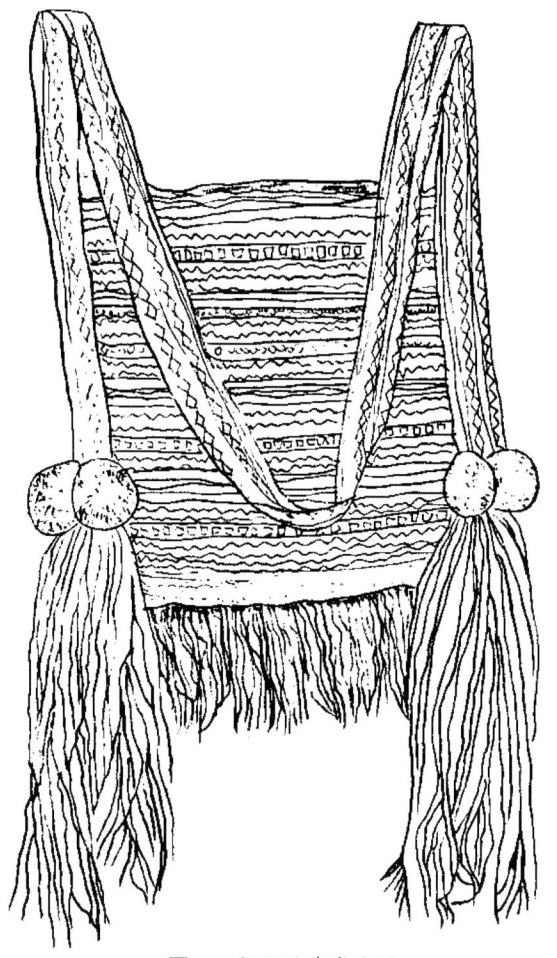

图一 拉祜族背袋主图

背袋，拉祜语称"糜搓"，当地也有人称"筒帕"，即一种可单肩背也可斜挎的长方形袋子。背袋通常采用青蓝布制作，是拉祜族以前生产生活的必需品。背袋容积较大，一般能够容纳10公斤粮食。背袋外部几乎没有或稍许有装饰品，制作它的初衷是为了便于人们随行携带野菜、野果等物品，后来逐渐缩小用于盛装一些日常生活用品，如饭盒、毛巾、手帕、烟锅、芦笙等。在拉祜族中，无论男女老少外出时往往都会挎一个背袋。

随着社会经济的发展和生活方式的变化，背袋在满足人们日常携带方便的纯功用性基础上不断向装饰性、工艺化方向发展。首先，为了满足这种改变，背袋整体尺寸缩小到与人体比例相适应，所以容积也相应地减小了。其次，背袋外部开始使用装饰元素，改变了过去背袋外观不太美观的缺点。

背袋通常由包面、肩带两部分构成。背

袋包面常常点缀着若干根色彩斑斓的线，肩带则通常由红、白、黑、蓝、黄、绿等各种色线混合编制而成。各种色线的穿插编制和综合运用，一方面使肩带的负重度提高，即便背袋内物品较为沉重也不会断开；同时背在肩上产生较大的摩擦阻力，即便翻山越岭也不会随意滑落，满足了拉祜人日常的劳作需要。而肩带的装饰性增强，也为拉祜人在祭祀活动中祈求天神厄莎和万物之灵庇佑提供了依托。

拉祜族背袋整体色彩运用简约古朴，体现出浓郁的民族特色。包体的设计首先考虑到的是满足日常实用功能，整体以热情洋溢的红色为主体色调，包面上端的包口处由红、蓝、白、绿、黄等颜色的色线缝制呈矩形的几何图案，虽然简约，但却庄重，起到了很好的装饰效果。包底采用各种色线反复缝制而成，在满足耐磨实用性的基础上更具视觉享受。连接包袋的肩带也是通过各种色线反复编制而成，既结实又美观。把绒球缝制于背袋侧翼，好似一颗颗成熟的果实，和背袋的红色融为一体，恰似勤劳的拉祜人在庆祝秋天硕果累累的收成。

背袋的容量较拉祜族其他包类手工艺品更为实用，具有更强的储物功能，因此，它逐渐成为拉祜人的必备物件。特别是改革开放以来，随着制作工艺的发展，背带上面除了织有精致的传统图案外，还织有"云南澜沧""澜沧拉祜""中国拉祜"等字样，成为国内外游客喜爱的手工艺品。

图片来源
  图一、图七 李梅 制图
  图二 施婵 制图
  图三、图五 梁显龙 制图
  图四、图六 刘玮 制图

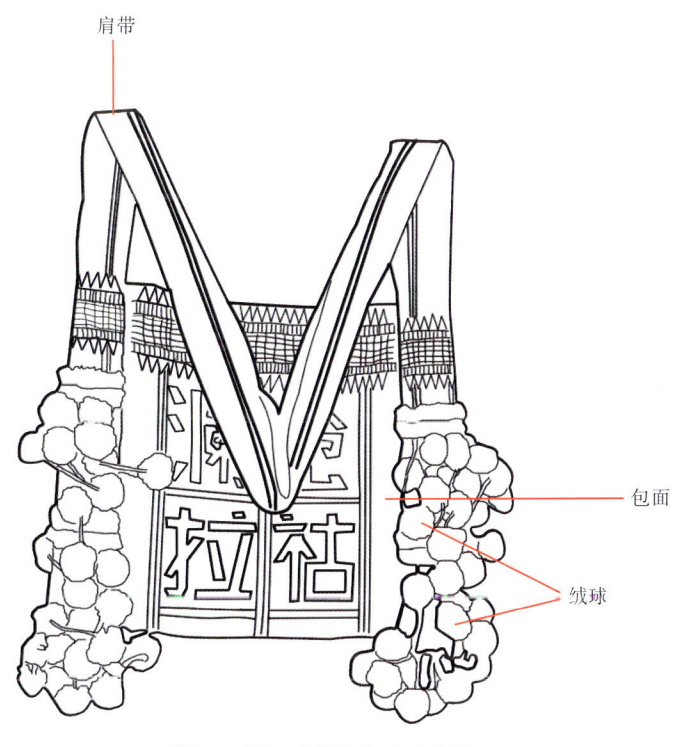

图二 拉祜族背袋结构名称图

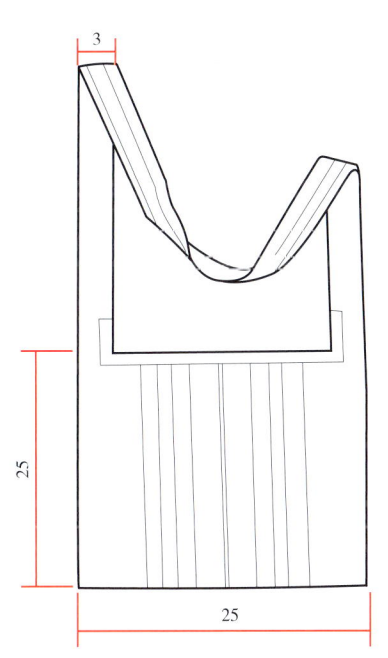

图三 拉祜族背袋尺寸图（单位：cm）

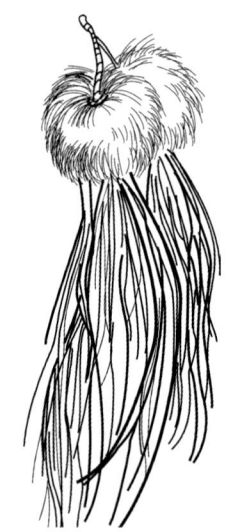

图四　拉祜族背袋装饰纹样示意图　　图五　拉祜族背袋绒球示意图

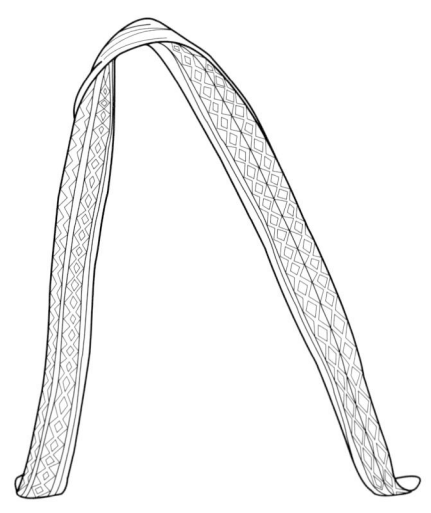

图六　拉祜族背袋之肩带示意图

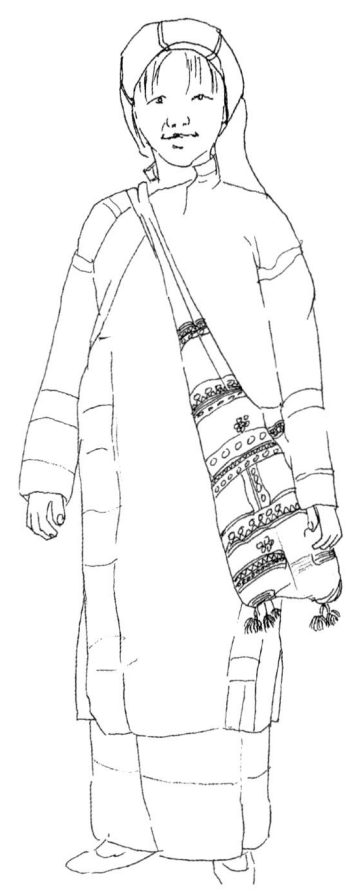

图七　拉祜族背袋使用效果示意图

拉祜族火镰包

图一　拉祜族火镰包主图

火镰包，拉祜语称"咪着拍"，是拉祜族精美的传统手工艺品。拉祜族火镰包制作精细别致，款式多样。火镰包可以挂在腰间，也可以斜挎肩上。其既具有实用功能，用于装火石、火镰或心爱之物，同时，肩带上的民族特色纹样还可以起到装饰作用。

拉祜族人通常使用自织布料制作火镰包。火镰包由包面、包口、索口带、袋穗等部件构成。

包面分为上、下两个部分。上端的包面为蓝色布，下端则通过多色碎布块拼接缝制而成，更为结实耐磨。下端的包面上常绣有拉祜族的传统图案。

包口位于包面上端，包口处的索口带穿有各种色线织成的带子，以便于拉开或收紧袋口。包面下端缀有若干根色彩斑斓的线作为点缀。

火镰包整体色彩简单古朴，自然原色的运用张扬而不失传统，体现出拉祜族传统的审美感受。以本真的蓝色为主体背景色，包面下端由红、蓝、白、绿、黄等颜色的碎布块缝制而成，同时，用黄、红、绿几大色系区间的色线编织成原始的拉祜族吉祥图案。包口处的索口带也是通过各种色线反复编制而成，既结实又耐看。

火镰包整体设计简约，具有浓郁的民族

特色。包体的设计紧紧围绕装盛物件的基础性功能展开，仅在包面、包口束带、袋穗等处通过传统的自然原色以及含有吉祥寓意的拉祜族原始图案施以点缀，图案简洁、规矩，色彩运用大胆，通过近乎纯色的色彩搭配体现出古朴美。

火镰包由于便捷实用的储物功能而逐渐成为拉祜族人的必备物件，它也因为美丽的爱情传说而成为拉祜族传统的定情信物，寄予了男女青年相互间爱慕的情意。

图片来源

图一　李梅　制图

图二、图五、图六　施婵　制图

图三　刘玮　制图

图四　英卫娟　制图

图七　梁显龙　制图

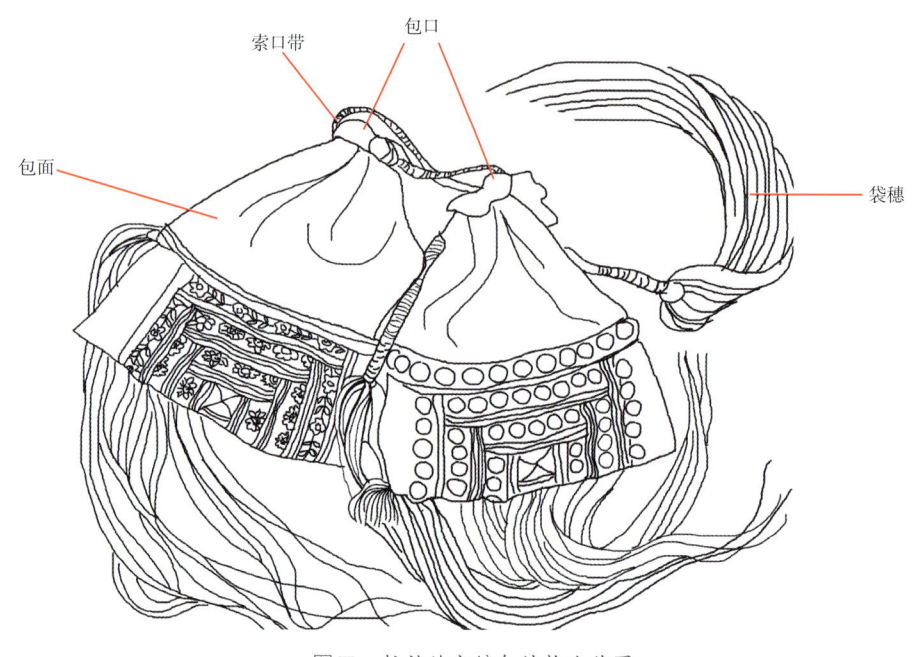

图二　拉祜族火镰包结构名称图

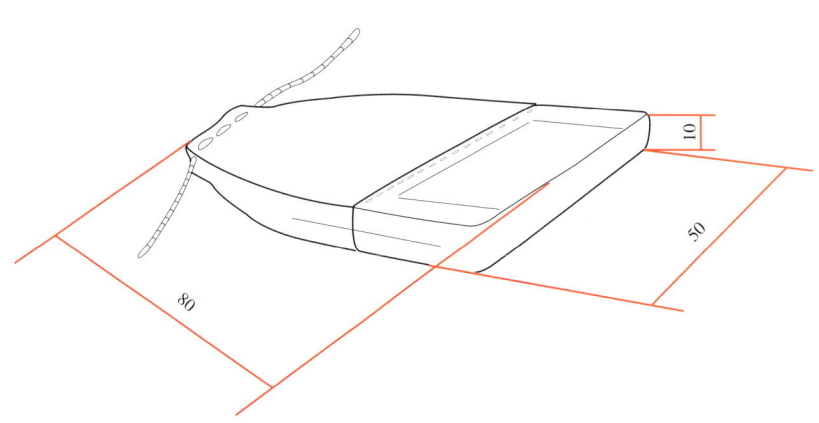

图三　拉祜族火镰包尺寸图（单位：cm）

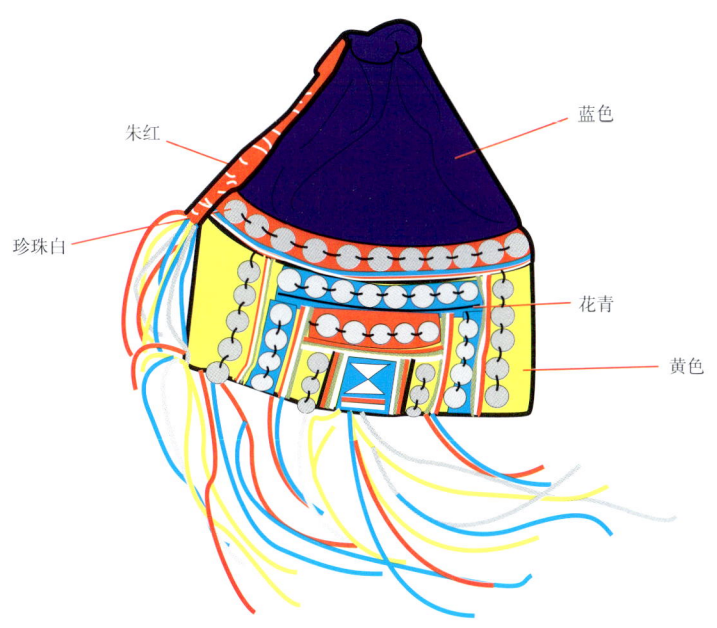

图四　拉祜族火镰包色彩分析图

图五　拉祜族火镰包装饰图案示意图

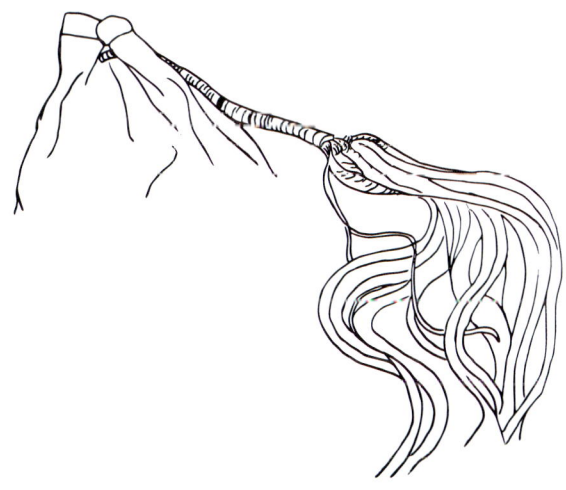

图六　拉祜族火镰包袋穗示意图

图七　拉祜族火镰包佩戴效果示意图

第二章　拉祜族传统服饰

081

拉祜族彩绸腰带

图一　拉祜族彩绸腰带主图

彩绸腰带是拉祜族人围系在腰上的一种装饰，以前都是用藤条、草绳、兽皮、树枝等自然的材料，类似于现代人系在身上的皮带。

随着社会的发展，拉祜族开始改变原始社会生活中的一些习俗，他们学着织布，用布来制作腰带。腰带始终是拉祜族妇女的心爱之物，她们会把自己中意的腰带送给喜欢的男子，借此表达爱意。

这种腰带往往刺绣工艺繁琐。拉祜人把自己喜欢的图案或本民族崇尚的纹样绣在腰带上，并点缀环、扣、流苏等装饰物，但一些简朴的腰带仅为一块布和一根绳子。

在尺寸上，一般的腰带绕腰一圈，长的

可以绕腰数圈。在系法上，有的交叉系在前面，有的系在腰的侧面，还有的是围几圈然后扎在背后。腰带的颜色，过去常常以红、黑、黄、绿为主，现在的用色不局限，腰带的色彩更加丰富。而且在一些重大节日里，为了适应节目表演的需要，有的腰带还大胆采用了一些很亮的色彩。

此案例介绍的彩绸腰带主要在舞台上使用，因此常常采用鲜艳的颜色，上面绣有几何纹样、银泡、水波纹等，边缘用色布缝合，另外再加一些流苏球，看起来鲜亮美丽。

彩绸腰带是拉祜族服饰文化中的艺术珍品，不仅是拉祜人美的装饰，也是拉祜族民俗文化的一部分。

图片来源
图一、图六　马文斌　制图
图二至图四、图七、图八　马文斌　制图
图五　刘洋　制图

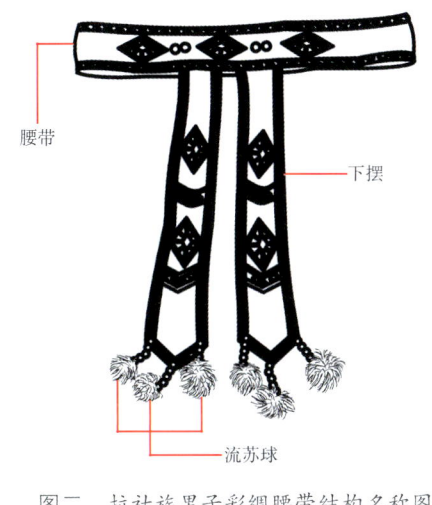

图二　拉祜族男子彩绸腰带结构名称图

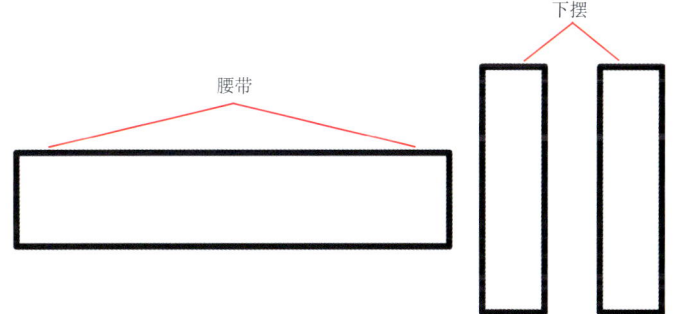

图三　拉祜族男子彩绸腰带开片图

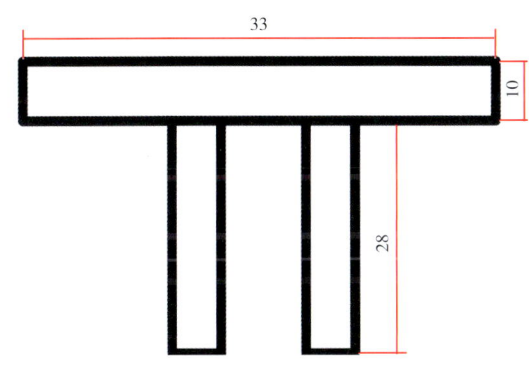

图四　拉祜族男子彩绸腰带尺寸图（单位：cm）

图五 拉祜族男子彩绸腰带色彩分析图

图六 拉祜族男子彩绸腰带实物图

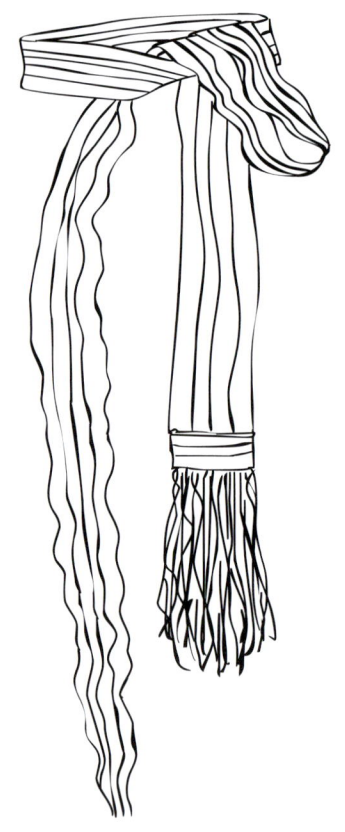

图七 拉祜族男子彩绸腰带延展图

图八 拉祜族男子彩绸腰带背面穿着效果示意图

拉祜族脚筒

图一 拉祜族脚筒主图

　　拉祜族脚筒，为绑在腿上的护腿工具，又称绑腿。拉祜族人大多生活在山高坡陡、丛林繁茂的地区，在长期与恶劣的自然环境博弈的过程中，拉祜族人寻找到一种保护自己身体的生存方式，即用麻、布等材质制成脚筒，套住双腿，结实柔软，既可以防止荆棘及昆虫的伤害，也有御寒的作用。

　　脚筒一般用彩色的棉线和麻线制作而成，长约50厘米，一端缝有系带，宽约3厘米、长1米，上面织有精美的图案。

　　脚筒在形式上有简有繁，拉祜族妇女用灵巧的双手把一些简简单单的色布、普普通通的色线，变成极富表现力的花纹图案绣在脚筒上，精美至极。她们还用色布拼成三角形图案，以二方连续的形式镶嵌于脚筒上，形成弩箭箭尾形状的写实图案，象征着猎手们的箭瞄得准、射得远，拉祜语称其为"卡巴"，译为汉语叫做"箭篾花"，极具民族特点。有些拉祜族妇女为了让脚筒更美观，还会在脚筒上镶缀一些银泡。经过长期的发展演变，脚筒逐渐成了少数民族腿部的装饰艺术品，并且以其独特个性丰富了服装艺术宝库。

图片来源

图一至图三　黄琪　制图
图四、图五　李梅　制图
图六　马文斌　制图

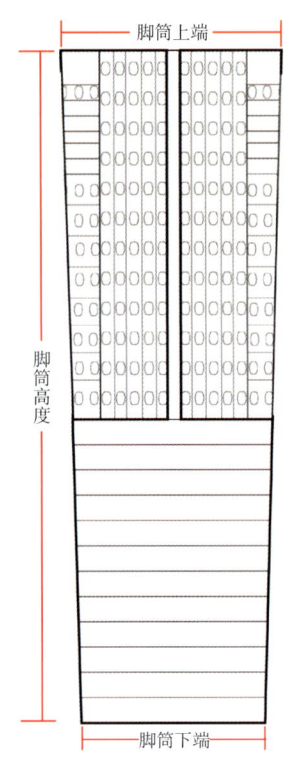

图二　拉祜族脚筒结构名称图

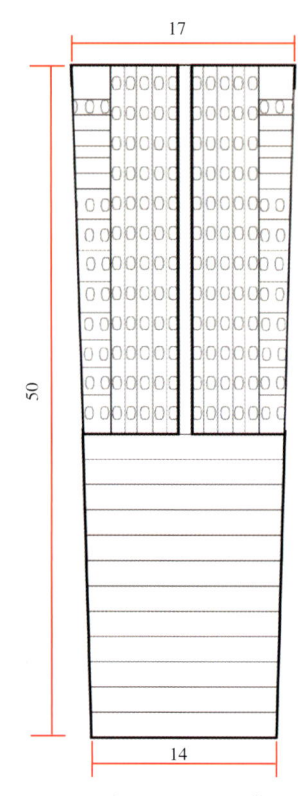

图三　拉祜族脚筒尺寸图（单位：cm）

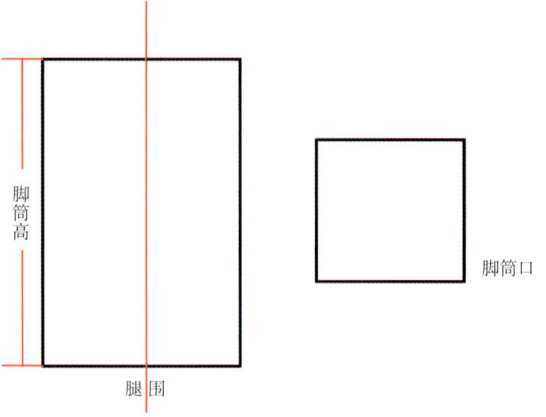

图四　拉祜族脚筒开片图

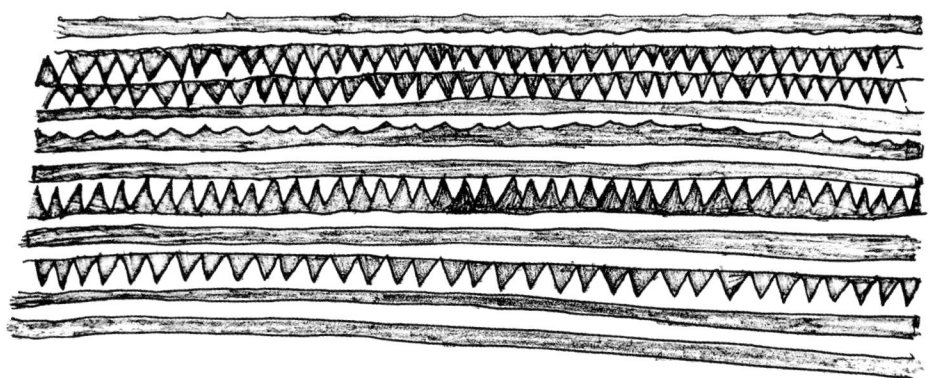

图五　拉祜族脚筒布料局部展示图

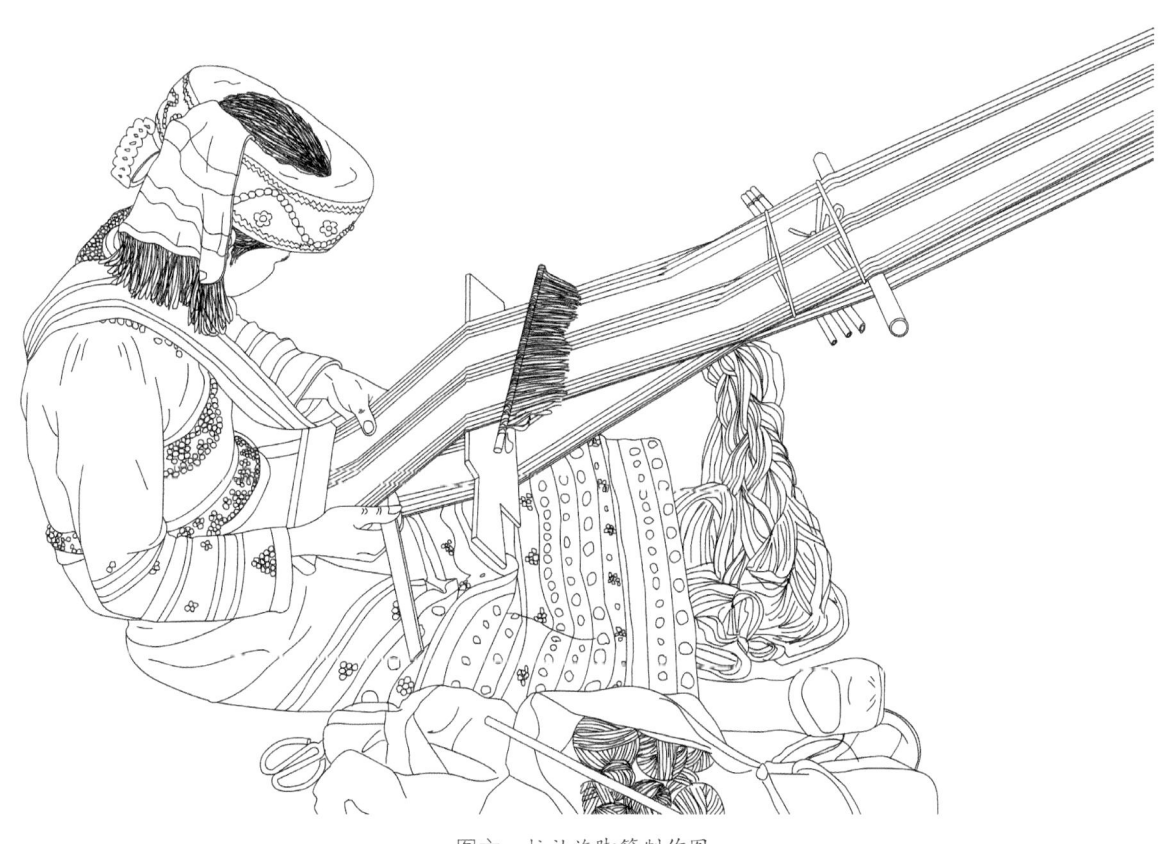

图六　拉祜族脚筒制作图

拉祜族浅帮黑面圆口布鞋

图一　拉祜族浅帮黑面圆口布鞋主图

拉祜族浅帮黑面圆口布鞋又叫黑布鞋。布鞋已有 3000 多年历史，作为游牧民族的拉祜族，在原始社会生活时期还不知道什么是布鞋。随着时代的发展，受云南其他少数民族的影响，拉祜族才慢慢有了属于本民族的浅帮黑面圆口布鞋。

浅帮黑面圆口布鞋是传统手工艺品，手工纳底，穿起来比较舒适透气。布鞋由鞋底和鞋面组合而成。鞋底是由几层布缝制在一起，为了鞋子的结实耐用，每层布之间会使用浆糊黏固。然后按鞋样大小剪出鞋底的形状，再手工纳底，最后将做好的鞋面和鞋底缝合在一起。后来为了鞋子穿在脚上更加牢固，不容易脱落，就在鞋帮的一侧缝上一根带子，穿上时扣在鞋帮的另一侧。

拉祜族浅帮黑面圆口布鞋简单、大方，分为两种：一种鞋面全部是黑色的，没有图案的装饰，只用一块黑色的布缝制；另一种是在黑布面上绣有一些拉祜族本民族的纹样，如彩虹纹、犬齿纹等，这不仅仅是鞋子的装饰，也是拉祜族审美的需要。

布鞋的尺寸随穿着者脚的大小而定。通常，拉祜族男人所穿的鞋长 28 厘米，宽度随脚的宽度而定。拉祜族妇女都有一双灵巧的手，自己纳鞋底、做布鞋。

对于拉祜人来说，浅帮黑面圆口布鞋穿

在脚上既方便又不伤脚，这样舒适的鞋子非常适合生活在深山里的拉祜人出行和劳作。

图片来源

图一至图七　马文斌　制图

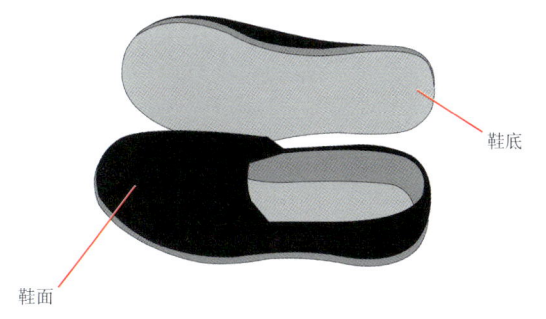

图二　拉祜族浅帮黑面圆口布鞋结构名称图

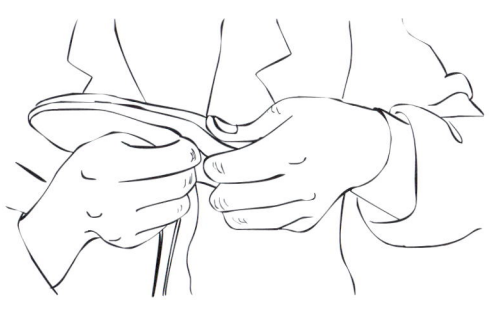

图三　拉祜族浅帮黑面圆口布鞋鞋底制作图

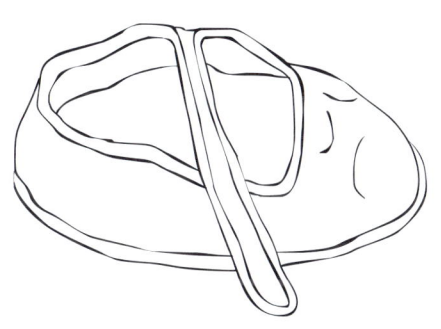

图四　拉祜族浅帮黑面圆口布鞋鞋面示意图

图五　拉祜族浅帮黑面圆口布鞋展示图

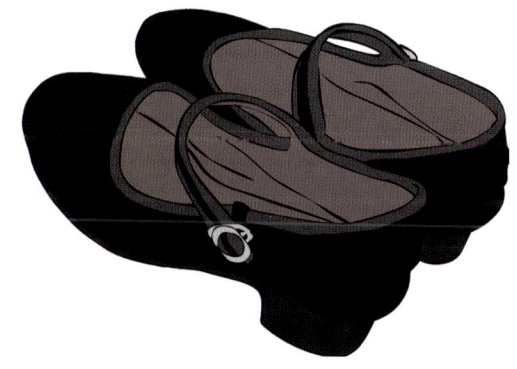

图六　拉祜族浅帮黑面圆口布鞋延展图1

图七　拉祜族浅帮黑面圆口布鞋延展图2

拉祜族葫芦头饰

图一　拉祜族葫芦头饰主图

　　拉祜族葫芦头饰是拉祜人喜爱的特有头饰，是盘头发的一种工具，就像古人所用的簪子。

　　葫芦既是拉祜族的文化象征，也是拉祜族的民族图腾。对于古代拉祜族而言，葫芦崇拜代表着他们内心对于生殖和民族兴旺的渴望。据古代文献记载，在不同时期，古人对于生殖崇拜的形式和内容是不同的，但生殖崇拜的核心价值是相同的。然而，拉祜族的生殖崇拜却独具特色，在神话当中，他们以丰富的想象绘制出人类从葫芦里出来的情形。从头饰当中不难看出，这些葫芦非常形似于一个怀孕的妇女，它的下半部好似孕妇的肚子，上半部则好似乳房隆起的胸部，显得那么丰满、健康、圆润和完美。

　　从图像上看，头饰是葫芦与中国结等饰品的结合，象征吉祥寓意。中国结、流苏状的饰物以粗糙的质地，凸显了葫芦光滑的外表和饱满的造型。整个头饰简洁、大方，没有苗族头饰的复杂和繁琐，甚至难以发现一点浮夸的装饰语言。它以最为简单的造型、朴实的构成，实现了对拉祜族淳朴民族性格的叙述。

　　葫芦头饰的结构很简单，通俗地说就是一个葫芦加上一根细木棍，但却很实用，能盘成各式各样的发型。葫芦不是很大，高约10厘米左右，最大的宽度也就6～7厘米；细木棍长约16厘米左右。

葫芦头饰展现出拉祜人的美丽，同时，传达出了拉祜人不一样的自信。

图片来源
图一、图三至图五　马文斌　制图
图二　刘洋　制图
图六至图八　李梅　制图

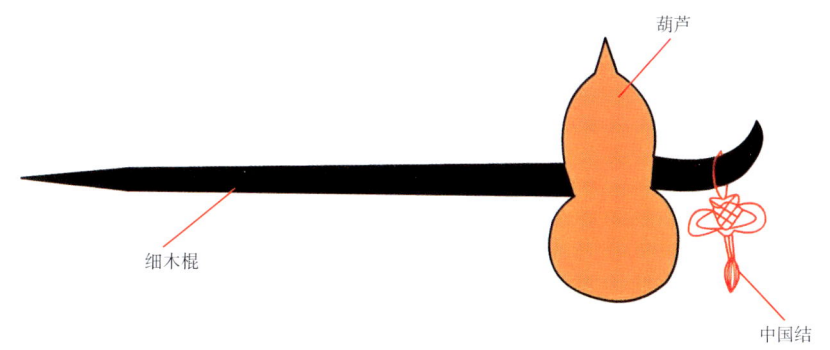

图二　拉祜族葫芦头饰结构名称图

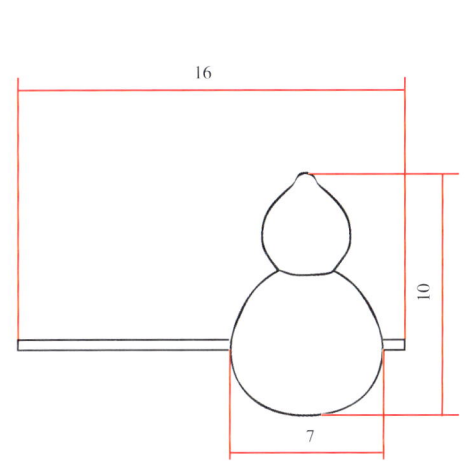

图三　拉祜族葫芦头饰尺寸图（单位：cm）

图四　拉祜族葫芦头饰象征孕妇示意图

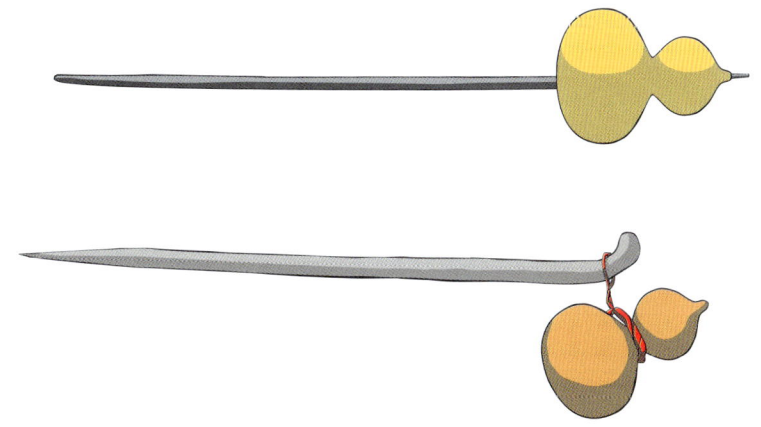

图五　拉祜族葫芦头饰延展图

图六　拉祜族葫芦头饰佩戴效果正面示意图

图七　拉祜族葫芦头饰佩戴效果侧面示意图

图八　拉祜族葫芦头饰佩戴效果背面示意图

拉祜族普巴

图一 拉祜族普巴主图

普巴，作为一种银制配饰，又叫"大银牌"，一般以拉祜族女性佩戴为主。

普巴用薄银片打制而成，直径通常为15厘米，主要由一块圆牌和耳扣组成，有的在圆形的边缘做一些几何的形状，改变其边缘线，使它形式多样，富有美感。

普巴的正面有凹凸不平的形状，类似浮雕，设计有连续纹样、圆点、旋涡纹、弯曲线条等一些形状多样的图案。普巴背面没有图案，有的是坡曲，有的是平面，还有的是正面印过来的与正面凹凸相反的纹样。

普巴是妇女们喜爱的日常生活和重要节假日佩戴的饰品，佩戴普巴能使人整体看起来华丽又漂亮。有的配在开襟上，有的直接以服装配饰角色出现，佩戴方法是用一根线穿过位于边缘或背面的耳扣，然后挂在身上。

在信奉基督教的澜沧县糯福、班利等地区，拉祜族的妇女们在星期天去教堂做礼拜时，亦会穿着正装、佩戴普巴。但并不是所有信奉基督教的拉祜族妇女都是如此，如临沧地区耿马县一带的拉祜族妇女原先佩戴普巴银饰，但是信奉基督教后则不再佩戴普巴这一类的银饰了。

图片来源
图一、图六　李梅　摄影
图二至图五　黄琪　制图
图七　马文斌　制图

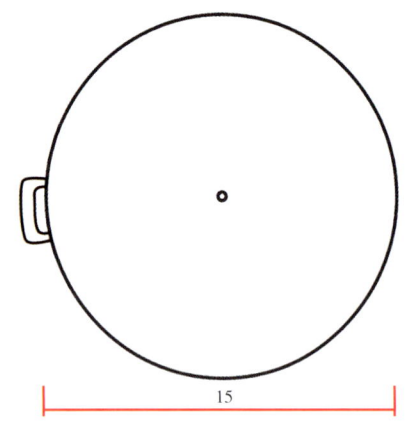

图二　拉祜族圆形普巴尺寸图（单位：cm）

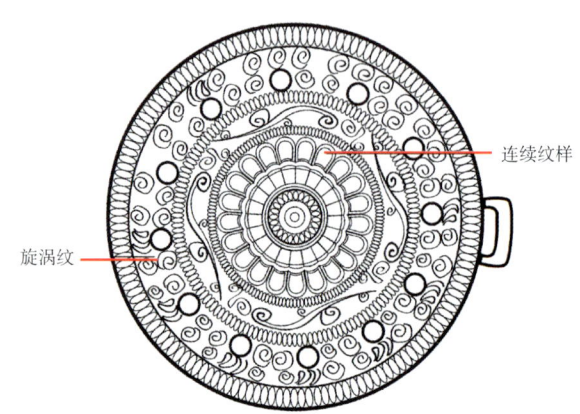

图三　拉祜族圆形普巴正面示意图

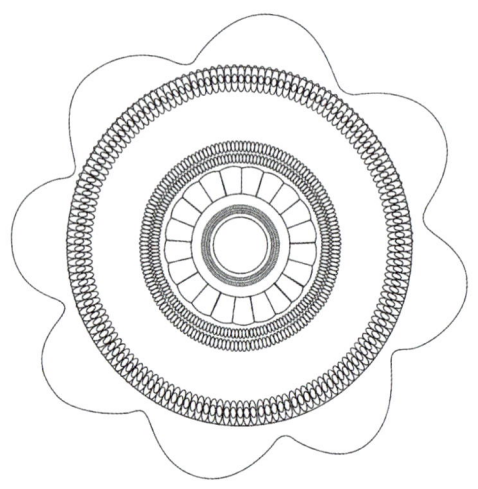

图四　拉祜族花形普巴正面矢量图

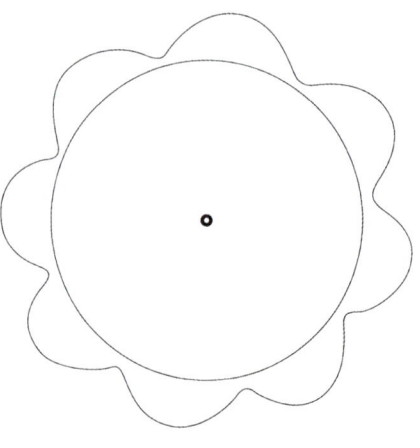

图五　拉祜族花形普巴反面示意图

图六　拉祜族普巴实物图

图七　拉祜族妇女普巴佩戴效果示意图

第二章　拉祜族传统服饰

拉祜族银耳环

图一　拉祜族银耳环主图

拉祜族的银耳环是一种戴在耳朵上的饰品，除了穿洞挂在耳朵上，还可以用簧片夹在耳垂上，简单、美丽、大方。

这种银耳环有大有小，小的直径有2~3厘米，大的直径有7~8厘米。拉祜人更偏爱戴大耳环，没有过多的修饰，表面光滑平整，当然，也有一些雕刻了图案。

银耳环的主要材质是银，形状呈圆环形。有一种银耳环，其一端是伞形的圆柱面，在拉祜族中很流行。以前，拉祜人用细小的针来打耳洞，然后用树枝把耳洞撑大，再把这种圆柱面的耳环戴进耳洞里。圆圆的大耳环戴在耳朵上，一端露出伞形的圆柱面，十分有意思。

拉祜族银耳环的制作过程不是很复杂，先把银条打制成细细的圆柱，锤出圆弧形，然后将其一端磨成尖锐的针头，便于从耳垂中穿过，另一端卷出一个小耳扣，和针头扣在一起，戴在耳朵上不会轻易遗失。

拉祜族配戴银耳环是由来已久的习俗了，他们往往以戴大耳环为美。在重大的节日里，女人们都会佩戴耳环，来表达自己对美好生活的追求。

图片来源
图一　李梅　制图
图二至图六　马文斌　制图

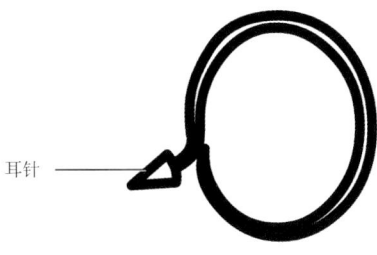

图二　拉祜族银耳环结构名称图

耳针

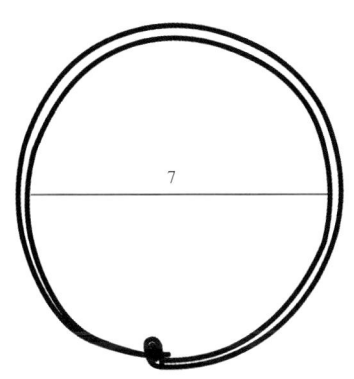

图三　拉祜族银耳环尺寸图（单位：cm）

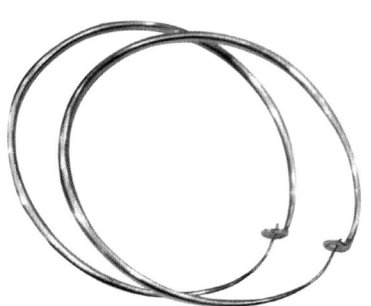

图四　拉祜族银耳环延展图 1

图五　拉祜族银耳环延展图 2

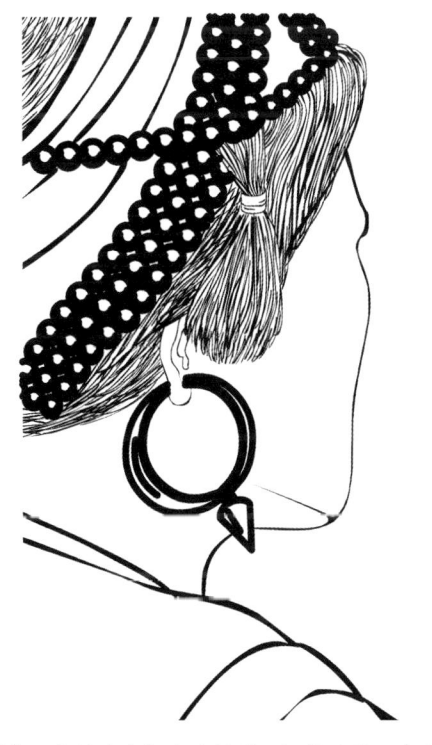

图六　拉祜族年轻女子银耳环佩戴效果示意图

拉祜族银耳坠

图一　拉祜族银耳坠主图

　　拉祜族的银耳坠是银耳环的延伸和发展，上部为耳环，下部为坠饰，其坠饰呈长方形、圆形、梯形、不规则形、银片、葫芦等多种造型。

　　银耳坠有独坠、多坠和串珠三种类型。拉祜族妇女佩戴的耳坠一般为多坠型，多为年轻女性佩戴，通常整个耳坠由耳环和坠饰组成。耳环下面有诸如银叶片、银串珠、银泡、银花等饰物。拉祜族很流行伞状镶珠银耳柱，其柱头顶端镶一小红珠，柱面像一把撑开的小银伞，伞面刻有麦穗纹和镂空的小圆圈及"人"字花纹。配戴时把柱头的另一端插入耳孔，留下伞状面的一端镶在耳垂上，整体形态十分有趣。

　　耳坠有立体的、平面的，还有镂空的，造型多种多样；耳坠的长度、大小不均，同一式样只是在成对的情况下，耳坠的长度、大小才是一样的。一般情况下，耳环大的耳坠也较长、较大，耳环大而耳坠小的情况不多见。

　　耳坠上的纹饰，一般由几种工艺综合制成，制作工序有简单的也有复杂的。大致分为三种类型：一是耳坠制作成形后再刻出纹饰；二是耳坠制作成形后再通过焊接技术刻制浮雕或者是圆雕；三是在花丝工艺的基础上，通过综合利用镶嵌、鎏金、点翠、珐琅等工艺手法打磨初成形的耳坠，而后制成纹饰。

佩戴银耳坠是拉祜族古已有之的习俗，拉祜族妇女尤其喜爱配戴大耳坠。在拉祜族妇女看来，美丽的银耳坠让她们变得更加自信动人。因此日常生活中，她们基本上都会戴上银耳坠，举行重大活动时更是满头银饰，光彩熠熠。

图片来源
图一、图七　李梅　制图
图二　施婵　制图
图三至图六　马文斌　摄影、制图

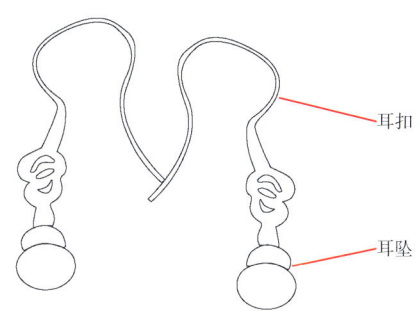

图二　拉祜族银耳坠矢量图

图三　拉祜族伞状镶珠银耳坠示意图

图四　拉祜族平面镂空银耳坠示意图

图五　拉祜族多坠型银耳坠示意图

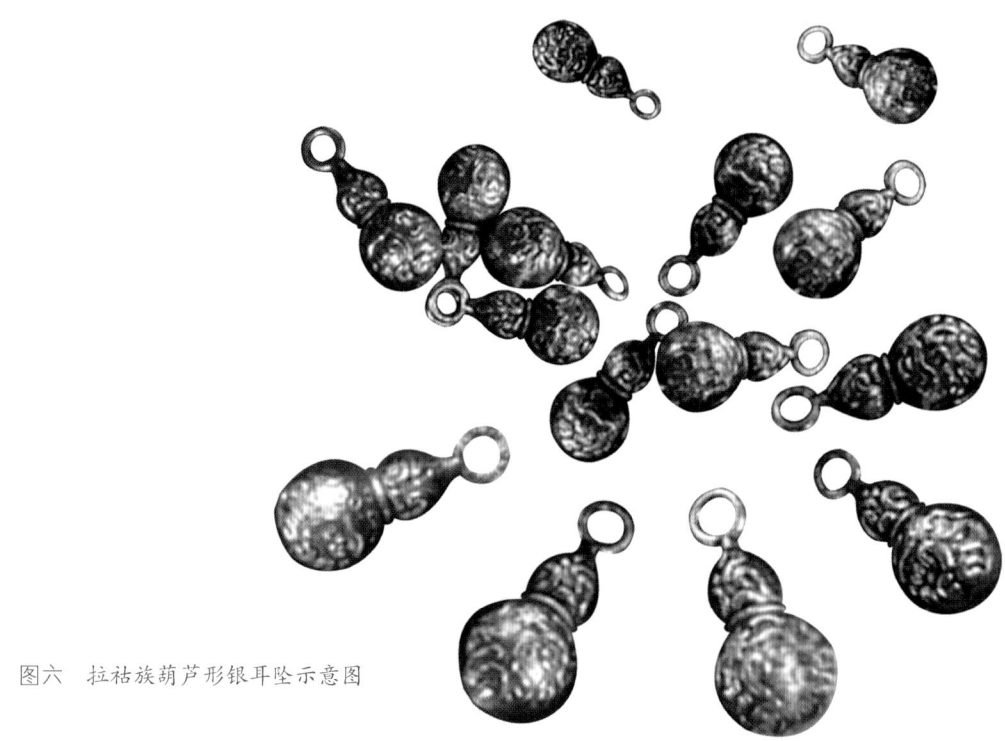

图六　拉祜族葫芦形银耳坠示意图

图七　拉祜族年轻女子银耳坠佩戴效果示意图

拉祜族银戒指

图一　拉祜族银戒指主图

银戒指是一种佩戴在手指上的装饰物，拉祜人也把它叫做指环。银戒指作为拉祜人的定情信物，男女都可以佩戴，是两个相爱的人的用心承诺。年轻人为了装饰也会戴上戒指。

银戒指圈口的大小根据个人的手指粗细而定，主要分为有戒面和无戒面两种。有戒面的戒指刻有不同的花样和纹理，深受拉祜人的喜爱，流传下来的比较多；无戒面的戒指就相当于一个小圆环，虽朴实简单，但不缺乏大气之美，在拉祜人心中，它是太阳的象征，能带来平安、温暖和自信。

拉祜族银戒指的制作，主要以锤碟为主。锤碟又分为两种：一种是单个锤碟然后锤出纹样；另一种是锤完之后焊接成另外一种形状，有些银戒指的圆雕形状就是通过锤碟制作而成的。为使整个银戒指的外形更加美观华丽，制作过程中还会使用镶嵌工艺，在打制好的银戒指上点缀一些白玉、珍珠等材料，更显华丽。拉祜族螺旋形戒指，像一座小宝塔，在宝塔的顶端镶有珍珠，指环上雕有一些纹理。这种银戒指主要是戴在手指中关节上部，在祭祀等一些重要的活动中佩戴。

银戒指在拉祜人的心里不仅是美的代言，还是一种心灵的慰藉，他们相信戴上它能带来好运、照路辟邪。

图片来源
图一　李梅　制图
图二至图八　马文斌　制图

图二　拉祜族银戒指尺寸图（单位：cm）

图三　拉祜族银戒指示意图

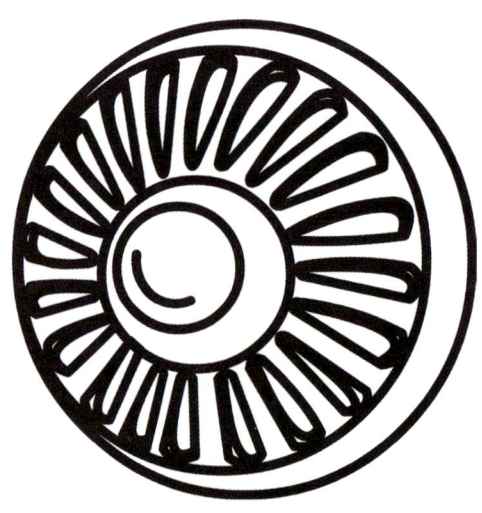

图四　拉祜族银戒指局部纹样图

图五　拉祜族银戒指延展图 1

图六　拉祜族银戒指延展图 2

图七　拉祜族银戒指延展图 3

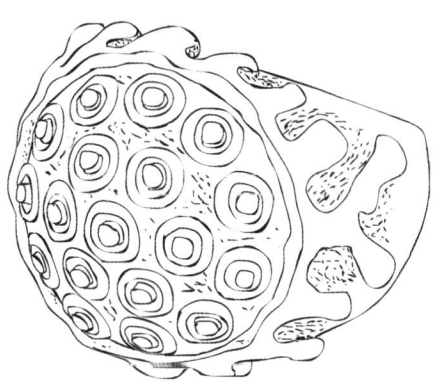

图八　拉祜族银戒指延展图 4

拉祜族银纽扣

图一 拉祜族银纽扣主图

拉祜族银纽扣是一种银制的、能把衣服扣起来的小型片状物，精心打磨、银光闪烁，集实用性及装饰功能于一体。

拉祜族银纽扣一般钉缀在开襟的服装上。拉祜族民族服装原本就以黑色为主，往往会绣有装饰纹样，外加上一些彩色，为了使服装显得更加绚丽多彩，拉祜人选择使用银纽扣。事实上，在云南地区银的蕴藏量比较大，加之银纽扣体积小，因此，银纽扣的成本很低。

拉祜族银纽扣分为平面和凸面两种：平面是平板式的，其花纹较少，表面是光的，很简洁；凸面是弧度式的，上面刻有花纹，一般是6瓣、8瓣或10瓣以上的圆花。凸面纽扣是随着经济的发展才出现的，它是平面纽扣的延伸。银纽扣的大小一般是直径3厘米左右，厚度是0.1～2厘米。银纽扣由扣面和背面的扣圈组成，结构并不复杂。

拉祜族银纽扣的制作过程是：先将银融化，倒在预先制好的纽扣模型里；等银冷却后再进行加工，打制成一个圆形的平面或球面；最后在背面焊上一个扣圈，这是为了方便缝制在衣服上；要想使纽扣更好看，外形上会做一点设计，在其面上雕刻一些纹样。

拉祜族银纽扣虽然看似简单，但是作用却很大。银纽扣不仅是一种装饰物，而且具有实用性，扣上有遮体保暖的作用。它是拉祜人审美智慧的结晶，很好地体现了拉祜族的服饰审美意识。

图片来源
图一　李梅　制图
图二至图六　马文斌　制图

图二　拉祜族银纽扣正面示意图

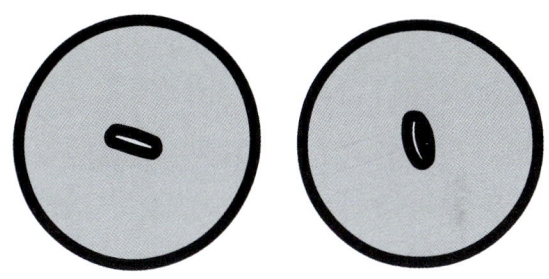

图三　拉祜族银纽扣背面示意图

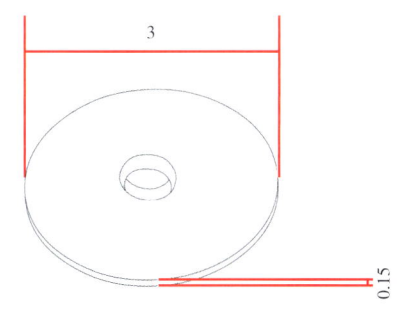

图四　拉祜族银纽扣尺寸图（单位：cm）

图五　拉祜族银纽扣延展图 1

图六　拉祜族银纽扣延展图 2

拉祜族银项圈

图一 拉祜族银项圈主图

银项圈是拉祜族女人戴在脖颈上展现美的最重要的饰物。

拉祜族的项圈主要材质是银。因为云南银的储量很大，自古银的自给就很充足，戴在脖颈上的项圈不管有多大，都是用纯银制作。这一方面有效地利用了当地的资源，另一方面也给人们带来了美的视觉享受。

拉祜族银项圈多为直径超过20厘米的圆形，也有少数方形的，由银条打制而成。制法是先把银条打制成一根长长的圆柱，然后再用锤子把圆柱打成圆弧形，最后在两端用钳子卷出一些螺旋形等形状的装饰纹样。银项圈有空心和实心两种。打制后的项圈有粗细之分，有的是中间粗两端细，也有的是一样粗细，还有的为了带来视觉上的冲击和显示自己的财富把两个项圈叠在一起。项圈的表面比较光滑，没有雕花，也没有其他图案的装饰。项圈不是闭合的，一般在其开口两端各打制一个旋涡的形状。拉祜族女人穿着"V"字领的贯头衣，佩戴这种简单大方的银项圈，给人一种简洁豪放的美感。

银项圈是拉祜人的必戴首饰，戴在脖颈

上不仅是美的装饰，同时也是财富的象征。传说佩戴银饰能驱除病痛，所以拉祜族无论老人、年轻人还是小孩都喜欢佩戴。

图片来源

图一　李梅　制图

图二至图六　马文斌　制图

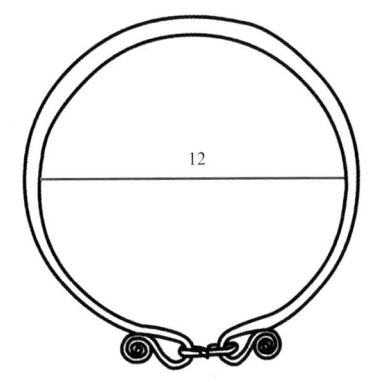

图二　拉祜族银项圈尺寸图（单位：cm）

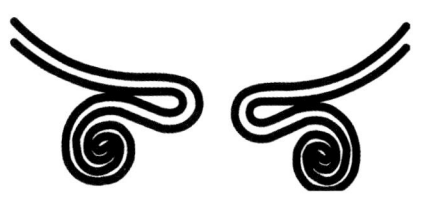

图三　拉祜族银项圈开口两端局部示意图

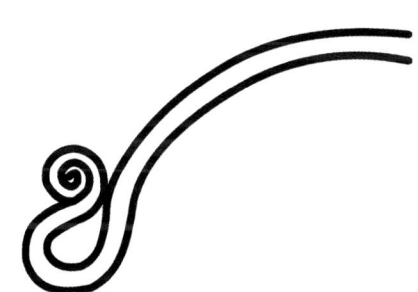

图四　拉祜族银项圈开口一端局部示意图

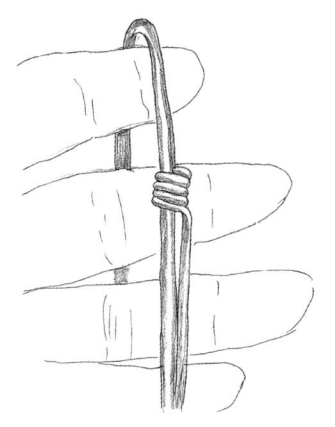

图五　拉祜族银项圈圈体局部示意图

图六　拉祜族银项圈佩戴效果示意图

拉祜族银泡

图一　拉祜族银泡主图

　　银泡是用于首饰和服装上的装饰物,大小不一、品种繁多,为本已绚丽的服饰更添光彩,深受拉祜人喜爱。

　　银泡主要是半圆形球状体,其材质以银为主,也有些是铜质镀银。工匠们制作银泡时首先将银熔化,铸成约 20 厘米长的银条,然后用手工将银条锤成薄片,厚度约 0.5 毫米,且不可出现裂纹;接着将银片放在锡块上,用不同型号的圆凿凿下所需要的圆片,再把圆片放进锌或铁铸成的圆窝里,用约 30 厘米长的筷子般的小铁棒,把圆银片沿圆窝模子的凹槽击打成盔帽形状;再用铁钉一边打一个小眼,以便往衣帽上钉。为了使银泡更加晶亮,还要把它们先放进铜锅里炒烫,再放进明矾水中煮沸,最后用布包起来在明矾水里搓洗。

　　拉祜族妇女在缝制长袍、头饰、背袋的时候,都会在上面钉几排银泡,每排宽度一般有小手指头粗细,一眼望去光芒四射、华贵大方。拉祜族妇女开衩很高的右襟长袍,沿衣领及开襟处也会镶上许多银泡，这些银泡与各色图案相映成趣、相得益彰。

拉祜人认为，银泡不仅好看，更有消灾除病、驱邪避害、增进健康、保佑平安、祈盼富贵吉祥的作用，因此，拉祜族妇女们要么将银泡钉缀于服饰之上，要么直接穿戴于身上，为她们增添了无穷的情趣和魅力。

图片来源
图一　李梅　制图
图二至图四　马文斌　摄影、制图

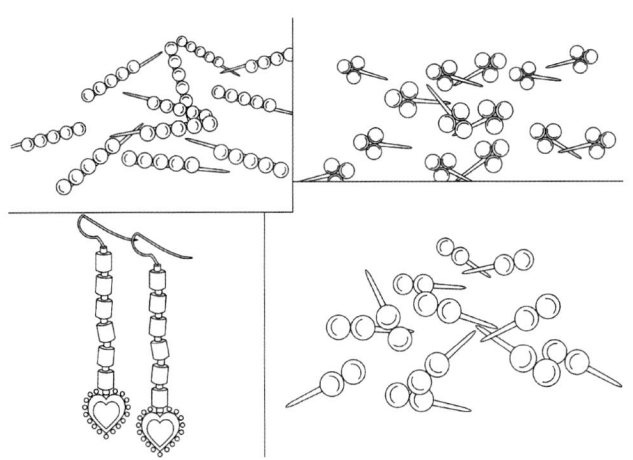

图二　拉祜族银泡饰品示意图 1

图三　拉祜族银泡饰品示意图 2

图四　拉祜族女子包头和衣服上的银泡装饰效果图

拉祜族银手镯

图一　拉祜族银手镯主图

　　拉祜族银手镯又叫银手箍，是套在手腕上的一种环形饰品，拉祜族男女都会佩戴，族内习俗是男圆女扁。

　　手镯的大小会随着佩戴人年龄增长而不断更换。手镯在形制上有大小、宽窄、粗细、虚实之分，在花纹上也不尽相同。手镯有的刻有文字，有的刻有花纹，而拉祜族的手镯主要以雕刻花纹为主。

　　拉祜族的刻花银手镯先要烧铸成型，后印上花纹，再用手工慢慢雕刻而成。在打制新手镯时，首先要将银熔化，冷却后用铁锤慢慢地捶打成条形，然后根据需求对捶打后的银条作进一步的加工，再依据花样的要求，使之具备基本的形状。如果需要在已成型的手镯上面刻花，要么将花样稿印在打好的银条上，用钻子凿出花纹；要么将银条放在钢制的模具之中，用锤子打制出凹凸的花纹。

　　拉祜人认为银手镯有祛风避邪的功能，《本草纲目》中也记载银有安心、定神等功能。古人认为，佩戴银饰会使健康富贵长相伴，不仅因为它是贵重金属，更重要的是它比黄金对人体健康的效能还要大。在拉祜族，佩戴银手镯是一种美的体现，更是观察身体是否健康的一个好办法。具有检测毒素功用的银会根据人的体质不同呈现色泽的变化。民间认为，如果佩戴人体质弱、体内毒素较多的话，银手镯会慢慢变黑，而体质好的会越戴越亮，实实在在的美观、实用两不误。

图片来源
图一、图八　李梅　制图
图二、图四至图七　马文斌　制图
图三　施婵　制图

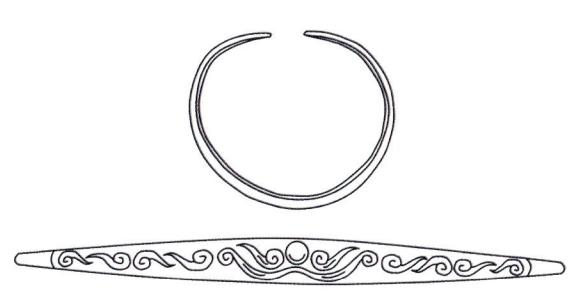

图二 拉祜族银手镯平面示意图

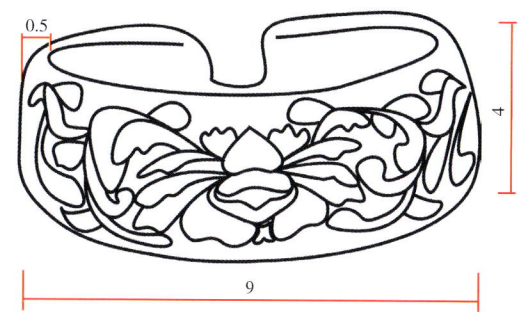

图三 拉祜族银手镯尺寸图（单位：cm）

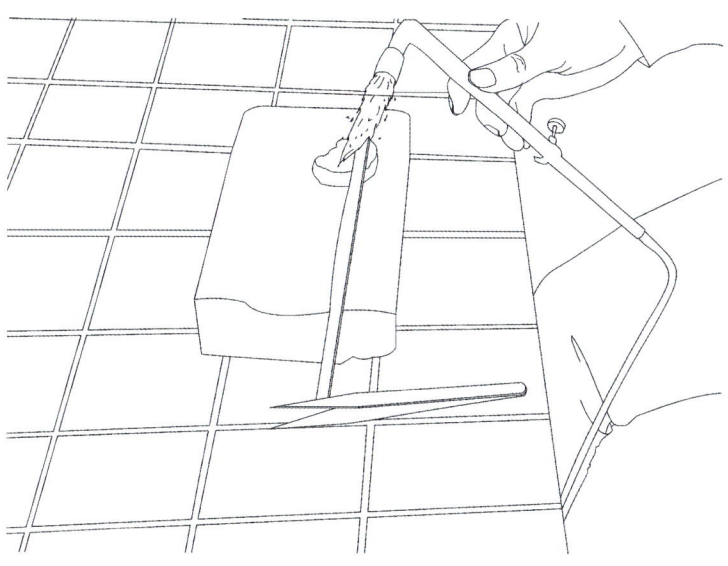

图四 拉祜族银手镯制作流程图 1

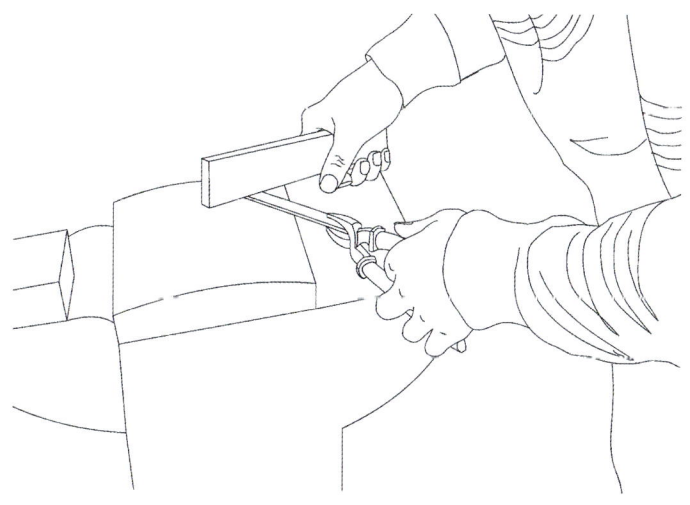

图五 拉祜族银手镯制作流程图 2

第二章 拉祜族传统服饰

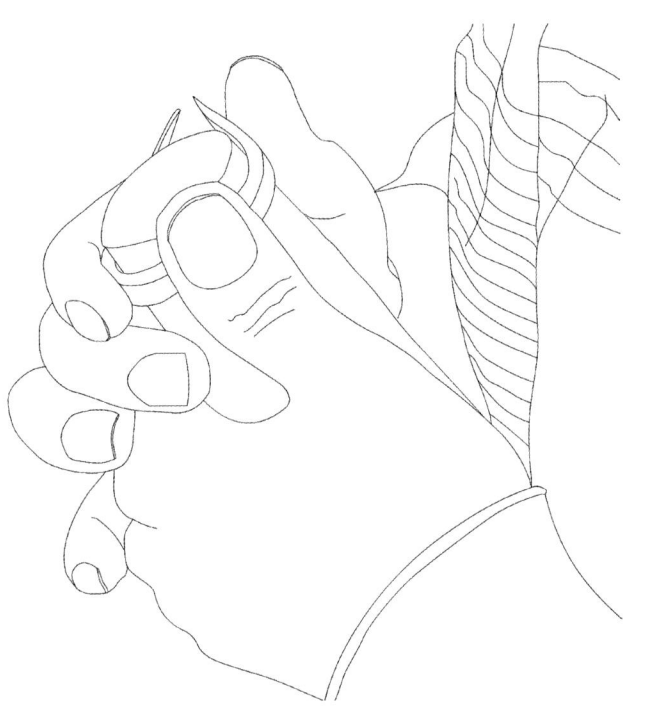

图六 拉祜族银手镯制作流程图 3

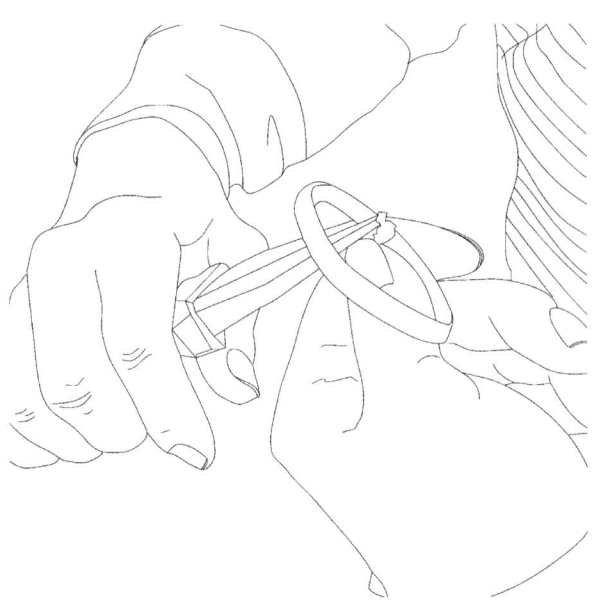

图七 拉祜族银手镯制作流程图 4

图八 拉祜族银手镯佩戴效果示意图

拉祜族银吊子

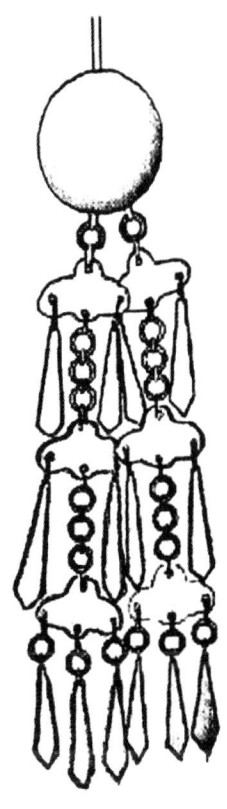

图一　拉祜族银吊子主图

　　拉祜族银吊子是一种银制的吊坠，在服装上有很大的装饰作用，主要用来装饰衣服和帽子。拉祜族的银饰与周边的少数民族相互影响，并且还受到汉银工艺样式的影响，形成了银饰样式的交叉现象。银吊子就是民族之间互相影响而产生的。

　　拉祜族银吊子由银泡、银圈和菱形的长坠组成。上端是一个小银泡，小银泡的下面有一个银圈，再往下是一个菱形的长坠。银吊子可制成一层、两层或三层，上面雕刻了一些几何纹样。银吊子单个造型比较简单，但是如果连成一长串，整个感觉就变得丰富而有气势了。

　　从制作工艺来看，拉祜族银吊子是先将已经制作完成的长坠上端穿一个小孔，然后用一个小圆圈穿过去，再将小圆圈扣在一个大圆圈或穿好孔的小银牌上，最后在大圆圈或小银牌的另一端安上一个暗扣，这样容易钉缀在服装上。如果想要整个效果看起来更有气势，在串长坠时可以多串一些。身上装饰的银吊子越多、分量越重，说明其越富有。

　　总之，拉祜族银吊子是美的象征，在拉

祜族银饰中占有很重要的位置。它不仅装饰了服装，还能给人带来视觉上的享受。在服装上钉缀那么多美丽的银饰，不单单是对美的向往，同时也反映了拉祜族人对物质和精神生活的追求，以及他们对美好生活的憧憬。

图片来源
图一　梁显龙　制图
图二至图五　陈春园　制图
图六　马文斌　制图

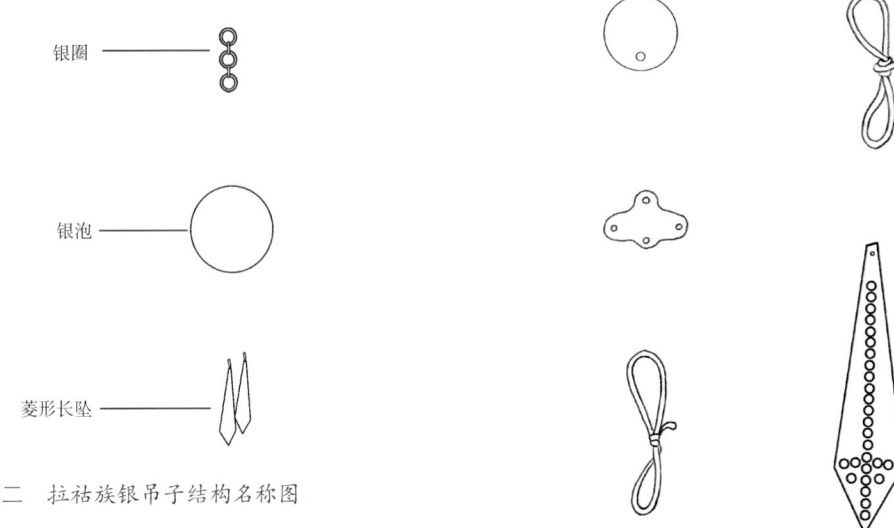

图二　拉祜族银吊子结构名称图

图三　拉祜族银吊子解析图

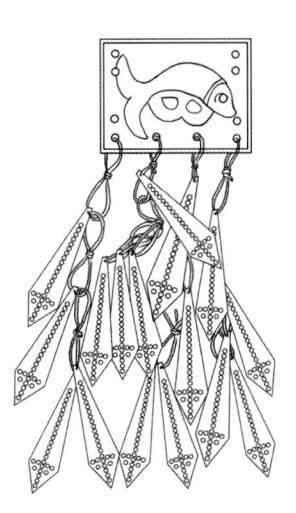

图四　拉祜族银吊子延展图1

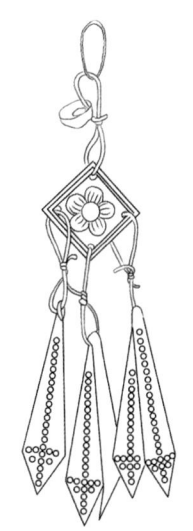

图五　拉祜族银吊子延展图2

图六　拉祜族银吊子装饰效果示意图

第三章 拉祜族传统餐饮

拉祜族鸡肉稀饭

图一　拉祜族鸡肉稀饭主图

拉祜族饮食特色鲜明,方式独特。他们以稻米为主食,每天早上起来舂米,现舂现煮;喜吃辣椒,平时吃的蔬菜还有萝卜、青菜、瓜类、豆类等。他们用土锅煮饭或木甑蒸饭,喜欢用鸡肉或其他配料加大米或苞谷做成稀饭,有瓜菜、菌子、肉等各款,其中鸡肉稀饭为上品。

拉祜族在重要的传统节日、祭祀和招待贵宾时会烹煮鸡肉稀饭。拉祜语称鸡肉稀饭为"啊杀哦乃"。鸡肉稀饭色泽淡雅,香气逼人,味道鲜辣,富有浓郁的地方特色。节庆和宴客时的鸡肉稀饭的做法是:选取小母鸡宰杀后去其羽毛和内脏,整只放入锅内炖煮,待鸡肉煮熟后捞出备用;在煮好的鸡汤中放入少量稻米,再把煮好的鸡肉用手一点点撕成鸡丝;待锅中的米煮至六成熟时,加入撕好的鸡丝再煮,快熟时放入舂好的生姜、蒜、辣椒、盐等作料,搅拌均匀后稍煮一会儿,便可食用。每当火把节到来时,全村需要祭祀,这时鸡肉稀饭的做法便有所不同。参加祭祀的皆为男性,共同在一口大锅内烹煮鸡肉稀饭。主料每年由各户轮流提供一只小公鸡(必须是刚会打鸣的),其他人家各带一些米和盐。祭祀的人到齐后,烧开水,杀鸡洗净,整只放入大锅中炖煮,待煮熟后捞出,撕成鸡丝备用。再在锅内注水烧开,放入准备好的大米,待煮烂后,放入鸡丝搅拌均匀,最后放入作料,有生姜、大蒜、辣椒、盐、芫荽(香菜),搅拌均匀后即可食用。

鸡肉稀饭做法不同,传递出的情感因素迥异。如果主人家用白鸡肉做稀饭款待客人,那就表示要和客人绝交。

在祭祀活动中,吃鸡肉稀饭是有讲究的。参加祭祀的男人们必须围坐在大锅旁,每人盛一碗稀饭,轮流食用,直到锅内稀饭吃完为止,绝不能有剩余。由于早期传统的拉祜人生活物资匮乏,因此在食用鸡肉稀饭时的餐具不一,有自带碗筷的,有拿竹筒、芭蕉叶盛食的。

在拉祜族的日常生活中,总是少不了鸡肉稀饭这道美味佳肴。它既可以作菜,又可以当饭,既质朴又盛情,吃下去,满满都是青山绿水的淳朴味道。

图片来源
图一至图六　李天琦　制图

图二　拉祜族鸡肉稀饭原料图

整鸡煮熟

图三　拉祜族鸡肉稀饭制作流程图 1

把煮好的鸡肉撕成鸡丝，备好各种作料备用

图四　拉祜族鸡肉稀饭制作流程图 2

把米煮制成粥

图五　拉祜族鸡肉稀饭制作流程图 3

把鸡丝和作料分别倒入煮好的粥内

图六　拉祜族鸡肉稀饭制作流程图 4

拉祜族粑粑

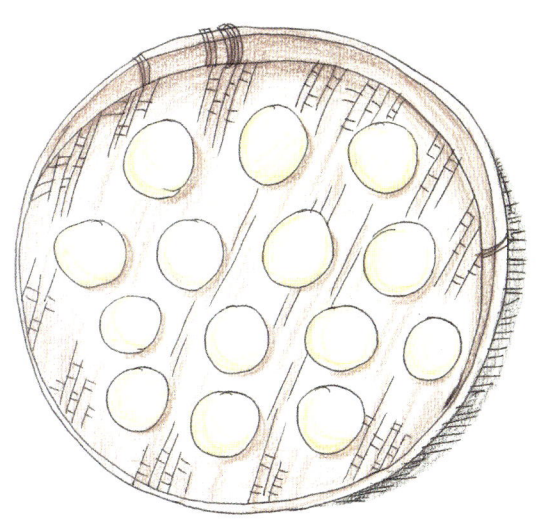

图一　拉祜族粑粑主图

粑粑，拉祜语称作"哦朴"或"哦波"，指用捣碎的糯米或其他粮食做成的饼状或者团状食品，是拉祜人传统生活中的主要食物，也是一种经常食用的节庆美食，一般在新年舂制。

新年前一天一大早，拉祜人便开始动手制作粑粑。

首先是淘洗糯米。用清水把糯米反复淘洗几遍，去除糯米里的沙石。

第二步是泡米。拉祜人会去几公里外挑山泉水，因为山泉水泡出来的粑粑会更香、更软、更好吃。用泉水浸泡糯米三至四小时，即可捞出。

第三步是蒸糯米。把泡好的糯米滤干水，放入甑子里蒸熟。

第四步是舂粑粑。蒸好的糯米出锅后，舀出放入碓臼里舂。这需要男女搭配，男人负责舂粑粑，女人翻转揉捏粑粑。双方要默契配合，男人在碓臼里舂碓一次粑粑，女人就必须迅速把粑粑翻揉并抹上香油。这样一来一回，舂出来的粑粑会特别的香软劲糯，糯米也不会粘在碓臼上。

最后一步是团粑粑。把舂好的粑粑取出放在簸箕里，将其团成一个个碗口大小的圆饼，然后放在铺有芭蕉叶的簸箕里。一般新年里，拉祜人会团大小不一的粑粑放在簸箕里。大粑粑象征太阳和月亮，即是家里的父亲和母亲；小粑粑象征家里的小娃娃，即是子女。寓意一家人整整齐齐，团团圆圆。拉祜人还会在农具上放一些粑粑，表示让它们和主人一起分享节日的快乐，希望来年用这些农具劳作能带来好收成。

还有一种粑粑是生活在双江自治县境内的拉祜人独具特色的食物，叫石板苦荞粑粑。它的具体做法是：找一块很平整的石板放在火塘上烤烫；用老核桃树皮烧成灰兑上水，过滤后倒入荞面中搅拌,然后摊在石板上翻烤。苦荞粑粑不仅好吃,还有药用功效,可以治胃热引起的头昏头痛、肠胃不适、消化不良等疾病。

粑粑制作好后即可以马上食用,味道香软可口。也可存放起来,待要吃时,拿出来用火烘烤或用油煎炸食用,香酥松软。

粑粑是拉祜人的吉祥食物,他们一般会把粑粑作为新年礼物,用来馈赠亲友。

图片来源

图一至图八　李天琦　制图

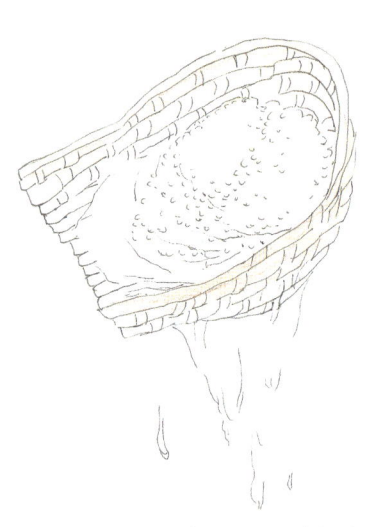

图二　粑粑制作流程图之洗糯米

图三　粑粑制作流程图之泡糯米

图四　粑粑制作流程图之蒸糯米

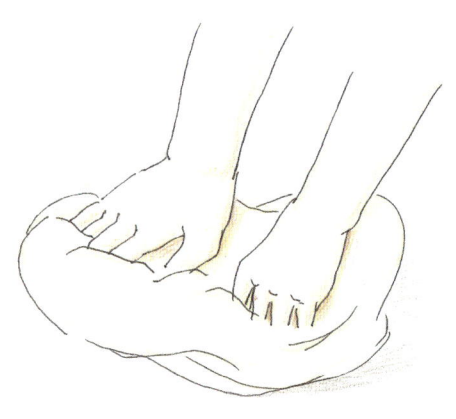

图五　粑粑制作流程图之揉粑粑

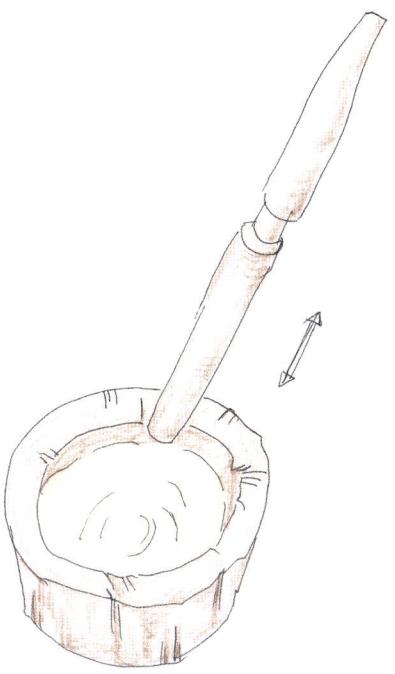

图六 粑粑制作流程图之打粑粑

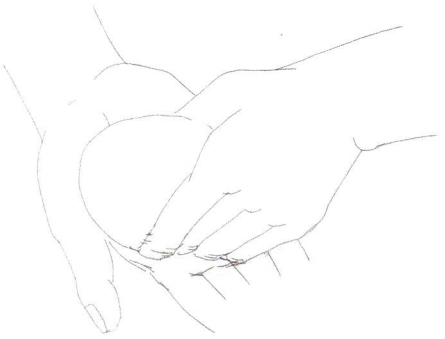

图七 粑粑制作流程图之团粑粑

图八 苦荞粑粑制作图

拉祜族"烧"菜

图一 拉祜族"烧"菜主图

"烧制"是拉祜族菜品中最具特色的主要烹调方法。节庆、婚嫁、待客所做的菜肴里一定会有烧制而成的菜。拉祜族烹饪里的"烧"和汉族完全不同。汉族的"烧"是先将主料进行热处理后,加入汤水,由大火改小火慢烧的一种烹调方法;而拉祜族的"烧"类似于烤制,是在明火上直接烧。在拉祜族的烧菜手法里,"烧""烤"是不分家的,这与民族的生活习性有关。拉祜族是个善于捕猎的民族,其食物的主要来源除了农耕和采摘,就是男人们的狩猎。或者说,他们食物中的主要肉制品来源是猎取。捕到动物后常就地宰杀,燃枝生火,把食物烧熟即食。根据这种生活传统和习惯,久而久之,拉祜族的烹调手法里便演变出了"烧"。

在拉祜人厨房里,烧制离不开火塘,它是所有需要热处理的拉祜菜的唯一灶具。因为器型简单,也没有其他的复杂功能,火塘成为局限拉祜族烹饪方法进一步丰富的主要因素,也是拉祜族的"烧"区别于汉族的"烧"的重要原因。

拉祜族的食物中,很多都能拿来"烧一烧"。除了家禽、家畜和猎物以外,一些水果也可烧制食用。而且,不同的食材,烧制的方法也略有不同，但都少不了辣椒这一调料，可以说辣味是拉祜菜的代表性味道。下面分别介绍几种拉祜族的代表菜品。

拉祜族的烧鱼方法朴素原始，工序简洁，容易操作。首先把捕来的各种活鱼简单宰杀，抹上辣椒末、芫荽、姜、蒜、盐等作料，包上芭蕉叶，放入火塘的余烬中，慢慢煨烧至香气外溢，即可拨开柴灰，取出装盘食用。烤好的鱼外酥里嫩，香气扑鼻，口感鲜香爽滑，清凉微苦。

烧鸡时将鸡宰杀去毛，清除内脏；剖分为头、脖、翅、腿、胸，放入较大的碓臼中，分别捣碎，然后倒入盆中，撒上盐、花椒末、芫荽、辣椒末、姜、蒜等作料，稍作腌制；再用竹片或细木棍夹住腌好的鸡肉，用茅草扎紧，架在火塘上慢慢烤制，要不时地将其翻转，使其受热均匀。当发出浓郁香味，肉质变为金黄、表皮酥脆时，便可去除茅草和竹夹食用。还有方法类似的烧猪肚，将整只洗净的猪肚抹上作料，竹夹夹住，茅草固定，用余烬火慢慢烤熟，其味甘鲜，口感软嫩。

还有最正宗的民族特色菜烧虫子和烧水果。拉祜人把知了、竹虫、木虫等烤着吃，它们不仅营养丰富，富含大量蛋白质，而且味道极好，是拉祜族的地道小吃。拉祜人还会把甘蔗或多依果烧着吃，因水分蒸发了，其味道更加甘甜，果肉柔软爽滑。

图片来源
图一至图五　李天琦　摄影、制图

图二　拉祜族烧鸡制作图

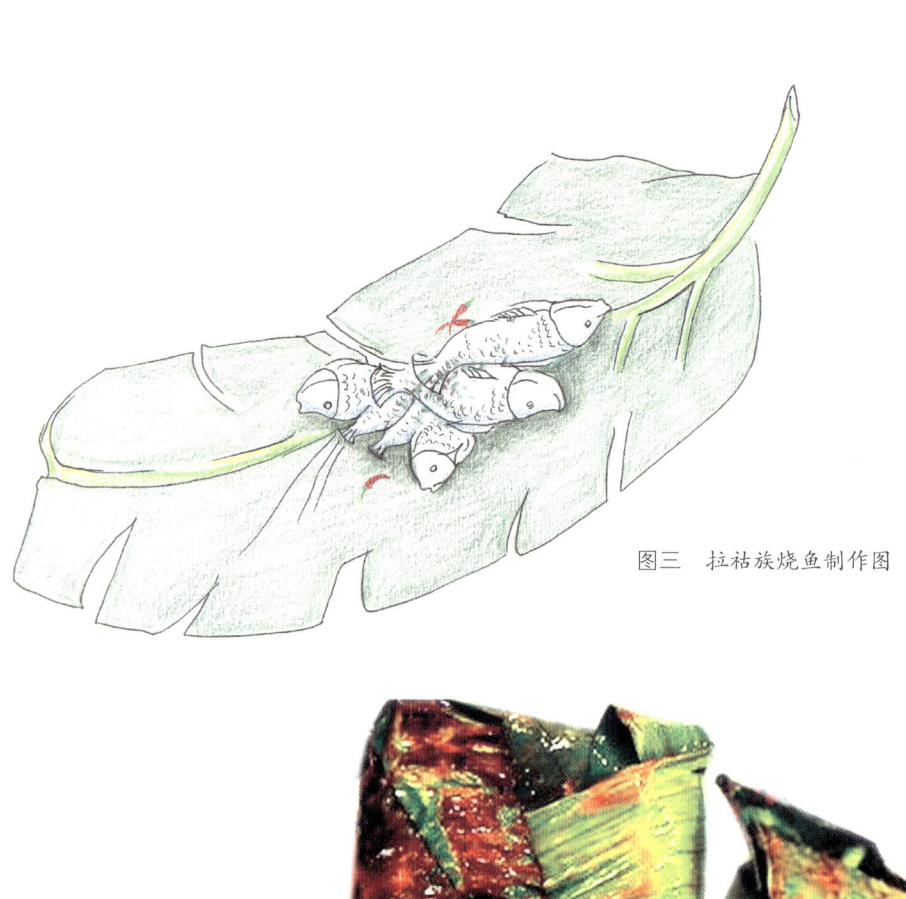

图三　拉祜族烧鱼制作图

图四　拉祜族烧鱼实物图

图五　拉祜族烧猪肚制作图

拉祜族剁菜

图一　拉祜族剁菜主图

"剁"是拉祜族特有的烹饪手法，就是用刀把食材剁碎食用，主要原料有橄榄皮。"剁生"和"剁橄榄"是拉祜菜的代表作。

"剁生"，是拉祜族节庆的必备菜肴。具体做法是：砍下嫩橄榄枝，去表皮，再刮去内皮，用米汤或淘米水洗净后沥干备用。取烧熟的公猪脊肉、猪肝、猪皮和橄榄枝一并剁碎，加入护心血（指在牲畜开膛剖肚时现取的新鲜血液，拉祜人认为猎物的护心血有补血、消除劳损的妙用，拌入剁生中食用可以起到滋补的作用）搅拌，等其沉淀后，去除表层漂浮的渣，再与生姜、辣椒、韭菜根、香茅草、花椒、胡椒、草果、薄荷、香料及盐等配料一起搅拌均匀，即可食用。

剁生虽是传统菜肴，却并非所有人都能吃，小孩、未生育女子和病人忌食，只有那些健康的成年人才能食用。

"剁橄榄"，也叫橄榄剁生。剁橄榄因用橄榄树皮作主料，故得名，又因为用乌骨鸡作配料，也叫橄榄乌骨鸡。这道菜需备人工栽植（比野生的粗壮）的粗壮橄榄树枝4段，每段截为20厘米；刚会打鸣的雄鸡或乌骨鸡一只；配料有香蓼、芫荽、草果粉、大蒜、姜、盐、味精、小米辣粉等。

剁橄榄的具体做法是：将橄榄枝洗净，刮去最外面一层薄皮，将肉质皮刮下待用；将鸡宰杀取血，血里放盐不放水，用筷子快速将鸡血搅成糊状；将鸡割皮，取瘦肉待用；用米汤将刮好的橄榄皮捏洗一遍，除去涩味；把捏洗好的橄榄皮、瘦鸡肉、香蓼、芫荽、草果粉（用火烤熟）、大蒜、姜、盐、味精、小米辣粉等混合拌匀，放在砧板上反复剁，直到可以捏成丸子为止；把剁好的原料做成大小适中的丸子，用鸡汤将丸子煮熟即可上桌品尝。剁橄榄味道鲜美,营养价值较高。

假如你到西双版纳拉祜人家中做客,主人给你做剁橄榄,表示你是他们心目中最尊贵的客人。

图片来源

图一至图三　李天琦　制图

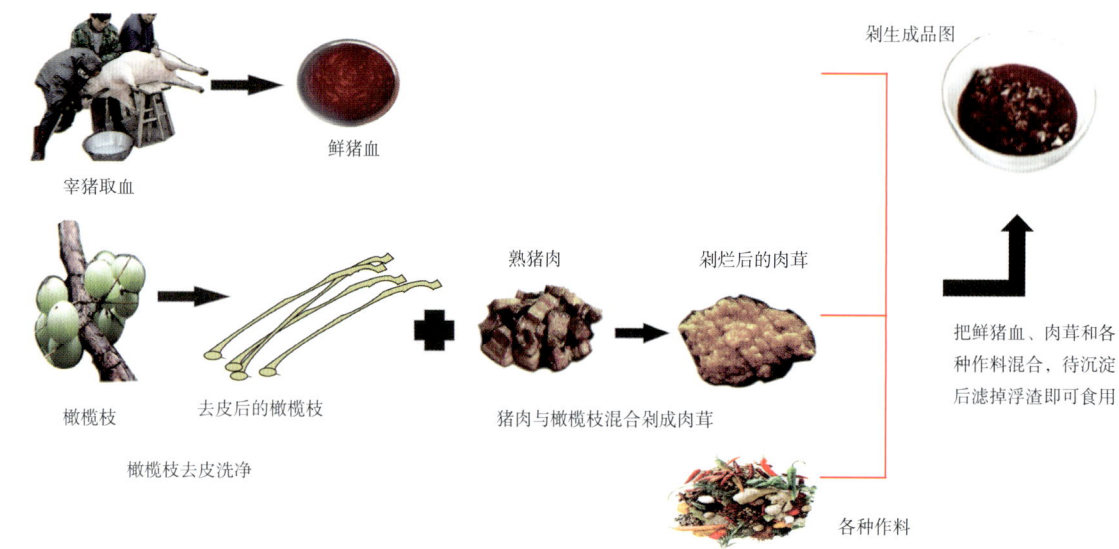

图二　剁生制作流程图

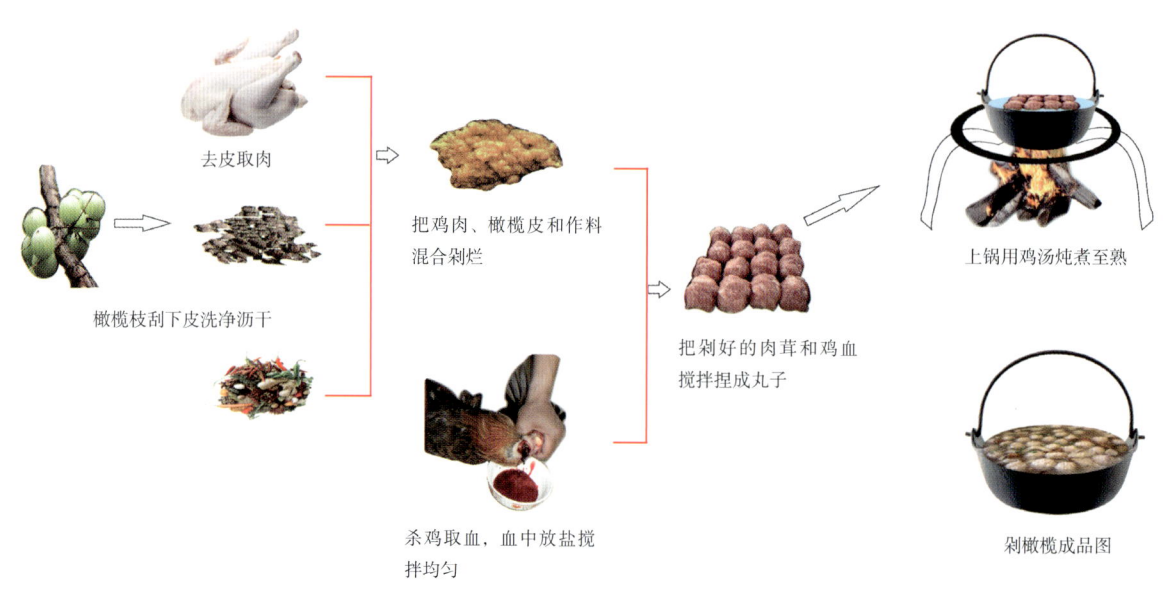

图三　剁橄榄制作流程图

拉祜族竹筒饭

图一　拉祜族竹筒饭主图

很多云南的少数民族都爱吃竹筒饭，拉祜族也不例外。从前，拉祜族的苦聪人擅长用竹筒做饭，很大一部分原因是他们生活条件艰苦，没有完备的生活工具，只有就地取材。竹筒饭一般是苦聪人到山上劳动时准备的食物，用身边的竹子作炊具，带上准备好的稻米，劳作得累了饿了，便停下手上的活儿，制作清香的竹筒饭。

做竹筒饭的时候，苦聪人砍来山谷里胳膊般粗细的新鲜竹子，截为一节一节的备用。首先去掉一端竹节，把米倒进竹筒里，再放上适当的水，竹筒口用树叶塞住，然后把竹筒放到火上烧；等到竹筒外壳烧焦，发出"噼啪"声后，竹筒里的饭也就熟了；这时，只要用刀劈开竹筒就可以品尝到香喷喷的竹筒饭。一天辛苦劳作的疲惫，在一碗竹香四溢的竹筒饭前，立刻烟消云散。用如此简单原始的方法，就能做出清香可口的美食，是自然赋予拉祜人的一种恩赐，它一直养育着澜沧江这片土地上一代又一代的拉祜人。

随着拉祜族紧跟着历史脚步走入了新时代，人们的生产生活有了质的改变和新的进步。现在，人们外出劳动再也不用带上一天的口粮早出晚归了，驾车代替了步行，在山间田野烹煮食物，已变成现代人享受生活的一种乐趣。但是，拉祜人并没有淡漠对竹筒饭的那份热爱和对美好生活的执著追求。他们不仅平时在家中仍然会制作竹筒饭食用，而且，竹筒饭也成为当地饭馆的一道特色美味。

拉祜族的竹筒饭已褪去了给田间劳动带来方便的功能性，而成为民族饮食文化中的一朵奇葩。我们今天在餐桌上吃到的竹筒饭经过不断创新和深度加工，已变得更加味美可口。

图片来源
图一至图三　李天琦　摄影、制图

图二　竹筒饭制作流程图

图三　竹筒饭与拉祜族特色腌肉煮菜搭配实物图

拉祜族烤茶

图一 拉祜族烤茶主图

烤茶，拉祜语称"腊扎夺"，是拉祜族古老而传统的一种饮茶方式。茶在拉祜人生活中有着十分重要的地位，尤其是在婚嫁礼仪上必不可少。贵客到来，拉祜人一定烤茶招待，表达敬意。煮出来的第一道茶先由主人自己饮，表示茶中无毒，请客人放心；煮出的第二道，茶味正浓，味道最好，用来招待客人。拉祜人的茶叶主要是自种自制的大叶绿茶，也有部分采自野生。如今，澜沧拉祜族自治县境内还有千年古茶园。

拉祜族古老的烧茶饮茶方法非常特别，先将新采下的一芽五六叶鲜茶直接在明火上烘烤至焦黄，再把茶叶放入陶制小罐内烤香，然后注入滚烫的开水，茶在罐中沸腾翻滚，发出阵阵"唏唏"声响。若茶叶烤得火候不足，注入的沸水温度不够，茶叶在罐内无法翻腾，则茶味就大打折扣。

煮制烤茶通常有四道程序：

1. 装茶抖烤。先把一只小陶罐放在火塘上用火烤热，然后放上适量茶叶抖烤，使茶受热均匀，待茶叶叶色转黄并发出焦糖香为止。

2. 沏茶去沫。用沸水冲满装茶的小陶罐，随即拨去上面浮沫，再注满沸水，煮沸3～5分钟待饮；然后倒出少许，根据茶汤浓淡决定是否另加开水。

3. 倾茶敬客。将在罐内烤好的茶水倾入茶碗，奉茶敬客。

4. 喝茶啜味。拉祜人认为，只有香气足、味道浓、能提振精神的烤茶，才是上等好茶，因此他们普遍喜欢喝热茶。

拉祜族还有一种古朴而又简便的竹筒茶

叫"瓦结腊"。把胳膊粗细的竹子砍下，截成一节一节的，去掉一端竹节；采下鲜嫩茶叶炒揉晾晒后，放置于竹筒内压实，封口放入火塘上烤制；待竹筒烤至发黄，便可破竹取茶。这款竹筒茶不仅有春茶的浓香，还散发出馥郁的竹子清香，清热解渴，解乏消暑，饮后让人精神舒畅。

图片来源

图一至图五　李天琦　摄影、制图

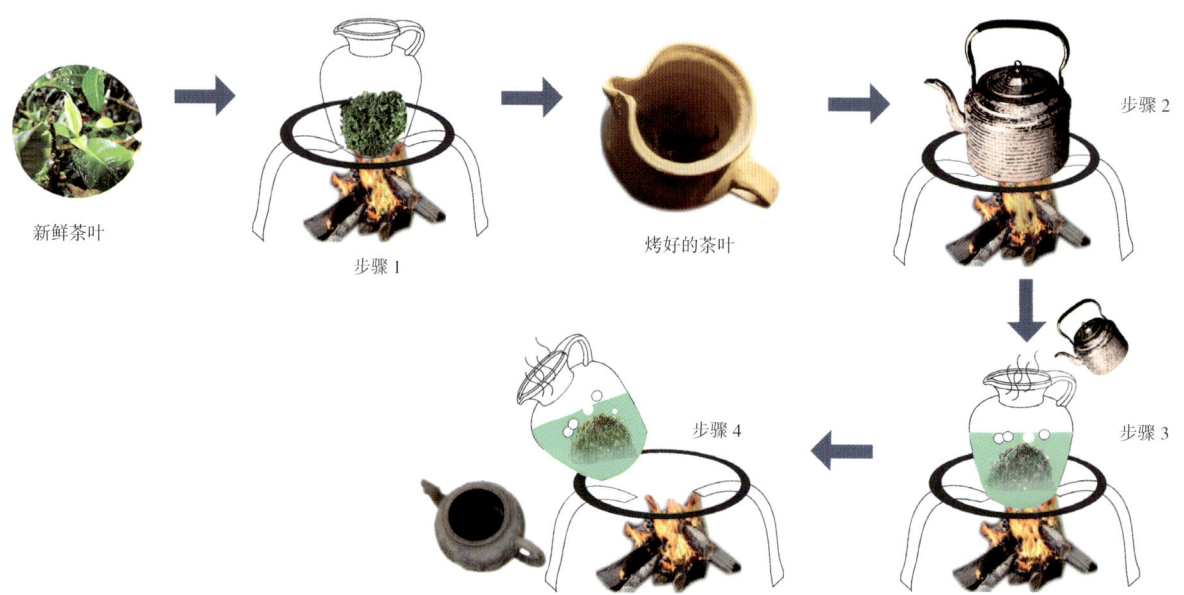

图二　拉祜族烤茶制作流程图

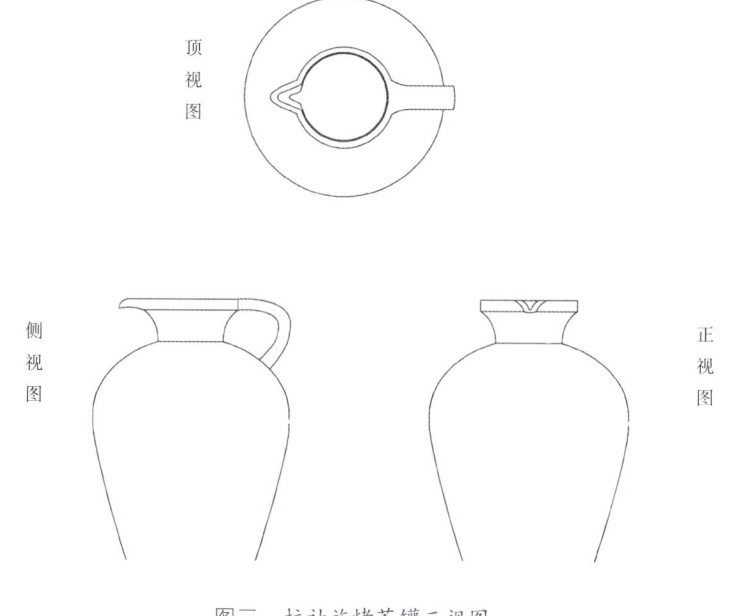

图三　拉祜族烤茶罐三视图

图四 拉祜族烤茶罐线描图

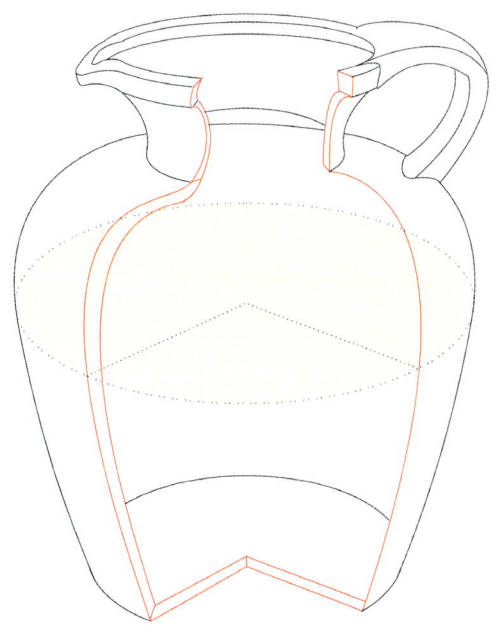

图五 拉祜族烤茶罐剖面解析图

第三章 拉祜族传统餐饮

拉祜族传统烹饪方式·舂

图一 拉祜族传统烹饪方法·舂主图

舂作为拉祜族饮食文化中的特色烹饪方法，源远流长，历史久远。它与当地的生活传统和自然气候息息相关，颇具民族味道。从文化传统上看，早先拉祜族的经济发展相对落后、社会文明程度还不高，各种生活技术朴素简单，"舂"的吃法应运而生；从食材资源上看，拉祜族生活的地域里遍布野生植物和果实，这为直接食用的饮食方法提供了物质条件；从生活习性上看，拉祜族早先不具备有效的食物保存技术，一些新鲜的食物必须尽快食用完。"舂"这一吃法综合性地解决了拉祜族人日常生活中面临的诸多实际问题。

"舂"，顾名思义，有捣碎的意思，就是把食物捣碎了直接食用。这种吃法不仅简单、方便、朴素，还原汁原味、营养健康，既有效保留了食物原有的营养成分不被破坏，又充分融合了食物的各种味道确保美味无穷，还一举多得地兼顾到了食用时的新鲜度，实为拉祜族人民饮食文化创新的智慧结晶。

"舂"的吃法大致分三类：生舂、熟舂和生熟混舂。下面具体介绍这三种料理。

生舂，即为新鲜的、生的食物，一般为植物类食材，原材料不进行熟制加工。如辣椒、葱、蒜、芫荽、苤菜等，直接把它们放进碓臼中捣烂，加入盐等调味料，即可装盘食用。生舂味道清香淡雅，保留了植物天然的原味，彰显出大自然的无限味道。

熟舂，食材可以是植物，也可以是动物，常用的肉类有禽、畜、兽、鱼等。先把食材宰杀、清洗，然后用竹篾串上或夹住，放在火塘上烤熟，等食物散发出自身的焦香，撤下火塘，再把肉一点点撕下，放入碓臼，可以根据个人口味加入一些野菜和香料，如芫荽、辣椒末、姜、蒜等，一起捣烂，加盐调味后就可以食用了。拉祜族是个勤俭的民族，平时连禽类和鱼类的骨架也绝不浪费，一样舂了吃。植物类如甜竹笋、野姜花等也常常是熟舂的对象，煮熟后放入碓臼捣烂，加入调味料即食。拉祜人还喜欢把熟制的肉菜一块舂制，如知了拌盐酸树叶等。这些熟舂味道鲜香，口感丰富，既有肉类的鲜味，又有植物的清香，那滋味确实不可多得。

生熟混舂，主要是菌类的制作，如生的奶浆菌和熟马皮泡（野生菌）混舂，放入盐及各种香料。这道菜不仅味道别具一格，而且营养价值极高。奶浆菌含有多种人体内不能合成的氨基酸和蛋白质、维生素、钙、磷、钾、铁、核黄素等微量元素，马皮泡则富含多种矿物质，经常食用可增强人体抵抗力和抗病能力。

图片来源
图一至图五　李天琦　摄影、制图

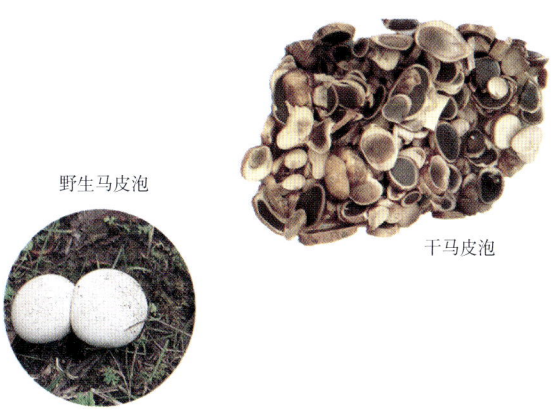

图二　拉祜族生熟舂材料实物图 1

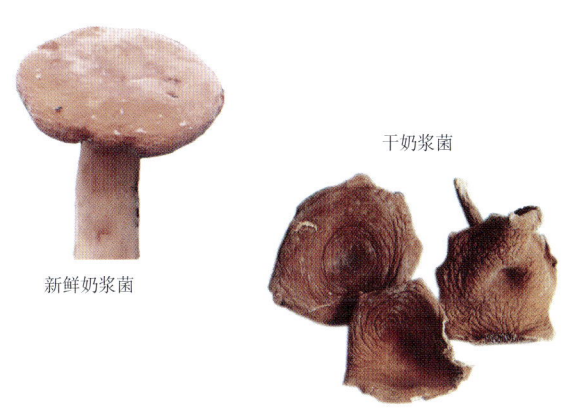

图三　拉祜族生熟舂材料实物图 2

图四　拉祜族熟舂材料实物图

图五　拉祜族熟舂制作图

拉祜族水酒

图一 拉祜族水酒主图

饮酒是拉祜人日常生活的一部分，不论大事小事、人多人少，拉祜人总要喝上几杯才觉痛快。拉祜人爱喝酒，但早先规模制酒者甚少，一般自酿自饮。拉祜人大多以粮食换酒，或购买集市上贩卖的水酒，但这丝毫没有减少他们对酒的热情。

拉祜人好客、爱分享，常聚饮。尤其是节庆、婚嫁活动中，亲朋好友围坐一圈，中间放上一大坛水酒，拿来两三个竹杯，顺时针方向轮着喝。酒杯在人群中不断传递，几圈下来，大家喝得好不痛快。喝到兴起，拉祜人会吹起竹笙，唱起歌来跳起舞，以助酒兴。

拉祜人的水酒清香醇厚，主要原料是他们平时种植的谷物，如玉米、稻谷、高粱、小米、荞麦等。拉祜族的酒曲非常有地方特色，制酒曲的材料分别有蓝烟根、辣椒、芭蕉皮、胡椒、岩参等，融入了本民族的饮食偏好和文化习惯。相传拉祜族酒的诞生和芭蕉有关，其原料里有芭蕉皮，或与此有关。制作酒曲是酿造出拉祜水酒独有味道的关键。先要把有关材料晒干，然后按照一定比例将其放到碓臼中舂成混合粉末状备用；再把大米舂成粉末后放到锅里蒸熟，出锅后抹上混合粉末，使其发酵；最后把发酵好的酒曲放置于太阳下晒干。等到要酿酒时，把晒干的酒曲舂成粉末，搅拌到酿酒的谷物里，便可酿出独具特色的拉祜族水酒。

拉祜族的酒有水酒和烧酒两种。水酒度数低，约为20度，多为妇女和少年饮用；

烧酒的度数较高,约为40度,最高可达50度,一般节庆、婚丧时用来待客。水酒在酿造技术上较为简单,主要原料是糯米。把糯米洗净蒸熟,晾凉至37度左右,然后均匀地拌上自制的酒曲,将其装入酒缸密封,放置在40度左右的地方,保持空气干燥,发酵24个小时左右,可取少量尝试,如微酸说明快发酵完成,若苦辣则说明发酵过度,酿造失败。烧酒的制作方法稍复杂,原料一般为玉米或稻谷,在蒸熟发酵后还需放入特制的木甑中再蒸制,最后过滤出烧酒。

图片来源

图一至图八　李天琦　制图

把准备好的材料舂成粉末

图二　拉祜族酒曲制作流程图 1

把舂好的酒曲粉末拌入米面中,然后发酵

图三　拉祜族酒曲制作流程图 2

把制好的酒曲晒干

图四 拉祜族酒曲制作流程图 3

把糯米放入木甄中蒸

图五 拉祜族水酒制作流程图 1

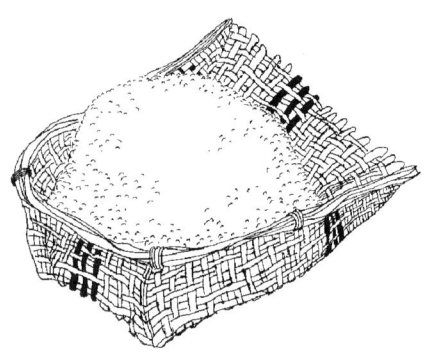

把蒸好的糯米晾凉

图六 拉祜族水酒制作流程图 2

把酒曲舂成粉末，撒入晾凉的糯米

图七 拉祜族水酒制作流程图 3

入缸发酵

图八 拉祜族水酒制作流程图 4

第四章 拉祜族传统生活用具

拉祜族家具

竹凳

木柜

图一　拉祜族家具主图

拉祜族生活在竹林茂密、资源富庶地带，所用的家具大部分都以竹木材料制作而成。他们可以就地取材，节约了制作家具的成本。这些竹木家具大都自编自用，加工精细的还可以拿到市场上卖，增加家庭经济收入。

拉祜族竹制家具常见的有篾桌、竹凳、竹椅等，木制家具常见的有木柜、木床、木水桶等。以下具体介绍几种家具的样式和功能。

篾桌是拉祜族每家每户必备的，烤茶吃饭都离不开它，可分为圆篾桌和方篾桌。圆篾桌主要由圆柱形篾筒和圆面竹簸箕两部分组成。圆柱形篾筒是用宽约4厘米的竹篾条镂空编织而成，可作圆柱形桌脚，高约80厘米，相对低矮；圆面竹簸箕是用竹藤紧密交叉编织而成，密度能达到遇水不滴的程度，可作圆形桌面。大小一般依家庭人数多少而定，小的直径约为90厘米，大的直径可达2米。方篾桌和圆篾桌制作手法和工序一样，只是篾面和篾脚一个方、一个圆而已，这两种篾桌都十分轻巧，易于挪动转移，是比较实用的家具。

竹凳款式颇多，主要是按凳腿的样式分类，有三脚圆面、三脚方面、四角长面竹凳等，还有大、中、小之分。制作竹凳时，先用一整根竹子悬空立凳腿，然后再用竹篾编织成各式方、圆竹板，扎牢在凳腿上。

木柜，有单层、多层格局的设计，是拉祜族家庭陈设物件和储存物品的必备家具。

随着社会的发展，拉祜族所用的家具越

来越现代化，这些纯手工编织和打造的竹木家具越来越少了，保留下来的大多作为手工艺品展示在博物馆里。

图片来源

图一、图五　熊文　制图
图二至图四　马文斌　制图

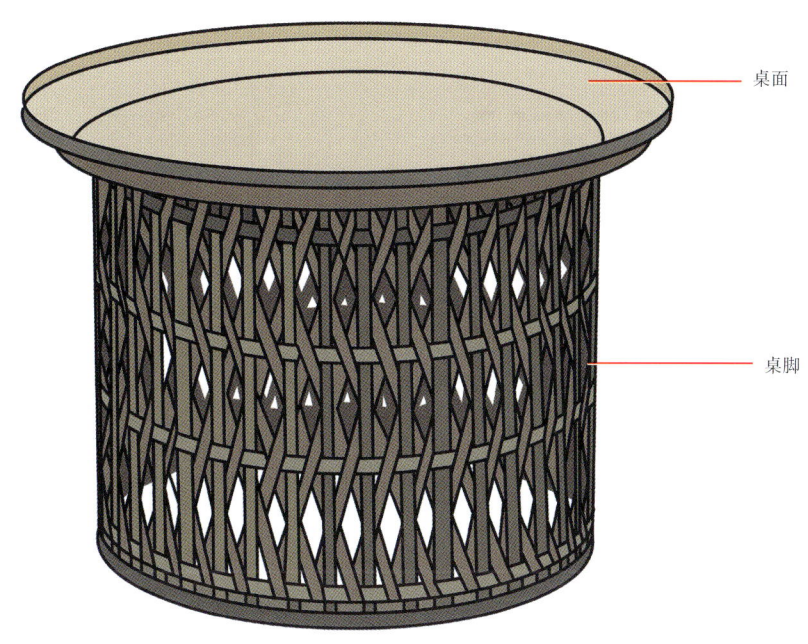

图二　拉祜族蔑桌结构名称图

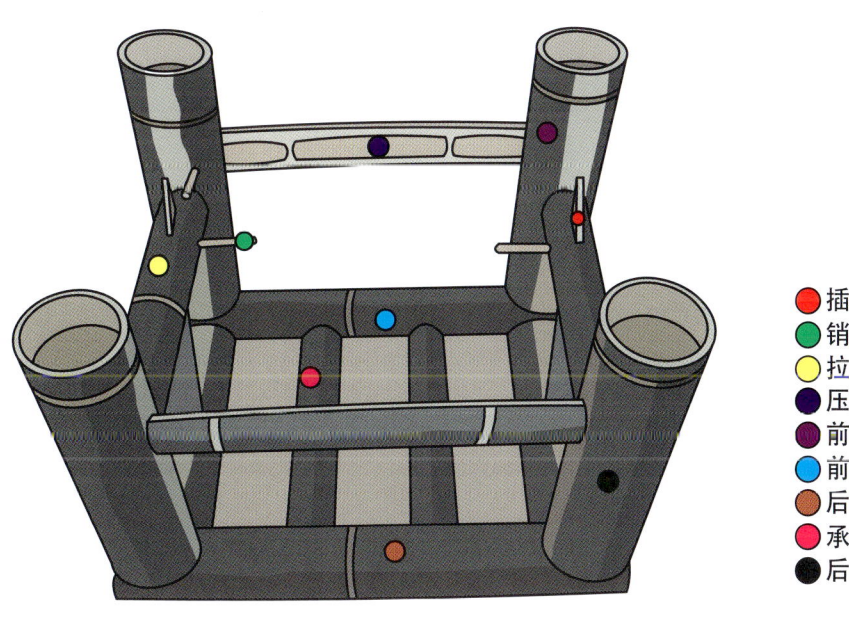

图三　拉祜族方形竹板凳结构示意图

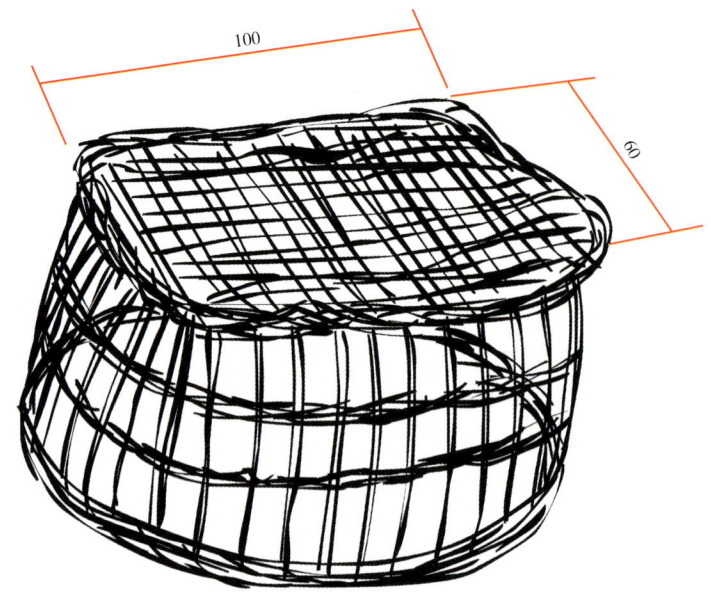

图四　拉祜族方形篾桌尺寸图（单位：cm）

图五　拉祜族家具陈设情境示意图

拉祜族烤茶壶

图一 拉祜族烤茶壶主图

拉祜人擅长种茶，喜爱喝茶，所以茶具也极具特色。烤茶壶是拉祜人喝茶必不可少的茶具，它的造型千变万化，样式繁多，最常见的一般为圆形或方形。

烤茶壶通常上口径约6厘米，内口径约5厘米，内腹径约8厘米，手把长约5厘米，总高度约10厘米，总长度约14厘米，容量约300毫升，净重约270克。壶身曲线优美，敛口圆腹，丰润小巧，起伏自然。

烧制烤茶壶的方法十分简单。首先把陶泥拍打成条状，然后用手捏制出所要器具的大体轮廓，最后磨光和装饰，阴干后进行烧制。烤茶壶虽然制作简单，但是历史悠久，早在约4000年前，拉祜人就已经知道如何烧制出较好的土陶器。烤茶壶一般用红色陶土制成，颗粒大，比较粗糙，没有瓷那么细腻，但是给人留下质朴庄重的印象，在陶器制作艺术中具有独特的审美价值。

拉祜人的饮茶方法也很独特。他们首先用温火焙烤陶制小茶罐中的茶叶，等罐热茶色焦黄时注入滚烫的开水，让茶在罐中沸腾后再倒出饮用，这种饮茶方法拉祜人称其为"烤茶"或"煨茶"。烤茶是拉祜人接待客人的必备饮品。按照习俗，头道茶不给客人喝，由主人自己喝掉，以示对客人的尊敬，清香四溢、茶味正浓的第二道茶才捧给客人品饮。

聚在火塘边烤茶是拉祜人经常性的社交活动。烤茶时大家既可以饮茶，也可以相互之间进行情感交流，以维系家族与村寨中的和谐关系。

图片来源

图一　罗昭雯　制图

图二至图五　马文斌　摄影、制图

图二　拉祜族烤茶壶尺寸图（单位：cm）

图三　拉祜族烤茶壶底座实物图

图四　拉祜族烤茶壶烤茶方式示意图

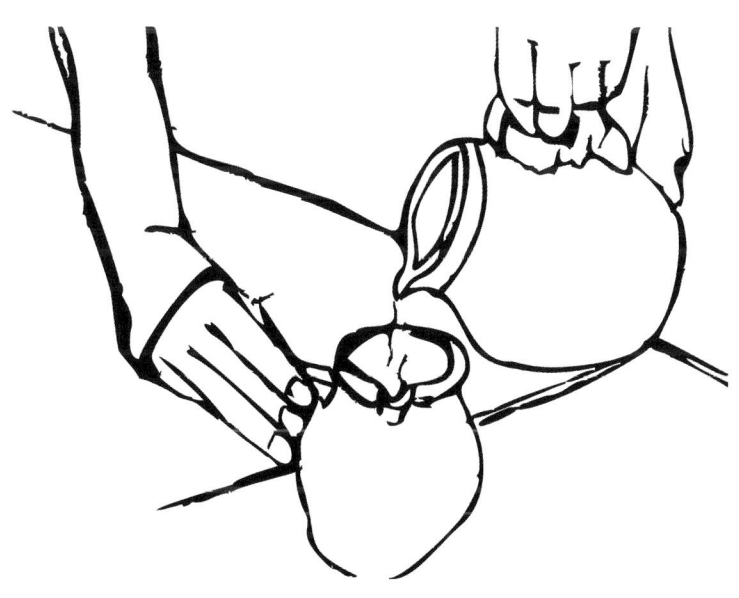

图五　拉祜族烤茶壶使用情境示意图

拉祜族旱烟锅

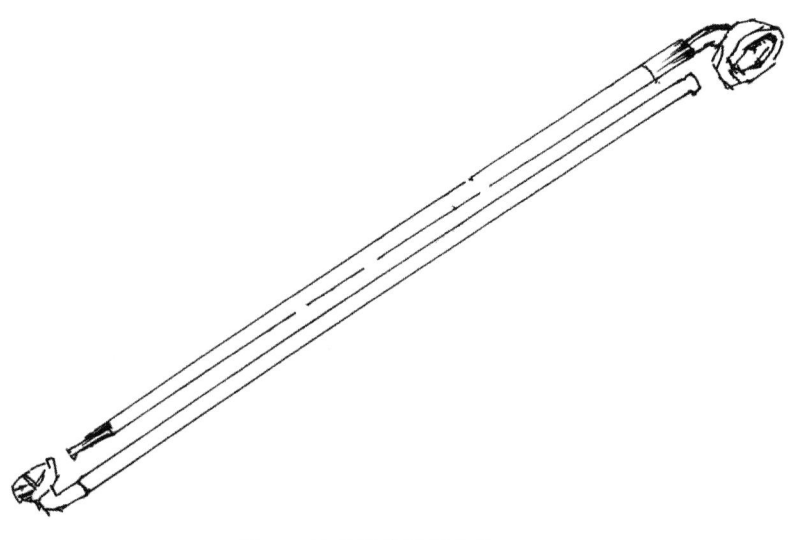

图一 拉祜族旱烟锅主图

旱烟锅，拉祜语称"诉枯"，是拉祜人日常生活的必需品。拉祜族旱烟锅大小不一，主要由烟杆、烟斗和烟锅嘴三部分组成。

烟杆由金竹制成，有粗细两种，粗的一般直径为1.2厘米，细的一般为0.9厘米。大多为黑色，较为精致的则绘有古朴的暗金色拉祜族传统图案。

烟斗有用土烧制成的，也有用金竹根制成的，一般直径为2.6厘米，大一些的直径为2.8厘米。

烟锅嘴一般由粗铁熔炼烧制而成，较为精致的则由玉制成，玉制的烟锅嘴往往象征着家族在村里的地位。也有条件较为普通的家庭，直接把烟杆头当烟锅嘴使用。

拉祜族的旱烟锅之所以较为特殊，是因为他们将本民族的特色手工艺品火镰包拴在烟杆上，包里装有火石和烟草。人们劳作休憩之余就打开火镰包，装上烟丝，打着火石，极为享受地吸着烟。

拉祜族的家中几乎都有二至五个小烟锅，别看它不起眼，在拉祜人心中的地位可非同一般。无论男的还是女的、老的还是年轻的，手里都握着大大小小的烟锅，或三五成群、或独自一人"叭达叭达"地吸着，大人们甚至把烟锅、烟袋给背篓里的婴儿当玩具玩儿。人们在农活之余，坐下来慢悠悠地吸上一会儿烟锅，既忙里偷闲，又解乏提神，是个不错的短暂休息的好方式。

由于吸食习惯和乡土观念的影响，加上经济实惠，烟锅深得拉祜人的喜爱。一个旱烟锅通常是家里劳作男性的至宝，女主人往往会缝制图案古朴、色彩明艳的火镰包装饰自家男主人的旱烟锅。

图片来源
图一、图四至图六　汪萌　摄影、制图
图二、图三　梁显龙　制图

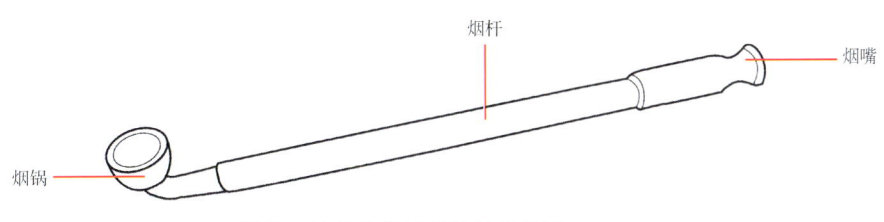

图二　拉祜族旱烟锅结构名称图

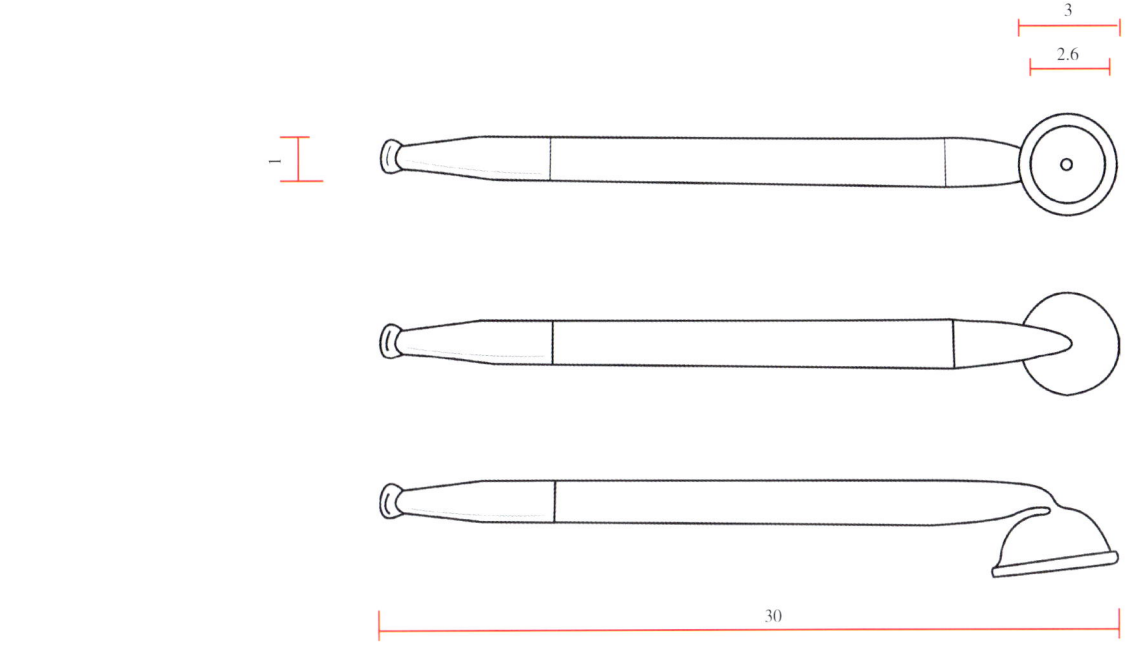

图三　拉祜族旱烟锅尺寸图（单位：cm）

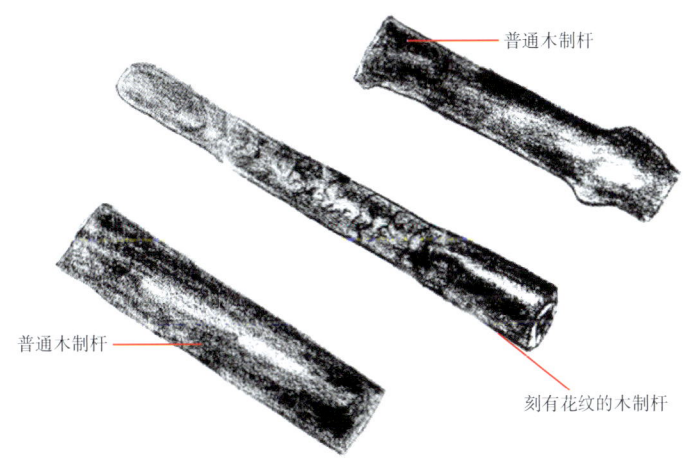

图四　拉祜族旱烟锅烟杆材质分析图

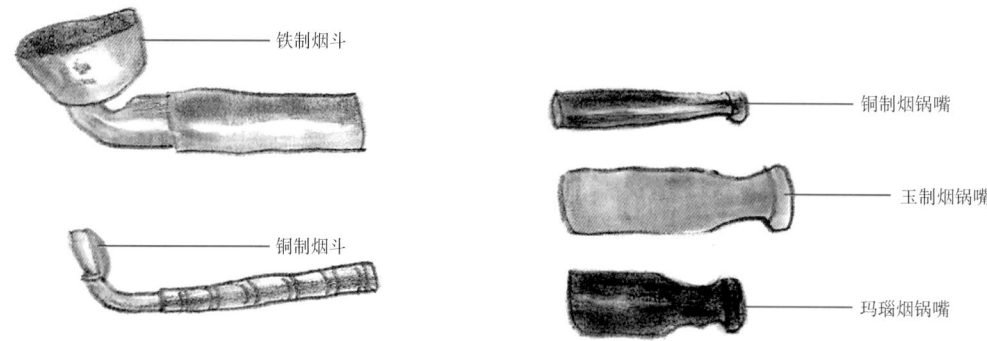

图五　拉祜族旱烟锅烟斗、烟锅嘴展示图

图六　拉祜族旱烟锅使用情境示意图

拉祜族水烟筒

图一　拉祜族水烟筒主图

　　水烟筒是拉祜族一种用竹子制作的吸烟用具，即在一个大竹筒的下部装上竹管制作而成。烟筒选取上等老竹，多年使用不坏，高 60～100 厘米，宽约 10 厘米；把它的内部掏空留底，在中下段钻一洞口，插入一根细长的中通竹管，细竹管为烟斗，露在竹筒外部的一端是放烟丝的，须留一节，其上钻一小孔，使烟气流入竹筒；在桶内注水，水高不要超过插入竹管的洞口，把烟丝弄碎放进烟斗里，点着火，吸烟人把整个嘴放到竹筒里吸气，竹筒里的水会发出"咕噜咕噜"的声音。因为水烟筒较大，不方便携带，拉祜人外出时一般用较小的烟斗。而水烟筒常常备在家里，主人回家或者家里来客人时都会用水烟筒吸烟。

图片来源
图一至图六　李天琦　摄影、制图

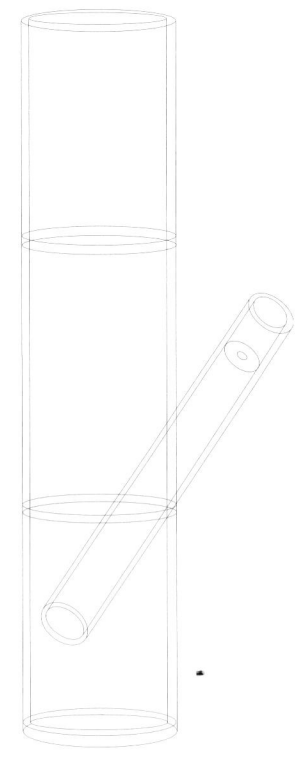

图二 拉祜族水烟筒结构图

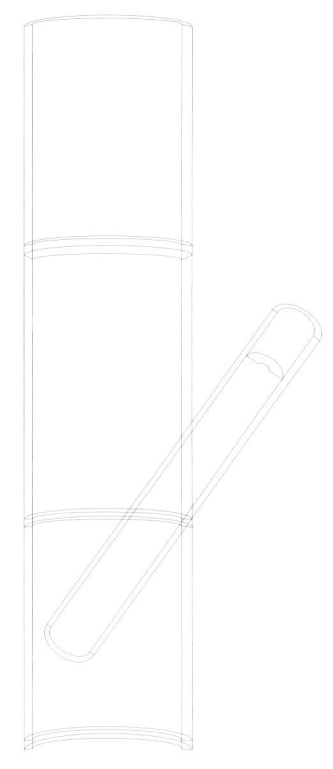

图三 拉祜族水烟筒剖面图

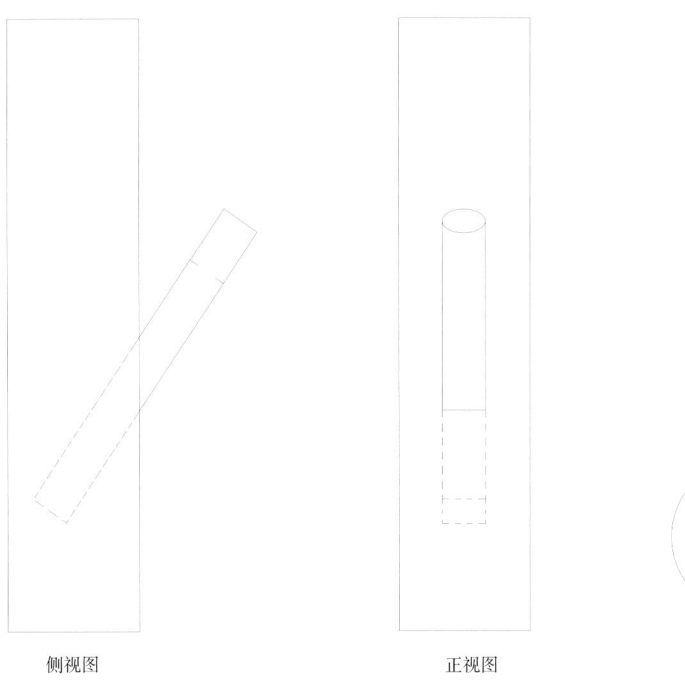

侧视图　　　　　　　正视图　　　　　　　顶视图

图四 拉祜族水烟筒三视图

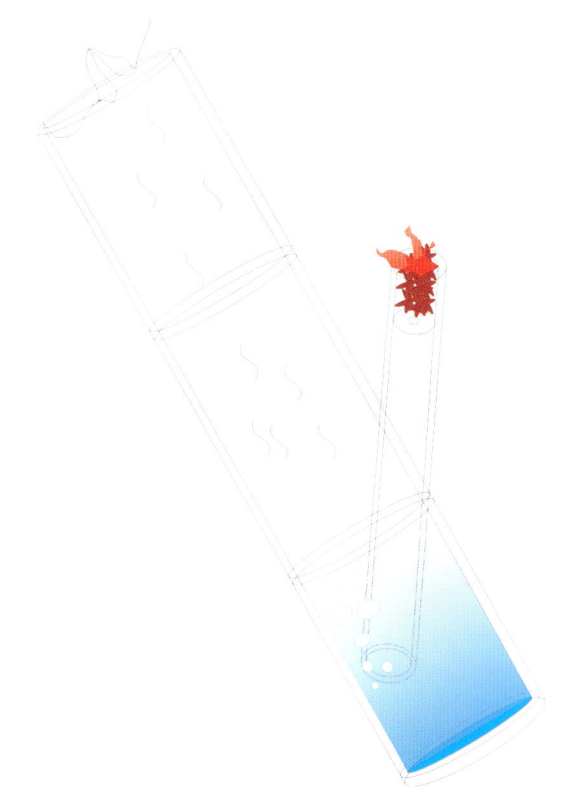

图五　拉祜族水烟筒吸食原理示意图

图六　烟叶实物图

拉祜族背篓

图一 拉祜族背篓主图

背篓是云南地区少数民族普遍使用的一种日常器具，也是拉祜族必不可少的劳动工具。

拉祜族背篓以竹篾为主要材料精心编织而成。竹篾在云南地区既便宜又容易得到，颜色天然、韧性十足，不仅自重较轻，而且承重很好。拉祜人编制的背篓结构简单，非常实用，是传统的竹编工艺品之一。

背篓的编制手法跟其他竹制储存工具像篮子、竹饭盒、鱼篓、竹箩筐等基本相同，但编制得较为精细。制作背篓的竹篾用的是进行了特殊处理的竹材表层，纤维十分致密，同时耐干燥、不变形、不虫蛀、耐水可清洗，所以背篓的寿命一般都在3至5年。背篓是以竹篾经纬交错的方式编制，口部做了收束，以保证耐久性。背篓的背绳使用的是结实的藤篾或棕麻绳，外用纺织袋包裹防护。背篓的高度一般在50厘米左右，上口宽45厘米，具有很大的受纳空间，这个比例很符合人体肩背承受的重量。

拉祜人无论是上山砍柴还是采茶都离不开背篓，一般采用双肩背和单肩斜挎两种背法，它改变了拉祜人原来肩扛、手提的搬运方式。

图片来源
图一至图三　熊文　制图
图四　梁显龙　摄影
图五、图六　马文斌　制图

图二　拉祜族背篓尺寸图（单位：cm）

图三　拉祜族背篓延展图

图四　拉祜族背篓竹篾材料实物图

图五　拉祜族背篓编织示意图

图六　拉祜族背篓使用情境示意图

拉祜族木甑

图一　拉祜族木甑主图

木甑是拉祜族酿造、蒸煮必不可少的工具，也是云南少数民族应用较为普遍的厨房用具。拉祜族木甑制作简单，是利用拉祜族当地优质的原木或原竹制作而成，器形呈倒斗笠状，主要由甑身、簇皮、木甑耳、木甑盖组成。

制作时，先把原木或原竹制成片状，然后用竹箍来固定木甑的雏形。如果要加固甑身，也可用竹篾箍、铁制箍、铁丝箍进行固定。拉祜族木甑是一个直径上大下小的圆柱体，木甑的规格一般根据火塘的大小而定：上直径约为 60 厘米，下直径约为 40 厘米，高约为 120 厘米。拉祜人为了方便双手端起木甑，特意在木甑靠上口的位置，用杉木板制成留有两个抠手的甑耳。由篾匠编织的一种呈圆盘形的竹制品"簇皮"，搁在木甑中底部内壁的斜槽上，簇皮中间会留有缝隙，利于木甑里的热气升腾。木甑盖一般有竹盖簇和木制盖两种。竹盖簇分里外两层：里层为片篾呈经纬走向编成，不漏气；外层细篾圈织，竹篾表面光滑，尖形的顶上装有一手提的耳子。木制甑盖直径与木甑的上口直径相吻合，用木块拼接而成，木盖上面也有梭子形的手提耳子。

木甑是拉祜人用来蒸煮食物和制作烧酒必备的工具。酒是拉祜族日常生活、婚丧喜宴、节日庆典的必需品。酿造烧酒，用谷子或是玉米作原料，待发酵后，再放入这种特制的木甑中蒸煮。上甑时，先舀水在锅里烧热，再用热水清洗一下竹盖簇、簇皮、木甑和要用的纱布或棉布袱子等，这热水又叫"甑锅水"。最后将酿酒原料放入木甑中蒸烤。拉祜族用木甑酿酒和蒸煮的传统一直延续至今。

图片来源
图一　罗昭雯　制图
图二、图三、图七　马文斌　摄影、制图
图四、图五　梁显龙　摄影、制图
图六　熊文　制图

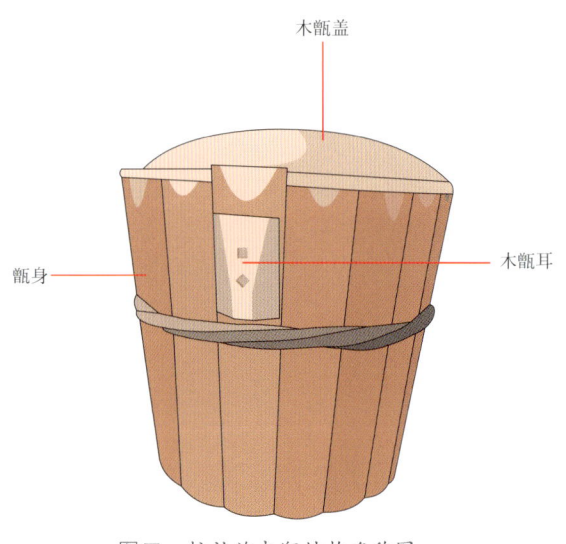

图二　拉祜族木甑结构名称图

图四　拉祜族木甑内部结构图

图三　拉祜族木甑尺寸图（单位：cm）

图五　拉祜族木甑盖正、反面实物图

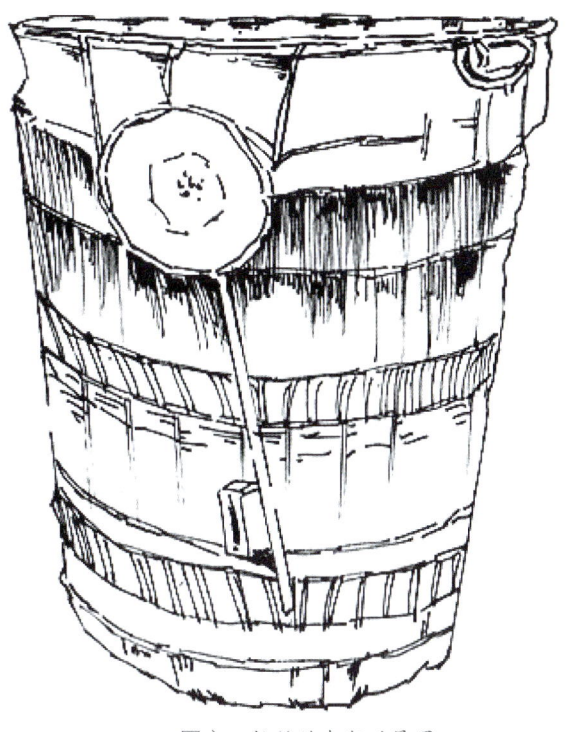

图六　拉祜族木甑延展图

图七　拉祜族木甑使用情境示意图

第四章　拉祜族传统生活用具

157

拉祜族独木舟

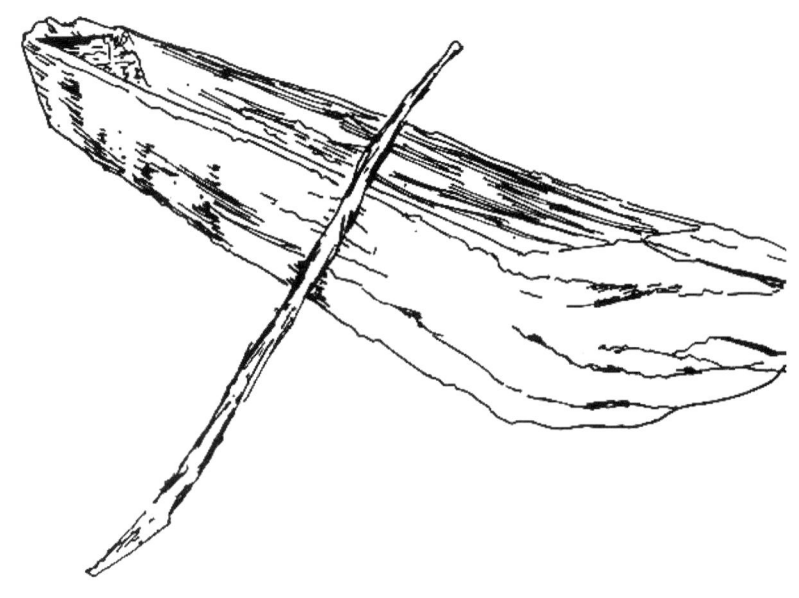

图一　拉祜族独木舟主图

独木舟，又称独木船，是船舶的"先祖"。据史料记载，它在世界范围内都先后出现过，是原始时期非常重要的水上交通工具。虽然拉祜人一直居住在高山峻岭当中，但云南省河流纵横，独木舟也是他们必不可少的渡河工具。

独木舟用一根木头直接烧凿而成，构造简单。原始的拉祜人发现树叶、树干、竹条还有葫芦都能浮游在水面上，树叶和葫芦承载的重量轻、粗大的树干承载的重量重，后来经过反复尝试，终于发现圆木放在水上容易翻滚，而如果将圆木削出一个截面放在水上就大大增加了它的稳定性，甚至人站在木头上面也能行动自如。

最早的独木舟，是拉祜人用石斧和石锛等工具，将圆圆的木头削平制成的，后来他们发现在制舟中，火比石斧等工具更实用、更简便。他们首先将木头不需要削平和挖掉的部分，涂上厚厚的湿泥巴；再用火烧要挖掉的部分，火烧过的部分就变成了一层炭；然后用石斧将这层炭凿掉，并凿出具有一定深度的凹槽以便放置货物。

拉祜人最早是以手足摇摆来推动轻舟运行的，但由于独木舟体积和自重都比较大，光靠手足的力量驱动起来非常困难、效果不好，于是就改用了更加有效的方法，或是用短树枝划行，或是用木杆、竹竿撑行，或是用绳索牵拉。

独木舟的出现，显示了拉祜人的创造智慧。

图片来源
图一　熊文　制图
图二至图四　马文斌　制图
图五　汪萌　制图

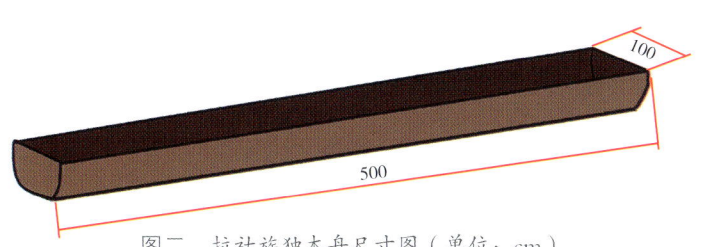

图二 拉祜族独木舟尺寸图（单位：cm）

图三 拉祜族独木舟圆木凹槽示意图

图四 撑船竹竿实物图

图五 拉祜族独木舟划行情境示意图

拉祜族巴乌

图一　拉祜族巴乌主图

巴乌，是西南少数民族特别是拉祜族最普遍的吹奏乐器之一，属于竹管铜簧乐器，流行于云南省、贵州省和广西壮族自治区的部分地区，民间多以单管为主，也有双管合并的（叫"双眼巴乌"）。巴乌吹口处装有尖舌形铜制簧片，演奏时横吹上端，簧片振动发声。巴乌音域窄、音量小、音色优雅，人们往往用它来抒发情感，是会说话的乐器。

传统的巴乌，在拉祜族中常常被用作说唱和舞蹈伴奏的乐器，有时也用于独奏。近几十年间，人们一直尝试对巴乌进行改进，而加键巴乌正是改进后的一个典范。加键巴乌既保持了传统巴乌浑厚柔美的音色，又扩大了音域，增加了音量。改进后的巴乌居然能转四个调，并且还能奏出各种滑、打、吐、颤、抹等技巧音，这种改进后的功能更加适合演奏抒情宽广的音调，甚至合奏时巴乌还可以担当高音乐器与低音乐器的桥梁，增加了巴乌的演奏能力。

巴乌的种类较多，按管数多少可以分为单管和双管巴乌；按竹管长短、粗细不同可以分为高音、中音和低音巴乌。不同地区、不同民族的巴乌，其形制也不尽相同。彝族的巴乌因吹法不同可以分为竖吹和横吹两种，在云南省蒙自地区的土佬人（彝族支系）中，也流传有双管巴乌。

制作巴乌比较简单。首先，选取一段长约25厘米的竹管，在接近封闭端的管壁上，开一个长方形吹口。然后，再把一片薄薄的三角形铜质簧片侧嵌在吹口上端近节处一侧。最后，在竹管身上依次钻若干个按音孔。

演奏巴乌时，成45度角或横或竖吹吹口上端，振动簧片发音。管身粗细不同，吹法也不同。管身细而短者竖吹，管身粗而长者横吹。巴乌的音色柔美悦耳，吹奏起来像一对热恋中的情人在互诉衷肠，表达了聪明智慧的拉祜人对生活的热爱。

图片来源
图一　肖飞　制图
图二、图三、图五　英为娟　制图
图四　熊文　制图

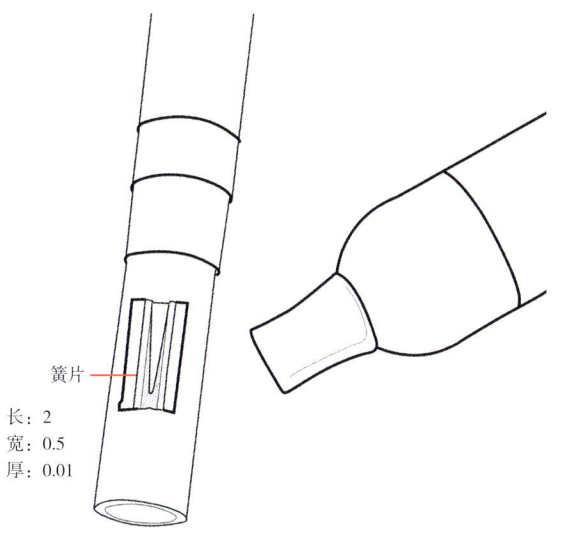

图二 拉祜族巴乌簧片结构名称、尺寸图（单位：cm）

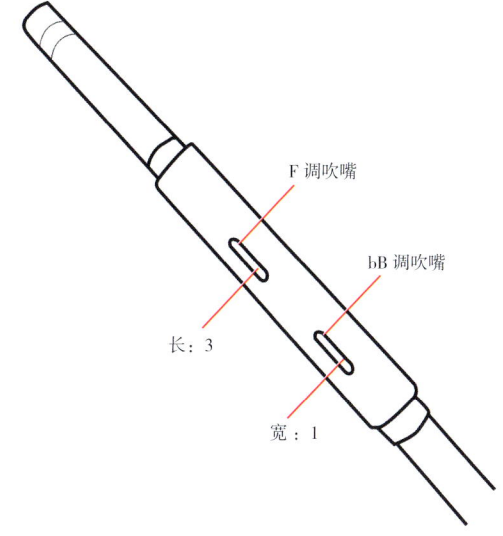

图三 拉祜族巴乌吹嘴结构名称、尺寸图

图四 拉祜族巴乌延展图

图五 拉祜族巴乌吹奏方式示意图

拉祜族葫芦笙

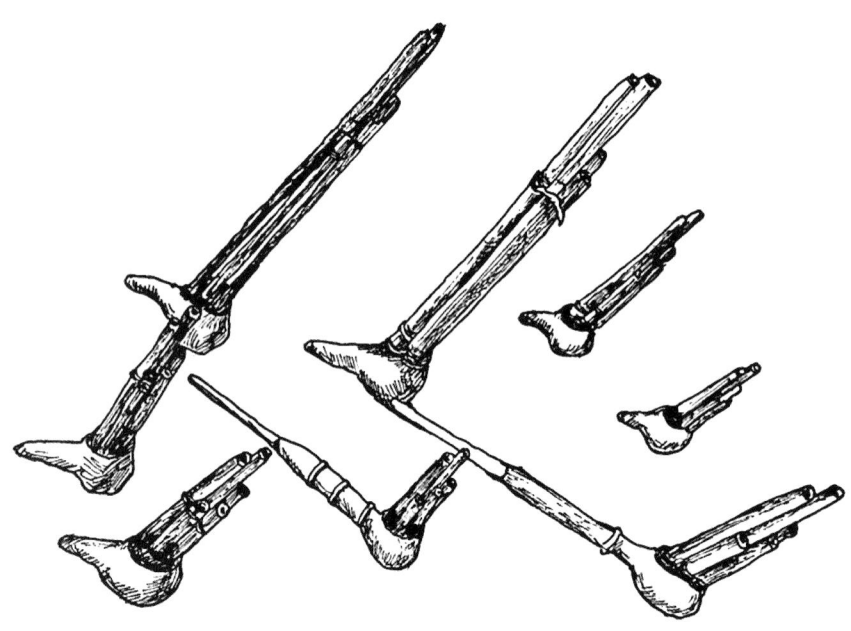

图一 拉祜族葫芦笙主图

葫芦笙，拉祜语称为"诺"（即葫芦），是滇西南拉祜族历史久远、非常普遍、非常受欢迎、文化价值很高的传统吹奏乐器。

我国早在2700多年前的周代就已经学会用葫芦制作匏类乐器，20世纪70年代发掘的湖北随县曾侯乙墓就出土过战国初期的乐器——笙。另外，在云南江川李家山二十四号墓、晋宁石寨山古墓群都陆续出土了属于春秋至战国时期的铜葫芦笙斗，从以上考古发现中可以了解到葫芦笙在春秋战国时期就已经很普及了。

葫芦笙属于竹簧笙类乐器，它由吹嘴、吹管、笙斗、笙管四部分组成，笙管有五、六、七管三种。由于材料保存不易，历史上用竹和木制作的葫芦笙都已腐朽不存，只有铜制笙斗的葫芦笙得以保存下来，但其形制略有差异。云南李家山战国至汉代的古墓中出土了两支铜斗，通高分别为26厘米和28.2厘米，每支铜斗的上端均铸有立牛作为装饰，造型栩栩如生，形象生动。

葫芦笙的笙斗由大小不一的长颈单只葫芦制成，其中大的有1米多长，小的只有10厘米左右。葫芦每年10月成熟，采摘后晾晒三四天就可以用来制作葫芦笙。制作的时候，先用烧红的细铁丝在葫芦蒂部烙通一孔，是为吹嘴，再用同样的方法在葫芦两壁上对打5个音管孔。

葫芦笙的笙管由音管和吹管两部分构成。5根长短不一的竹管构成了葫芦笙的音管，每个竹管的管身上都开有一个按音孔，再加上贯穿葫芦的底孔，共有两个按音孔。竹管插入葫芦内以抠出音孔，并在音孔上装上金竹制成的簧片。安装簧片时，要先在竹管上削出一个与簧片大小相应的长方形口子，再把备好的簧片用蜂蜡固定在口子上。用刀削少许铅片固定在簧舌根部，以便让簧舌振动定向。在音管安装簧片的另一端开有调音窗，调音窗调好后一般不再改变。吹管由竹子制成。把一根由泡竹制成的细竹管作为吹嘴套接在一截较粗的竹管上，平时卸下，吹奏时套接于葫芦嘴上。吹管也有直接用葫芦蒂做的。

葫芦笙的制作大小、规格及乐音的高低等都可以根据制作人自己的爱好不同而有一定区别。嘴对吹管吹奏时，按住笙管上的音孔可以发出基本音（即音程中的高音），堵住露于笙斗底部的管口可以发出变化音（即音程中的低音），用手指在底口上轻轻抹动可以奏出装饰性的滑音（即和音）。葫芦大、笙管长的葫芦笙，音色浑厚雄壮，多用于大型节日里的吹奏；葫芦小、笙管短的葫芦笙，音色清脆嘹亮，多用于外出时吹奏，因为便于携带，青年男子尤为喜爱。双江拉祜族佤族布朗族傣族自治县一带的拉祜族葫芦笙，往往在笙管上再套一只葫芦，其实是两个葫芦作音箱，增加了音色的共鸣感和柔和感，人们习惯上把这种芦笙称为"套头葫芦"，深得中老年人青睐。

葫芦笙常用于独奏、对奏，有时也为歌舞伴奏，或者和笛子、大三弦、小三弦配合演奏。每年播种之前和秋收到来都是吹葫芦笙的最佳时节，大家借着美好时光抒发内心的喜悦之情。拉祜族男子人人都会吹葫芦笙，大人小孩儿个个都葫芦笙不离手，恋爱中的青年男子更是纷纷用独特的葫芦笙曲调召唤心爱的姑娘。

图片来源

图一、图三　熊文　制图
图二、图五、图六　梁显龙　制图
图四　英卫娟　制图

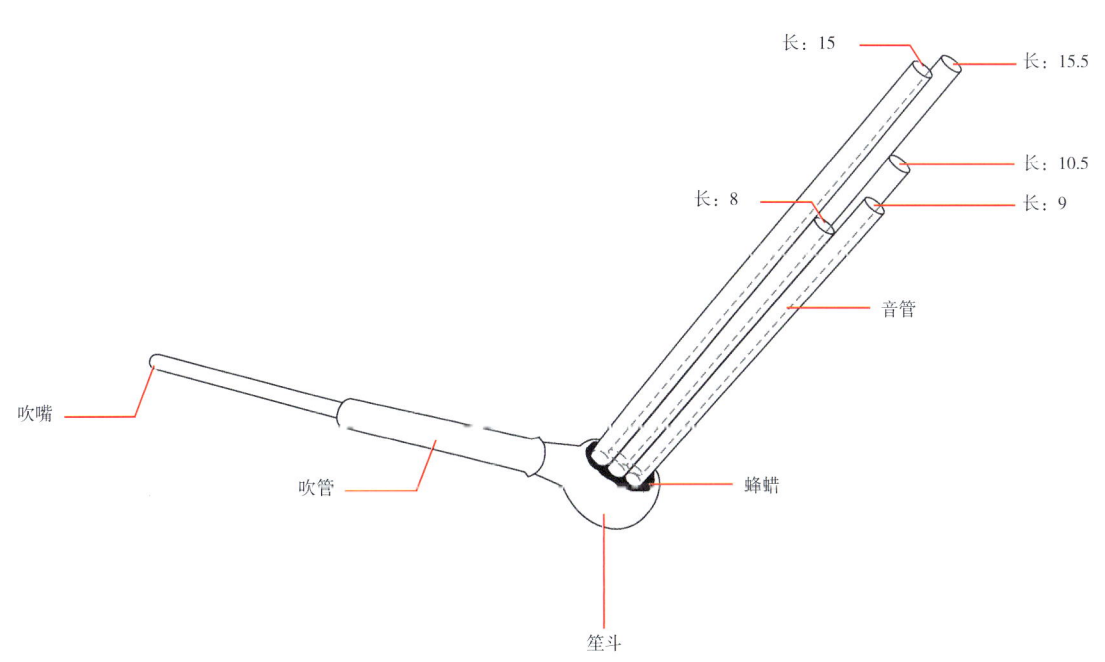

图二　拉祜族葫芦笙结构名称、尺寸图（单位：cm）

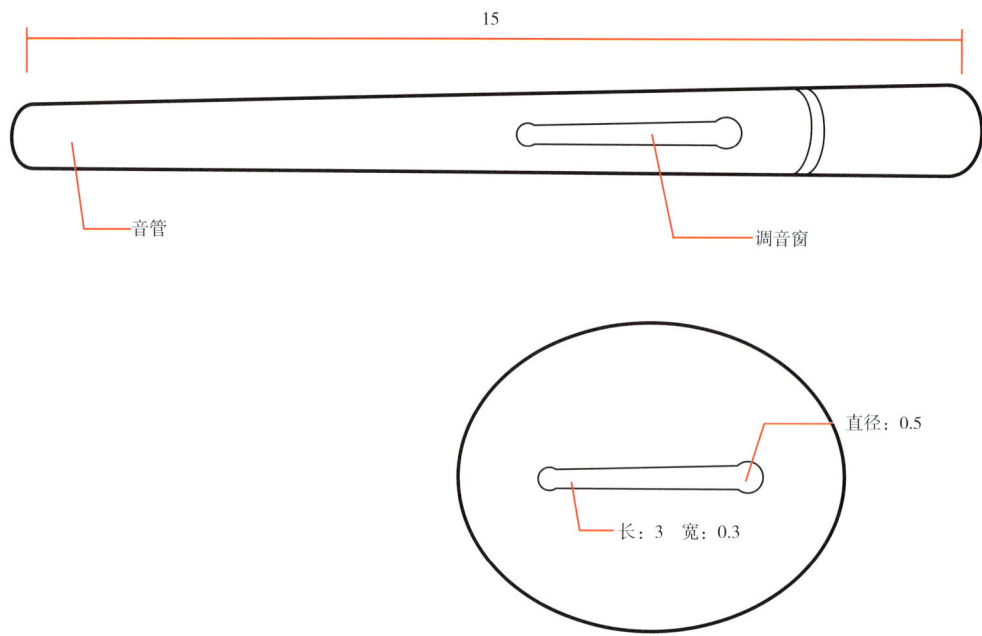

图三　拉祜族葫芦笙音管调音窗结构名称、尺寸图（单位：cm）

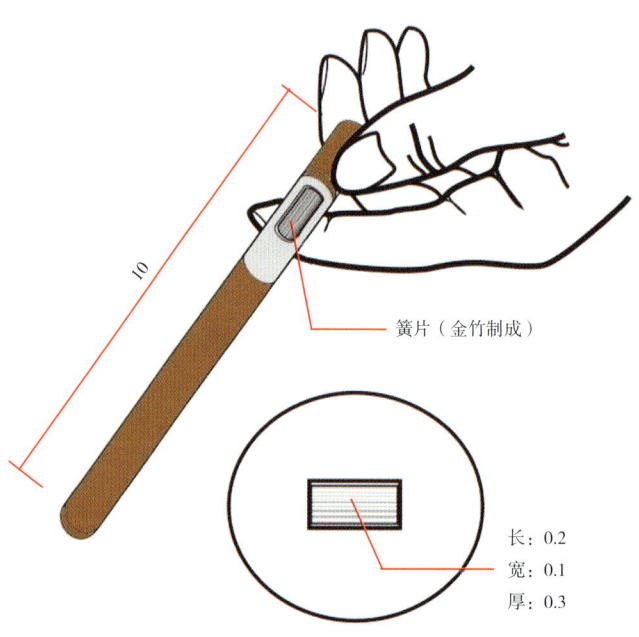

图四　拉祜族葫芦笙音管簧片结构名称、尺寸图（单位：cm）

图五　拉祜族小葫芦笙吹奏示意图

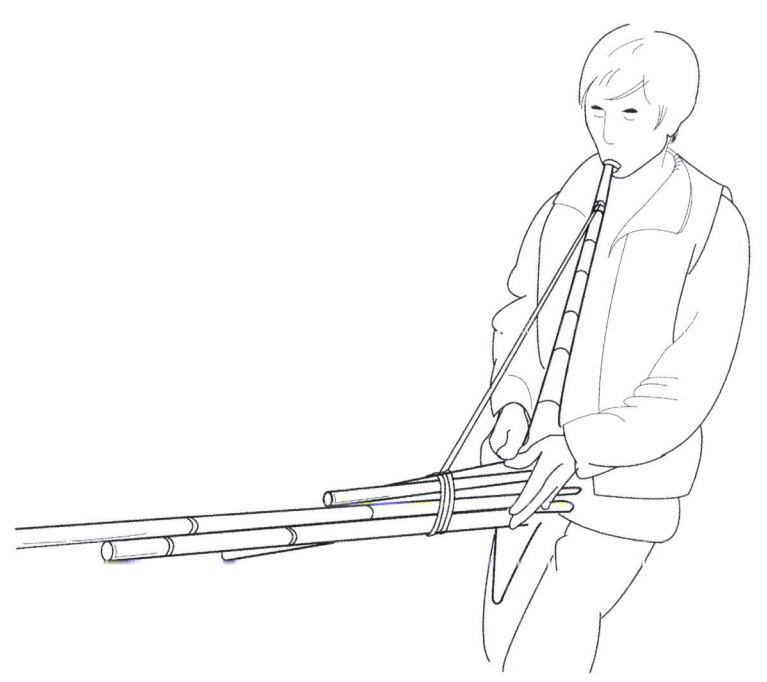

图六　拉祜族大葫芦笙吹奏示意图

拉祜族吉谷

图一　拉祜族吉谷主图

吉谷，是拉祜语的音译，与傣族的象脚鼓形制相似，但相比于象脚鼓，鼓身更小更短，是拉祜人喜爱的一种传统民间打击乐器。

现今的吉谷一般由整段木材或几块木料拼粘制作而成。吉谷通体中空，两端大、中间小。上端是杯形共鸣体，鼓面蒙皮，用细牛皮条勒紧鼓皮四周，拴系于鼓腔下部。用颜色鲜艳的漆涂满鼓身外表，鼓腰和鼓的下半部绘有装饰图案，有的鼓身上还系有花绸带和彩球。

吉谷分为大吉谷、中吉谷、小吉谷三种。大吉谷音色雄壮浑厚，中吉谷音色激越昂扬，小吉鼓音色清脆明亮。

大吉谷以打法富于变化见长。大吉鼓多为一人表演，或为舞蹈伴奏，打法分为一指打、二指打、三指打，也有鼓打、拳打、肘打，甚至还有脚打、头打等。大吉谷一般长130～160厘米，最长的达190厘米，鼓面直径30厘米左右。

中吉谷一般用拳打，个别地区用槌打。中吉谷鼓点不多，所以一般一拍打一下，个别地区左手指加打弱拍。中吉谷用途最广，常用于节庆活动。中吉谷一般鼓高60～95厘米，鼓面比鼓底略大或一样，鼓面直径在23～28厘米之间，鼓底直径在23～31厘米之间，中腰处最细，直径在11～15厘米之间。

小吉谷一般用来二人对赛。其外形似矮

脚杯，高 30～40 厘米，应用比较单一，不如大、中型吉谷用途广泛。

吉谷的演奏方法丰富多样，富于变化。演奏方法主要有正拍、闷拍、指拍、掌拍和拳击等，当演奏达到高潮或情绪热烈时，甚至手、肘和脚也参与击奏。拉祜族鼓手为了演奏出丰富的音色，还在鼓面中心糊上饭团，用饭团的大小、厚薄来改变鼓的音色和音高。

图片来源
图一、图五　熊文　制图
图二　梁显龙　制图
图三　英卫娟　摄影、制图
图四　曾娜妮　摄影

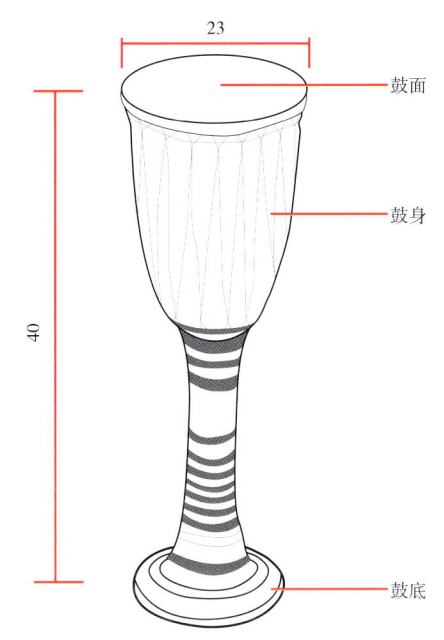

图二　拉祜族吉谷结构名称、尺寸图（单位：cm）

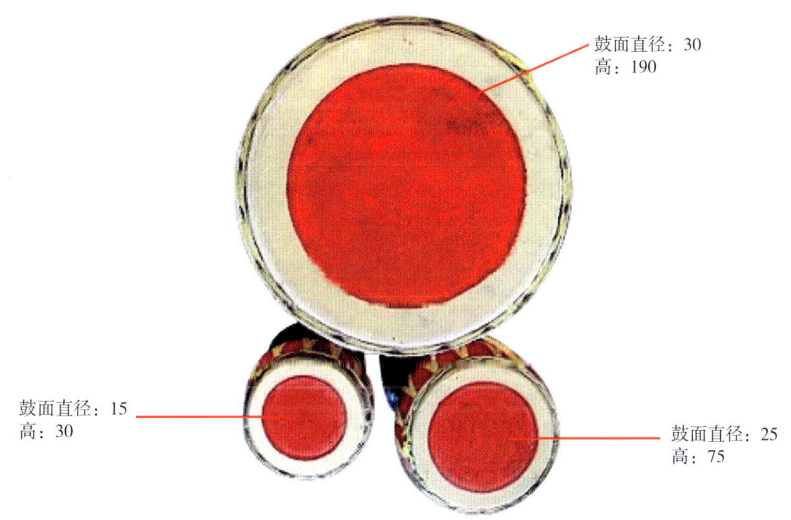

图三　拉祜族大、中、小吉谷俯视尺寸图（单位：cm）

图四　拉祜族吉谷中腰花纹图

图五　拉祜族吉谷击打方式示意图

拉祜族口弦

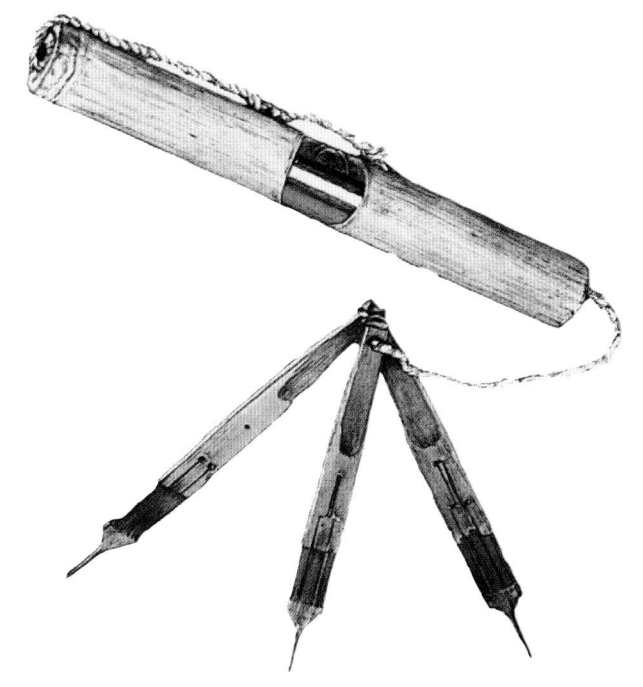

图一 拉祜族口弦主图

口弦在拉祜语中叫法众多，有"阿塔""响篾""篾簧""口簧"等叫法。它是处于热恋中的拉祜族女青年所喜爱的传统弹拨乐器。口弦历史悠久，形制、功能多样，可以独奏、齐奏、合奏或为歌舞伴奏，在人们的生产劳动和日常生活中占有重要地位，流行于我国的大部分地区。

在我国古代文献中口弦又被称作"口琴"，明代《南诏野史》中就有"男吹芦笙，女弹口琴"的记载。口弦的历史悠久，最早可以追溯到唐、宋时期的"铁叫簧"。利用口弦小齿状片的弹动和口形的变化，可以弹奏出不同的曲调。

口弦的种类繁多，按照制作材料可以分为竹制和金属制的口弦，按照簧片数目可以分为单片弦口弦和多片弦口弦。云南拉祜族的口弦长约10厘米、宽约4厘米、厚约1.5厘米，尺寸一般不大。每把口弦中间，都有一个小齿状的竹尖片，其顶部呈钩状，中剖两半，此为簧舌（或叫簧牙），有一至四簧之别。一般口弦的尾端缀有棉线，配有收纳口弦的小竹筒，刻着图案的竹筒两端缀有多种彩色丝穗。

口弦的演奏方法有用手指拨动和抻动两种，分别流行于不同的地区。双江拉祜族佤族布朗族傣族自治县、临沧一带的拉祜族，都是采用这两种方式演奏的。

演奏手指拨动口弦时，用左手拇指和食指夹住弦柄，将簧舌部分置于两唇间，用右手拇指和食指来回拨动口弦尖端，引起簧舌振动，便可发出清亮的"叮咚"之音。演奏押动口弦时，将每个簧片尖端系着的丝线线头套在右手指上，以指牵线，使簧片振动发音。

演奏过程中，演奏者利用双唇向前突出使筒状增加共鸣、扩大音量，可以借口型交换和控制呼气等方法变化出不同的音色。熟练的演奏者，能使用口弦表达出复杂的节奏和丰富的音色。口弦弹奏内容非常广泛，既能弹奏民歌，又能弹奏山曲，合弹、齐弹或者对弹都可以。多支口弦合奏，和声丰富，曲调高雅，极为悦耳动听。口弦曲调有表现爱情的，有表现生产生活的，还有舞曲。影片《边塞烽火》、《达吉和她的父亲》中都曾出现过优美的口弦曲，虽然音量不大、音域较窄，但其音色清脆、恬静优美，独具特色。

年轻小伙儿将做好的口弦装在精制的小竹筒里送给自己心爱的姑娘，作为爱情的信物。处于恋爱中的姑娘们，也常常借助口弦来向心上人表情达意。姑娘收到心爱小伙儿的礼物后，便会把它挂在胸前，既可以作为装饰品，又可以随时取出来吹奏。每个幽静的夜晚，在云南少数民族地区的树林里、小河边，总会传来一阵阵悦耳动听的口弦声，那是姑娘们正在向自己的心上人表达最甜蜜、最美好的爱情啊！

图片来源
图一至图四　英为娟　摄影、制图
图五　熊文　制图

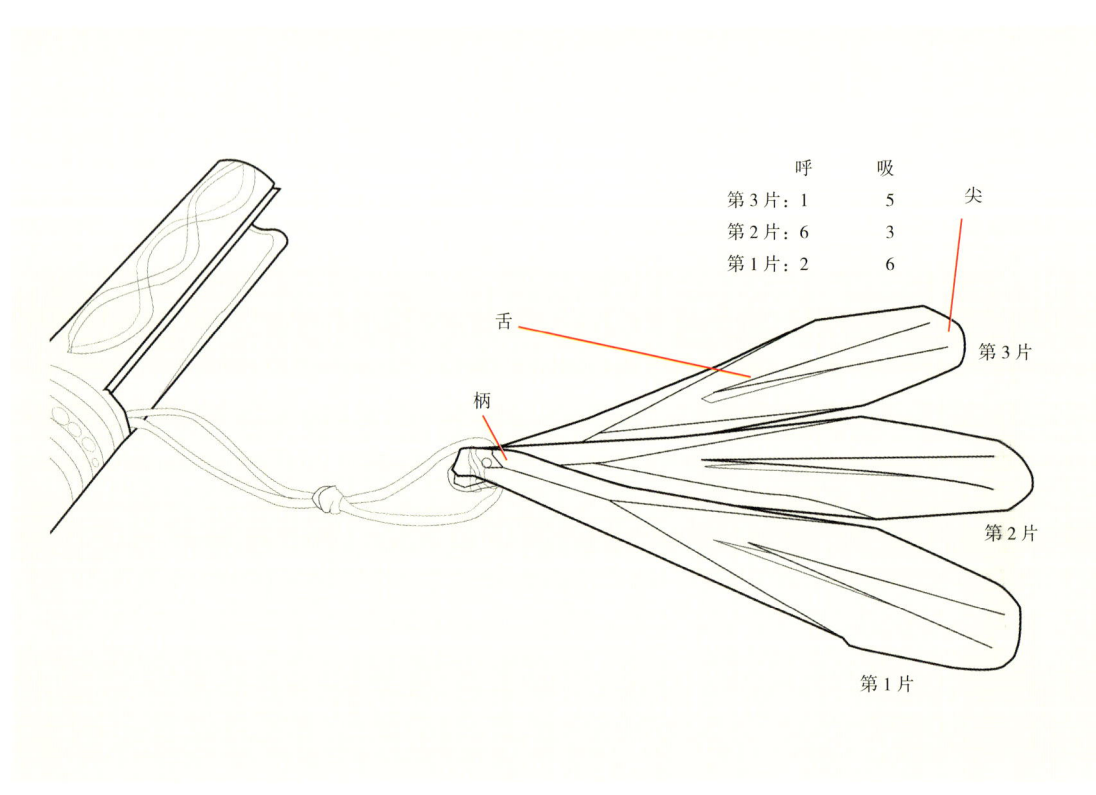

图二　拉祜族口弦结构名称图

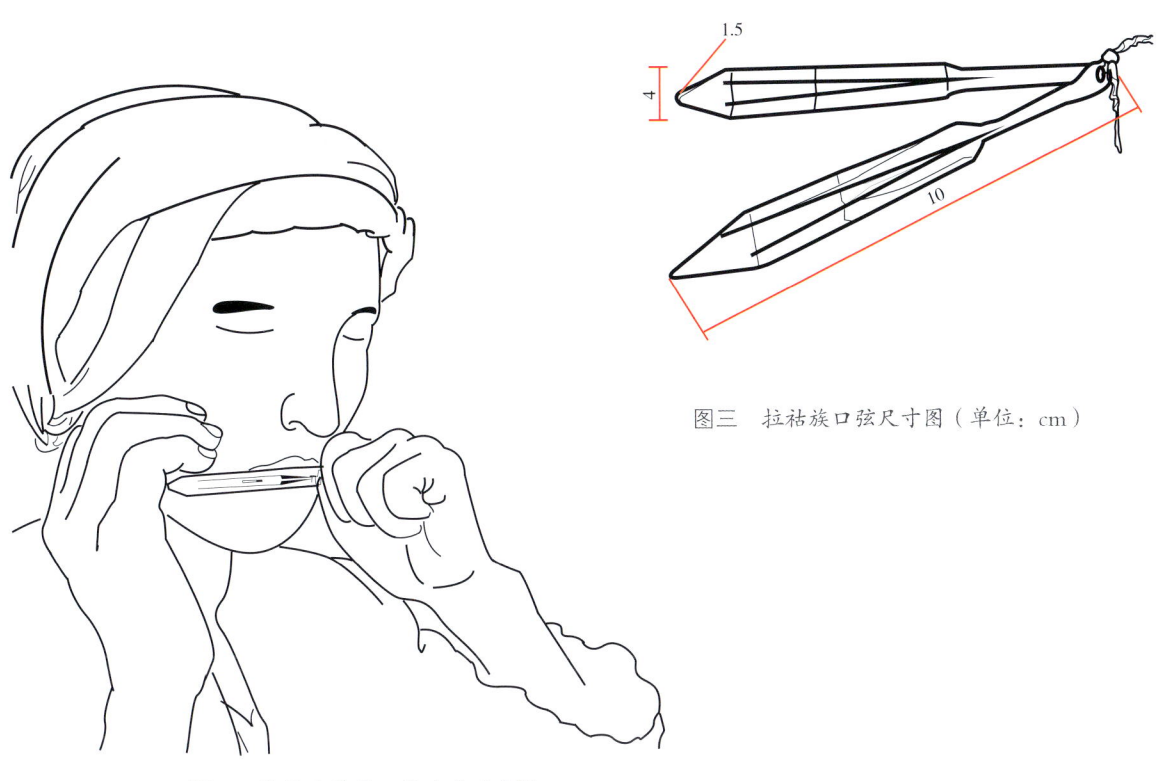

图三 拉祜族口弦尺寸图（单位：cm）

图四 拉祜族单片口弦吹奏示意图

图五 拉祜族多片口弦吹奏示意图

第四章 拉祜族传统生活用具

拉祜族木筒鼓

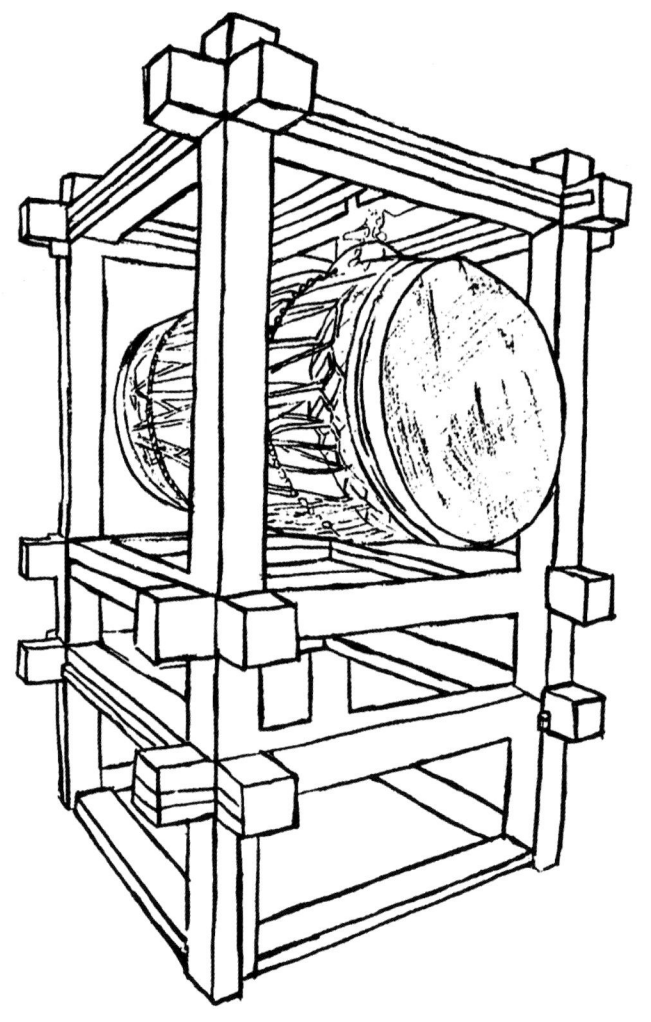

图一 拉祜族木筒鼓主图

木筒鼓是南段老寨拉祜族的"神鼓",是拉祜族人驱邪赶鬼、祈求山寨和人畜吉祥平安的祭祀性舞蹈"木筒鼓舞"中不可或缺的乐器。

木筒鼓由鼓框、鼓柄、鼓身三部分组成。鼓框为木制、圆形,表面装饰有彩绘图案,鼓框两头用大小不一的羊皮或牛皮蒙紧形成鼓面。鼓面一般直径40厘米左右,最大者90厘米左右,一般涂有棕红色漆。鼓框下端连接着长60厘米以上的木制鼓柄。鼓槌藤制、呈弯曲形,槌头用羊皮或布包着,槌柄木制,手握部位雕刻有纹饰。鼓身用老树挖空制成,表面刻着稻谷、鱼、蛙和蛇等装饰图案,象征着拉祜族人对物产丰富、寨人安康的向往,同时也体现了一种原始的自然崇拜。

木筒鼓的制作充满了神秘浓厚的原始宗

教色彩。准备制作木筒鼓之前，拉祜族人会请德高望重的比摩（寨中长老）来选定吉日，再挑选几个"干净"（指妻子一不在经期，二未怀孕，三没生娃娃坐月子）的身强力壮的男子汉，在吉日夜里12点将制作木筒鼓的大树砍倒，最后再依据工序精心制作。

跳木筒鼓舞在拉祜族中以男性长者为多。木筒鼓舞一般三人一组合跳，每人各持两根长30厘米左右的鼓槌，一人坐在鼓的一端敲击，另外两人站在鼓的另一端边跳边敲。跳木筒鼓舞运动量大，一般要一组一组轮流着跳。往往以寨为单位进行，由比摩将木筒鼓架在场地正中的两个三角形木架上，三个舞者再进入现场，然后按各自的位置分别在鼓的两边站立，跳完一遍后可交换位置。跳木筒鼓舞时，鼓声粗犷，动作奔放，气势雄浑。

跳木筒鼓舞有固定的时间，从农历正月初一开始，直至正月结束，一年只跳一个月，其他时间任何人都不能敲响木筒鼓，更不能跳木筒鼓舞，除非发生部落之间械斗或者要驱赶野兽等特殊情况。特别值得一提的是，在正月里的第一个属牛的"祭氇节"，要整天敲响木筒鼓，正月一过完，比摩就会收起木筒鼓，直到第二年的正月再拿出来。

图片来源
图一、图四　罗昭雯　制图
图二　曾娜妮　制图
图三、图五、图六　梁显龙　制图
图七　汪萌　制图

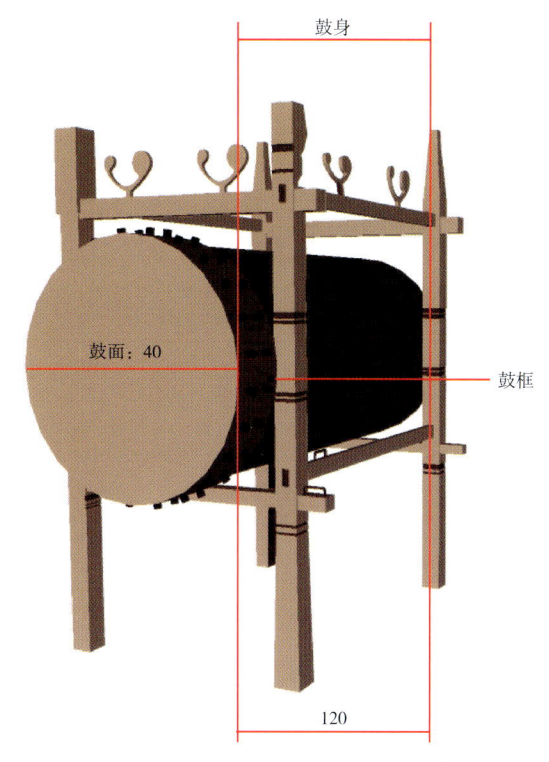

图二　拉祜族木筒鼓结构名称、尺寸图（单位：cm）

图三　拉祜族木筒鼓牛皮槌示意图

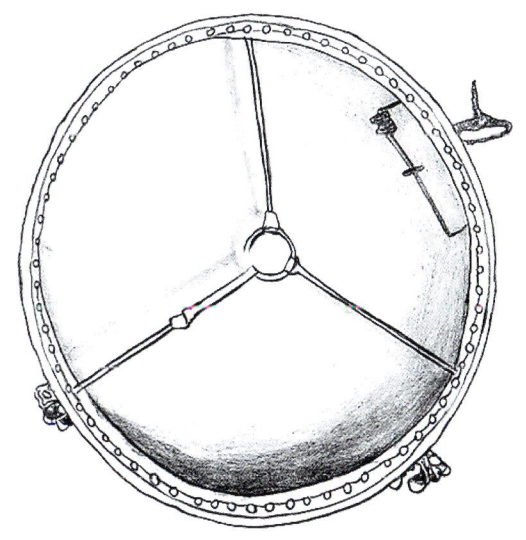

图四　拉祜族木筒鼓鼓面内部结构示意图

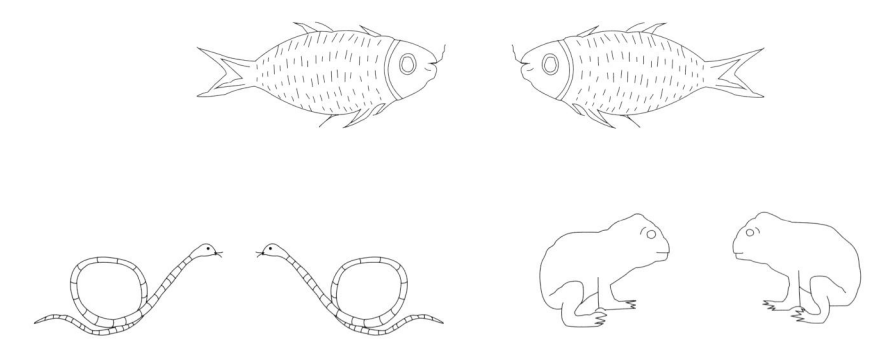

图五　拉祜族木筒鼓鼓身木刻图案示意图1

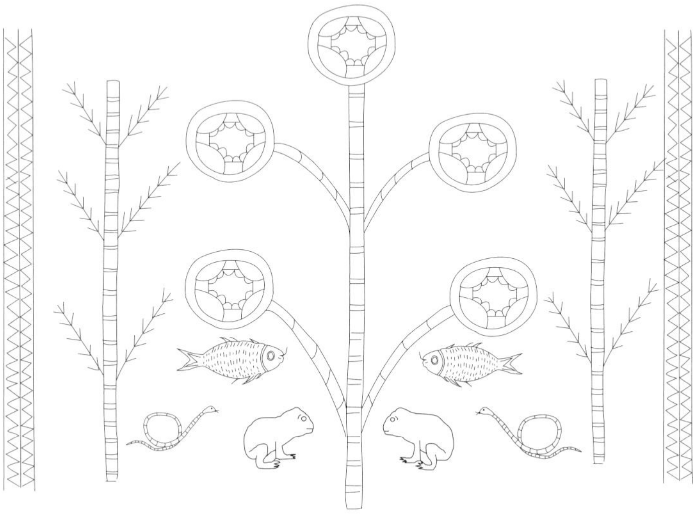

图六　拉祜族木桶鼓鼓身木刻图案示意图2

图七　拉祜族单人木筒鼓舞示意图

拉祜族小三弦

图一　拉祜族小三弦主图

小三弦是澜沧江以东拉祜族（拉祜西支系）村寨中广为流行的弹拨乐器。拉祜语称小三弦为"迪铁"，小三弦和"跳歌"一样最早源于彝族，当居住在澜沧江以东各地区的拉祜族迁来后，与彝族在经济、文化上长期相互交往和彼此影响，小三弦也被拉祜族所喜爱并民族化，成为拉祜族群众性舞蹈的伴奏乐器。

拉祜族的小三弦外形与彝族小三弦相似，但形制较小，整个琴体用枫木等硬质木材制成，有三个琴轴和三根弦线，由于形状小巧，故称"小三弦"。小三弦全长53厘米，以蛇皮或羊皮蒙面，琴杆和琴头顶端向后弯曲呈弯月形，琴鼓为扁状椭圆形共鸣箱，琴弦为三根同样粗细的钢丝，琴码为一枚旧时铜币上斜放一截小铁棒。小三弦音色嘹亮而柔和，表现力丰富，能弹奏出各种类型的民间曲调。

拉祜族盲人音乐家张老五，就是用小三弦演奏民间曲调成名的。他演奏的小三弦曲调深受各民族欢迎，其中的《葫芦笙调》《喜送公粮》《木鼓调》等已经被中国唱片公司灌制成唱片，他的《打山调》《打歌调》等近百首曲调都呈现出浓厚的民族特色，散发着泥土的芳香。

小三弦弹奏方法独特。弹奏时，右手食

指绑一坚韧有力、富有弹性的小竹片，用第一关节弹奏，发音清新柔和；常以混合节拍演奏，用指甲紧贴指板按音，不用指肚触弦，可以获得清晰明亮的余音，为迷人的揉弦、滑音提供了可贵的音源。

小三弦独特的形制与特殊的演奏方法，使其具有别具一格的音响效果。它的音量较小而集中，音色清晰而柔美，比吉他和古筝更纤细，能维妙维肖地模拟人声，另外还拥有较持久的余音。

拉祜族小三弦，从形制结构到演奏方法都与汉族大三弦、小三弦区别较大。经过改造的拉祜族电扩音小三弦，音色柔美动听，可参加乐队合奏，表现力更强。

图片来源

图一　曾娜妮　摄影
图二至图六　英卫娟　制图
图七　马文斌　制图

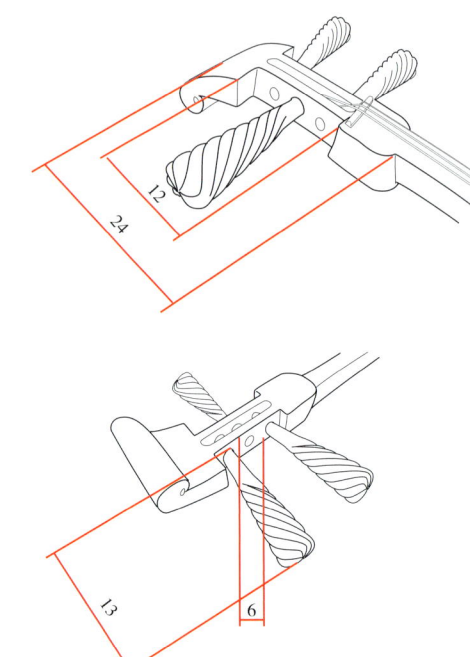

图三　拉祜族小三弦琴头尺寸图（单位：cm）

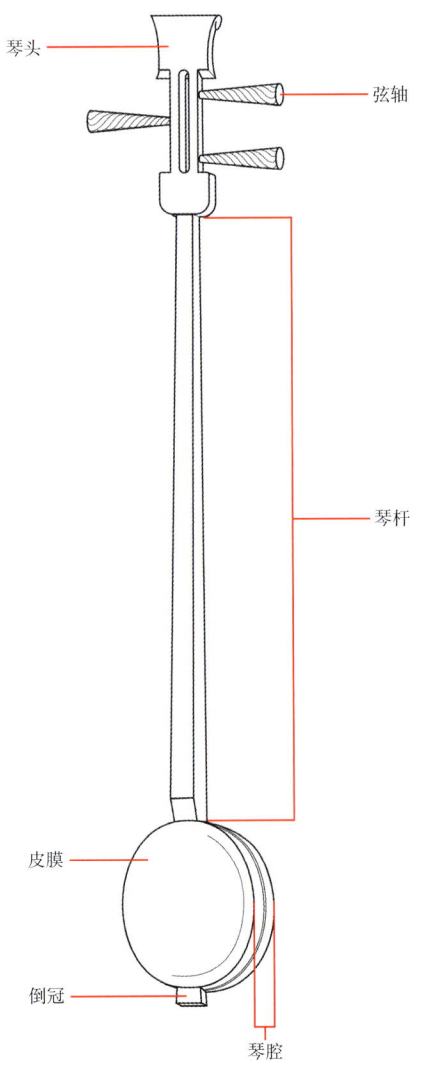

图二　拉祜族小三弦结构名称图

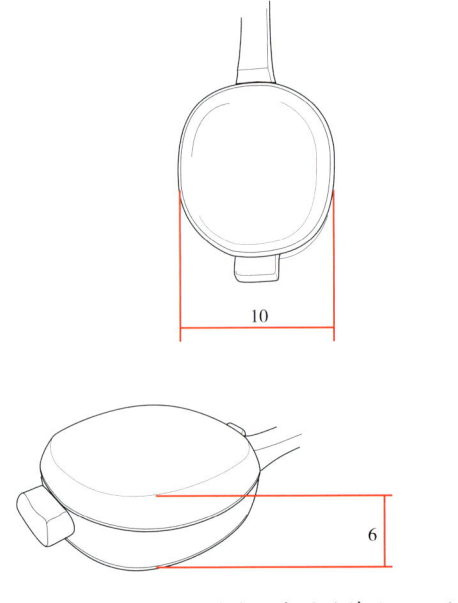

图四　拉祜族小三弦琴鼓尺寸图（单位：cm）

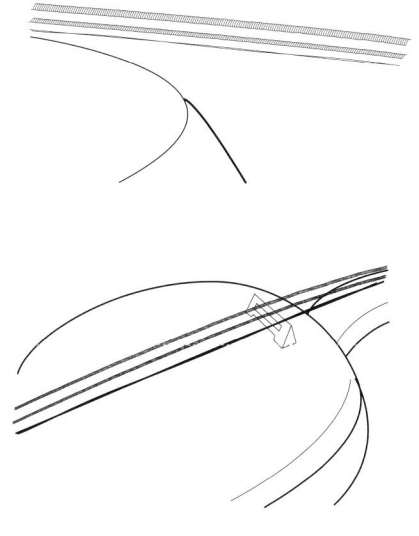

图五　拉祜族小三弦琴弦示意图

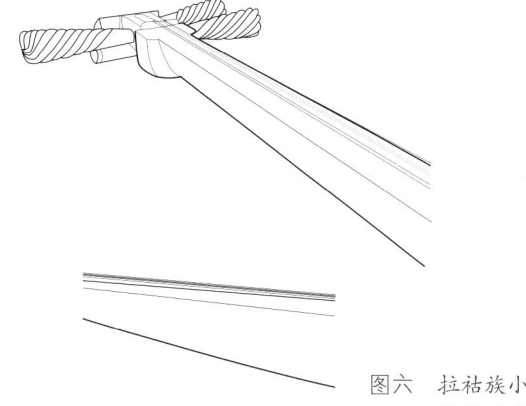

图六　拉祜族小三弦琴杆结构示意图

图七　拉祜族小三弦弹奏示意图

拉祜族铓锣

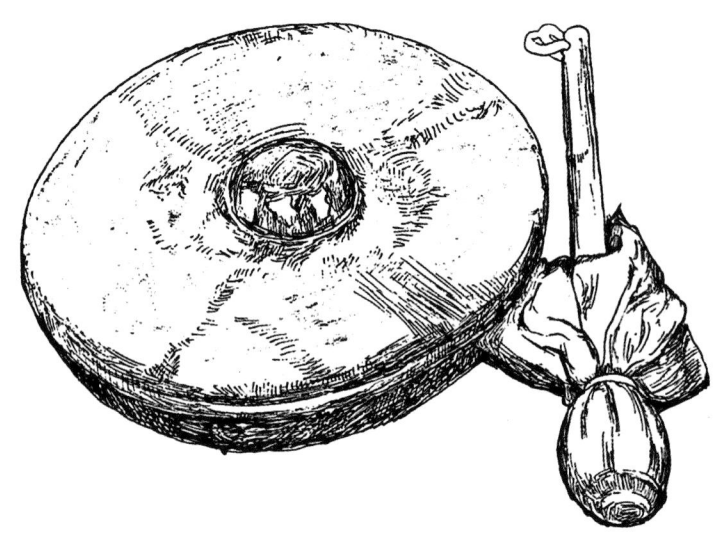

图一　拉祜族铓锣主图

　　铓锣为云南省澜沧糯福区一带拉祜族的民间传统敲击体鸣乐器，是拉祜族常见的乐器之一。铓锣和镲是拉祜族每家每户都必备的，并且每个村寨的铓锣和镲都必须是成双成对的。

　　铓锣主要分为铓身和铓槌两部分。铓锣通体为青铜制成，呈圆盘形状，中间隆起的半球乳状部分为铓乳脐，铓面一般都不平整，呈微微的曲面。铓槌由槌棒和槌头构成，槌棒为一木制短棒，棒的一端接一圆形木块是为槌头，槌头外缠红布条，并用红绳系紧。铓锣大小规格不一，有大、中、小三种。一般而言，大铓锣面径40厘米左右，中铓锣30厘米左右，小铓锣20厘米左右。最小的铓锣，面径仅9厘米左右，音高可达a2；而最大的铓锣，面径达到了72厘米，音低可到F或G。

　　拉祜族摆舞（拉祜族民间一种娱乐性的集体舞蹈）离不开长鼓、铓锣、镲等打击乐器的伴奏。铓锣在为摆舞伴奏时会发出高低不同的各种合拍的声音。人们在演奏时，往往是左手提铓绳，右手执槌敲击铓面中心乳脐最高处发出不同的音色。大铓音色浑厚含蓄，中铓音色柔和明亮，小铓音色清脆响亮。在节日庆祝时，铓锣声明亮清脆，悠扬远播，充分展示了拉祜人无比欢乐的节庆场面。

　　铓锣是拉祜族地区进行跳歌活动时的必备乐器之一，深受拉祜族民众喜爱。铓锣打击出来的曲调不仅具有浓郁的民族特色和生活情趣，还散发出拉祜族人民淳朴、勤劳的民族气质。

图片来源
图一、图四、图五　熊文　制图
图二、图三、图六　梁显龙　制图
图七　马文斌　制图

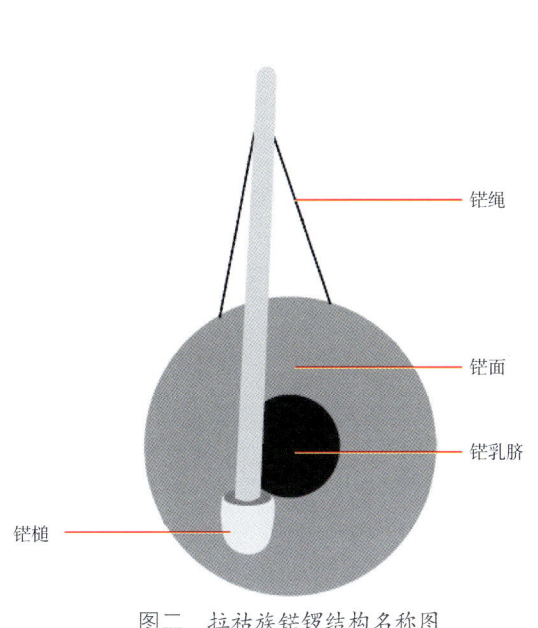
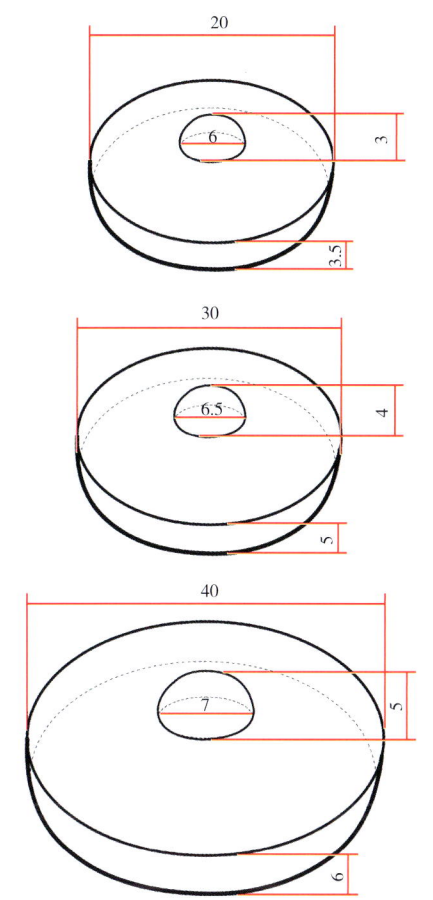

图二　拉祜族铓锣结构名称图

图三　拉祜族大、中、小铓锣尺寸图（单位：cm）

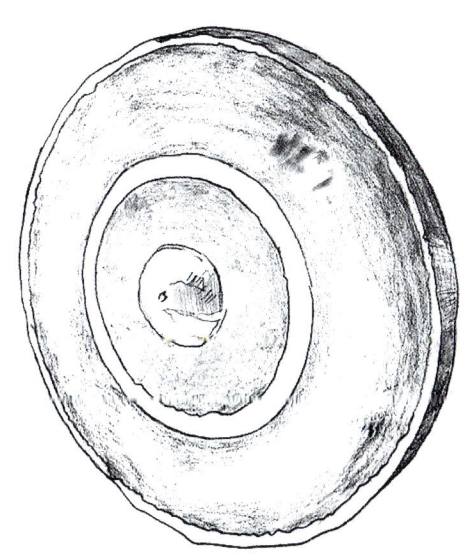
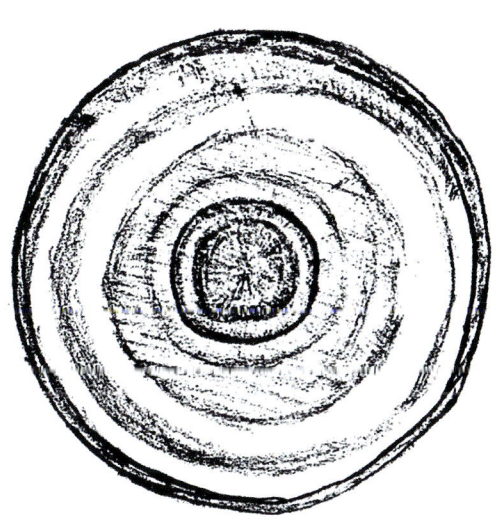

图四　拉祜族铓锣正面示意图　　　图五　拉祜族铓锣背面示意图

图六 拉祜族铓锣锣面图案示意图

图七 拉祜族铓锣敲击情境示意图

第五章 拉祜族传统生产工具

拉祜族长刀

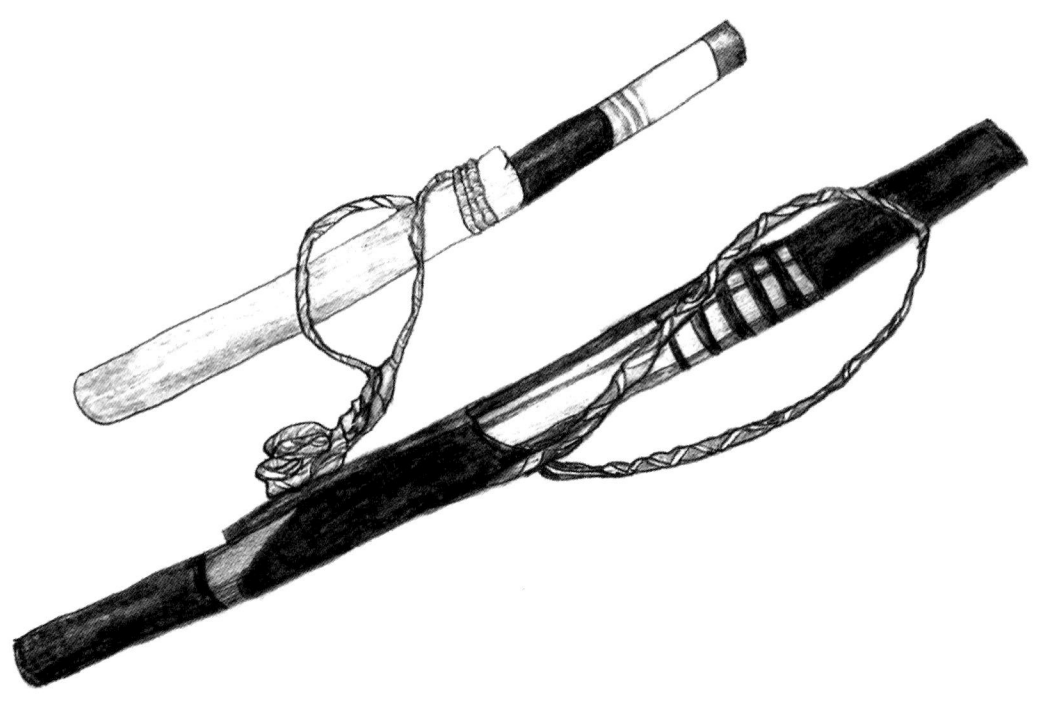

图一 拉祜族长刀主图

云南一些少数民族世世代代居住在山林地带，对于擅长近身格斗的他们来说，招式独特的刀术广泛流传。而长刀（背刀）既是男子战斗、生产的工具，同时也是歌舞时以示剽悍的道具，其历史可追溯到南诏时期（即汉族唐代时期）。

拉祜族刀具种类繁多，有长刀、砍刀、腰刀、藏刀（专为藏区生产）、匕首、宝剑等近百种。制作工艺也很独特，其中最为精巧和典型的是长刀。花钢长刀是滇缅边境各族男子非常青睐的一种，它用红、白铁皮和青钢混合打制而成，刀体美观、锋利，既是生产工具和防身武器，也是显示英武的装饰品。花钢长刀的具体制作方法是：红铁皮一层、白铁皮一层，叠起，烧化铁皮的表面使之粘成一块铁条，刀口背上加青钢，打成刀型后铲白、磨光滑。花钢长刀因做好后刀面上呈现出红、白、青三种颜色而得名。

汉地捕鱼多用网或叉，而长刀则是拉祜族人捕鱼的独特用具。入秋以后，捕鱼人手持长刀，拿着电筒或举着干芦苇扎成的火把，沿溪流缓慢行进。当水中鱼儿受惊跃出水面，捕鱼人眼疾手快，一刀下去，大有收获。

图片来源
图一　汪萌　制图
图二至图五、图八　梁显龙　摄影、制图
图六、图七　马文斌　制图

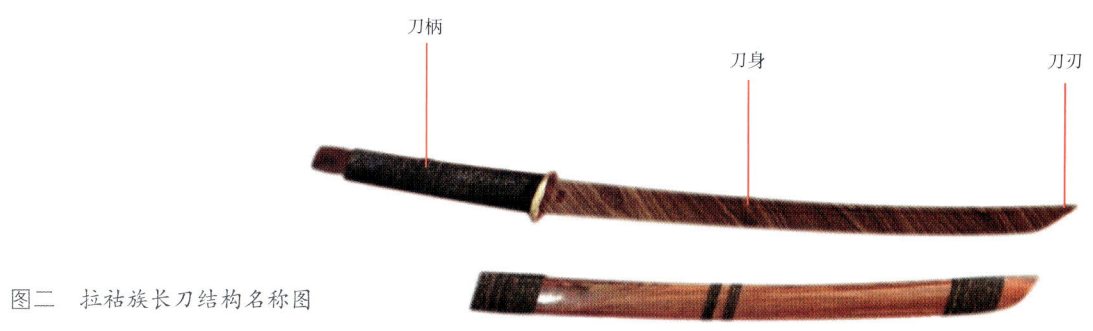

图二　拉祜族长刀结构名称图

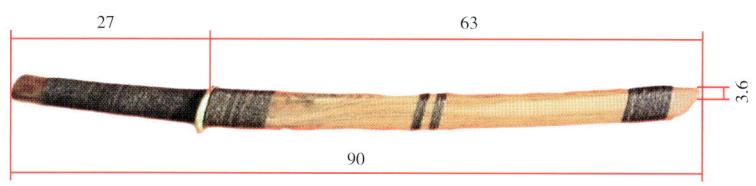

图三　拉祜族长刀尺寸图
（单位：cm）

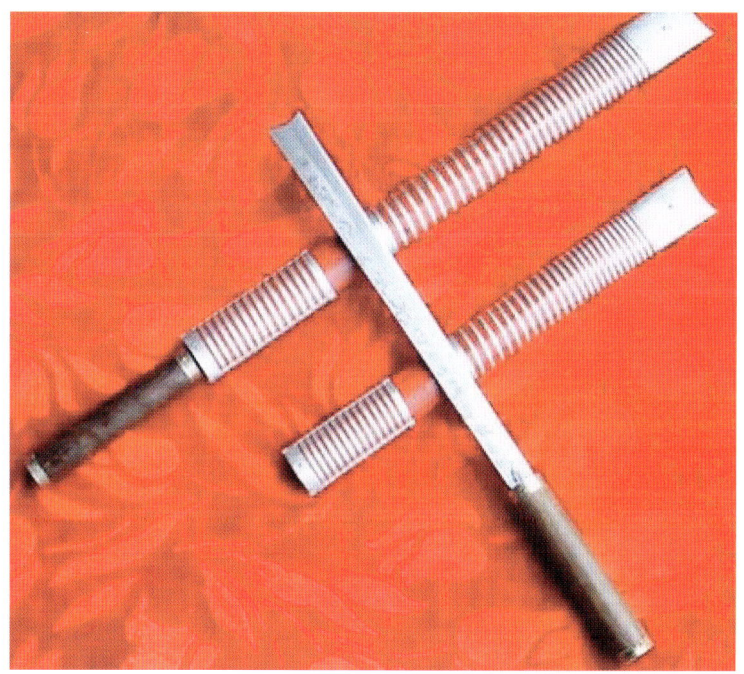

图四　拉祜族长刀延展图

图五　拉祜族长刀刀身吉祥物图案示意图

图六 拉祜族长刀打制示意图

图七 拉祜族长刀打制成型后浸水示意图

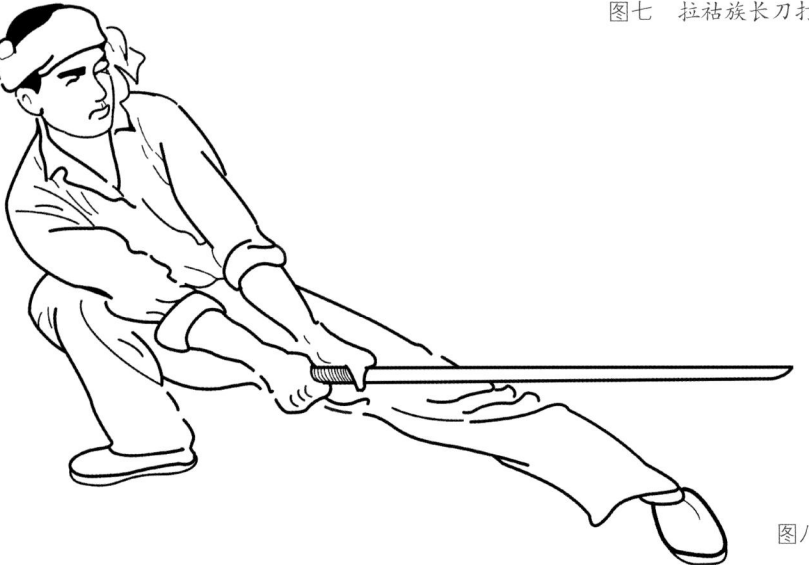

图八 拉祜族长刀使用情境示意图

拉祜族犁

图一 拉祜族犁主图

犁是拉祜族人用来耕种的农具。它用牛牵引，主要用于挖土、翻土、成垄。拉祜族犁由犁架、犁头和犁辕三部分组成。

（1）犁架

犁架由床、梢、辕、箭、衡五大部分构成。犁床又称犁底，是平贴地面的长方形木条，作为犁铧的导向装置，前与犁铧銎同向相接，后与犁梢成钝角相接，推动犁插入土中破土、翻土。

（2）犁头

犁头包括犁铧和犁壁。犁铧一般长32厘米、宽32.5厘米、重7.5公斤，上面尖起、下面板平，呈舌刃梯形，两侧铁叶短，犁锋角度大，起破土作用，中部有微高的凸脊，后边有装木犁头的等腰三角形銎。还有一种较大的巨型大铧，古称"铃鏟""睿铧"，用作"开田间沟渠及作陆堑"，平均长38.3厘米、后宽36.3厘米，一般重9公斤，最重达15公斤。

犁壁又称犁耳、犁镜、翻土板等，安装在犁铧的上方，与犁铧后部共同组成一个不连续曲面。犁壁可分为两大类：一类为菱形、瓦形、方形缺角犁壁，平均长45.8厘米、宽23.1厘米；一类为马鞍形犁壁，平均长18.3厘米、宽20.8厘米。菱形、瓦形、方形缺角犁壁行进时只有一侧翻土，马鞍形犁壁两侧都能翻土。由于犁壁旁向的弯曲扭度小，可将土垡向上往前推挤，到一定程度折断，向右前方翻转倒下，形成不连续的垡条。犁壁在低速条件下还可碎土成垄，其耕深受耕宽的限制，一般耕深大于耕宽。

（3）犁辕

犁辕前接犁衡，后接犁梢，是连接犁和耕牛的最主要部分。犁辕由一弯曲的木头做成，弯曲的角度大概五六十度，这样有利于强化牛的牵引力。

以拉祜族的犁为代表的一系列农具，充分证明了拉祜人在机械农具方面发明创造的古代集体智慧。

图片来源
图一至图五　梁显龙　摄影、制图
图六　马文斌　制图

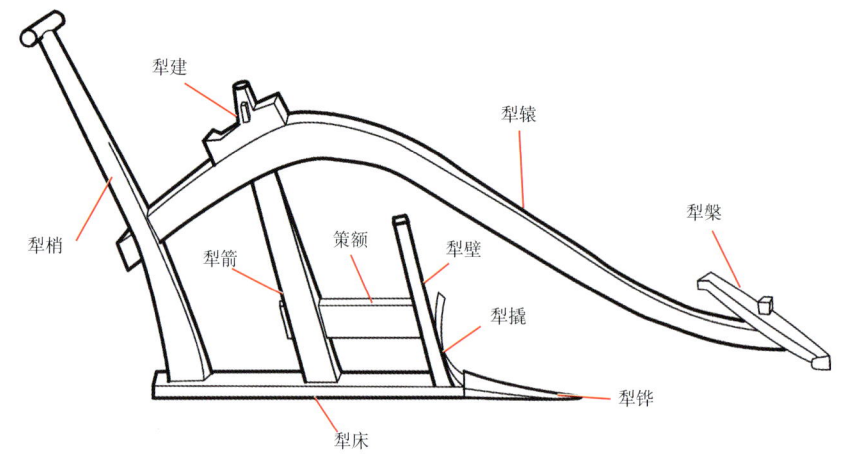

图二　拉祜族犁结构名称图

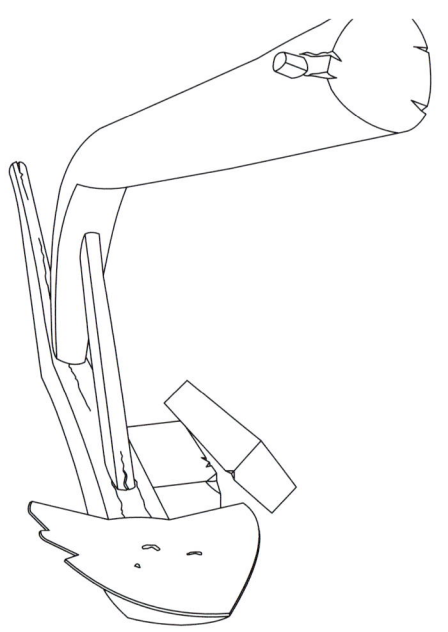

图三　拉祜族犁正面示意图

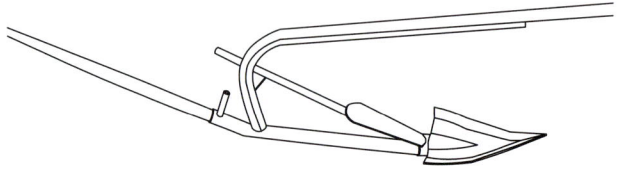

图四　拉祜族犁侧面示意图

图五　拉祜族犁撬示意图

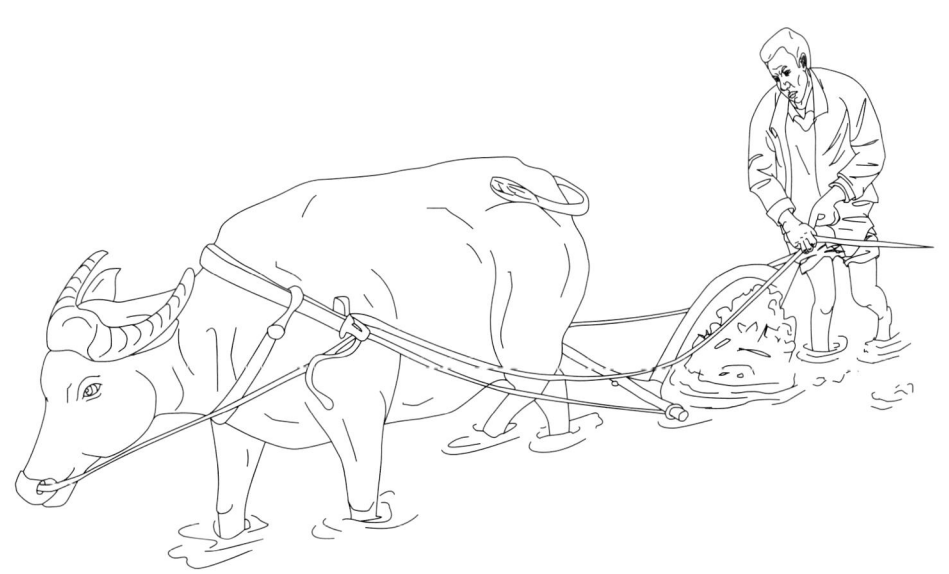

图六　拉祜族犁使用情境示意图

拉祜族刈刀

图一 拉祜族刈刀主图

拉祜语称刈刀为"阿托",称刀箍为"阿托拍"。刈刀既是生产工具、生活用具和狩猎防身的武器,也是馈赠好友的礼品,是拉祜人最喜爱的刀具。

拉祜族刈刀具有砍、铲、切、剁、削等多种功能和用途。拉祜男子常用刈刀砍树、砍木头;拉祜妇女在家煮饭,也常用刈刀砍柴、剁猪草。

刈刀主要由刀身、刀把和刀箍三部分组成。刀身,通常用上等钢材打制而成;刀把,往往用优质的木材(刀把树)制成圆柱形;刀箍的口箍和尾箍是用铁打制成的圆环,中箍则是用藤篾编制而成。

拉祜族刈刀由于用途广泛,配上篾编的刀笼又便于随身携带,因此深受拉祜人的喜爱。

图片来源
图一至图三 梁显龙 摄影、制图
图四 黄勋 制图
图五 汪萌 制图
图六 马文斌 制图

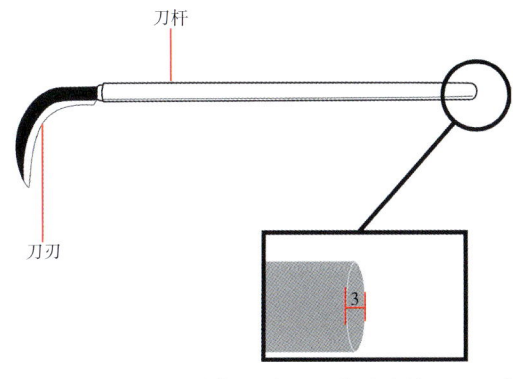

图二 拉祜族刈刀结构名称、尺寸图（单位：cm）

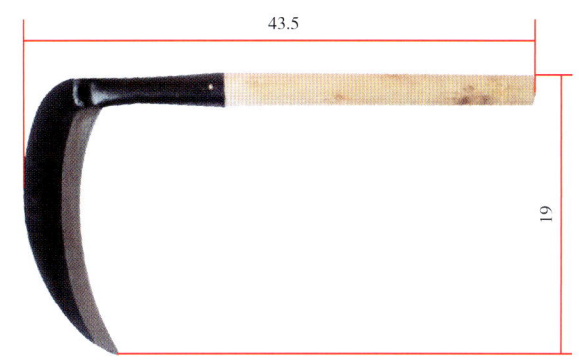

图三 拉祜族刈刀尺寸图（单位：cm）

图四 拉祜族刈刀操作示意图

图五 拉祜族刈刀延展图

图六 拉祜族刈刀使用情境示意图

拉祜族斧子

图一 拉祜族斧子主图

斧子是拉祜族人用于砍树、盖房、劈柴、凿槽等必备的生产工具，分为两个部分：斧头、斧柄。斧头一般铁制而成，形状呈扁扇形或长方形，刀刃为弧形或直线形。斧柄一般木制而成，制作斧柄时采用平直、质地坚硬、没有疤结的木材，斧柄形状为圆柱体或长方体。拉祜族斧子的大小规格相差不大，一般宽 6 厘米、厚 2 厘米、长 10 厘米、重 16 两，使用寿命可达 5 到 6 年。

斧子的制作较为简单。先把斧柄一端削成合适形状，并在上面挖一个凹槽，然后将斧柄塞入斧头中。在凹槽中加上一个起加固作用的合适的楔子，敲打使其钉入凹槽。然后将斧头放在水中浸泡一夜，使斧头和斧柄之间结合得更加牢固。第二天将斧头从水中捞起晾干，一把崭新的斧头就制成了。

拉祜族斧子的样式不多，主要分为"L"形斧子和长"十"字形斧子，这两类斧子是每户人家必备的生产工具。斧子在实际生产中的广泛使用，节约了大量劳动力，有效推动了拉祜族农副业的发展。

图片来源
图一至图四、图六　梁显龙　摄影、制图
图五　马文斌　摄影

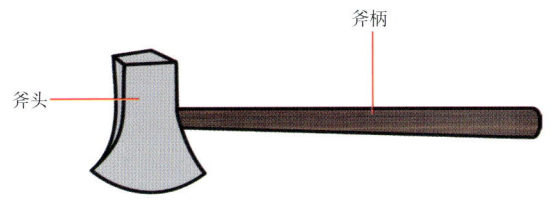

图二 拉祜族斧子结构名称图

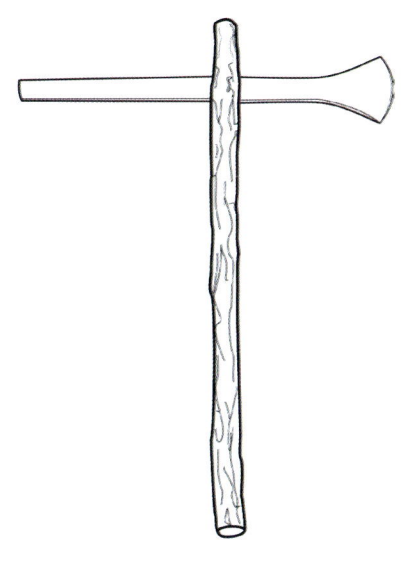

图四 拉祜族长"十"字形斧子

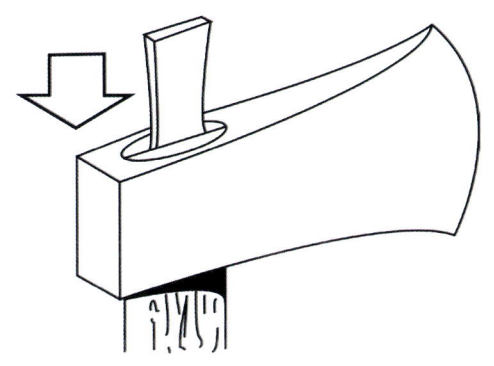

图三 拉祜族斧子斧头与斧柄交界处结构示意图

图五 拉祜族斧子实物图

图六 拉祜族斧子操作示意图

拉祜族铁锄

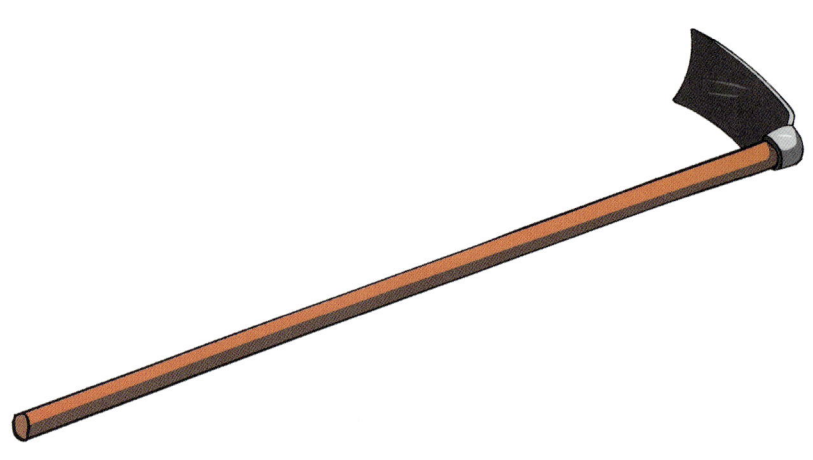

图一　拉祜族铁锄主图

拉祜族铁锄是由当地最原始的木锄直接过渡发展而来的。据考古发现，中国西南部一般没有与汉人一样的石锄，拉祜族人都是就地取材，直接用一端带有短杈的竹木棍作为当时的农具。后来，将锄头和锄柄分别制作，然后再固定在一起，发展为复合工具。当时的木锄既可作为挖铲农具，也可作为防身的武器。

拉祜族铁锄比木锄更加耐用并且结实，所以铁锄慢慢取代了原始的木锄。铁锄一般分为锄刃和锄柄两部分。一部分是铁制的锄刃，是用来铲地除草的。它的外形不一，有狭长形、长方形、梯形等。锄刃的顶端有一个厚重的连体箍，用于安装使锄刃牢固的木柄，虽然它增加了锄刃的重量，但却降低了锄刃的重心，有效增强了锄刃的稳定性。另一部分是木制的锄柄，就是一根圆木棍，十分坚硬。锄柄是安装在锄刃顶部稍微凸起的圆形铁卷管上的，用木片加以固定。锄柄的长短各异，长度范围一般为 160～180 厘米，但长的使用起来会比较方便省力，农人劳作时不必腰弯得太低。

拉祜族铁锄种类比较少，除了上述大型的铁锄外，还有一种手锄。手锄相对而言比较小，是中耕除草或是间苗的小型手工农具，一般是拉祜族妇女蹲着干活时用的。手锄的锄柄长度约为 40 厘米，锄刃近似半月形。拉祜人一直选用这种轻便灵活的手锄在田间劳作。

铁锄对于拉祜人来说非常重要，它是仅次于犁的必备农具。

图片来源
图一至图六　梁显龙　摄影、制图

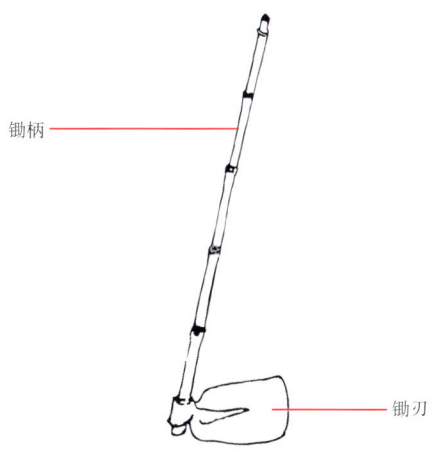

图二 拉祜族铁锄结构名称图

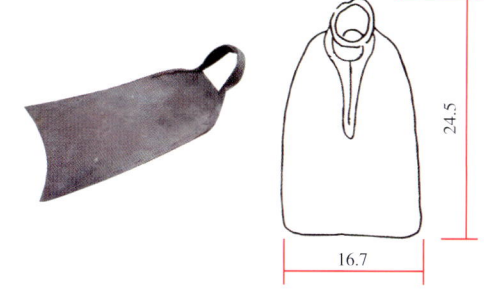

图三 拉祜族铁锄锄刃实物及尺寸图（单位：cm）

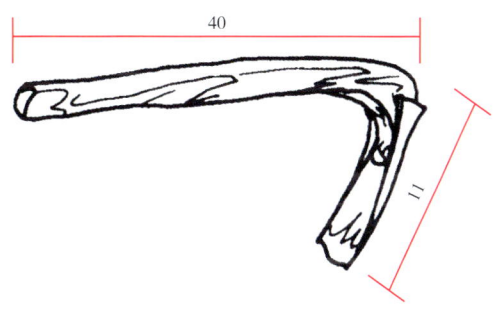

图四 拉祜族手锄尺寸图（单位：cm）

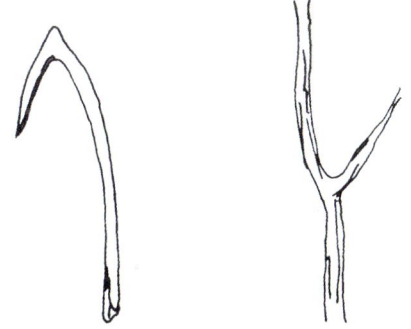

图五 拉祜族原始木锄示意图

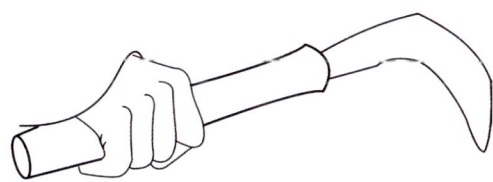

图六 拉祜族铁锄操作示意图

拉祜族狩猎的陷阱装置

图一　拉祜族狩猎的陷阱装置主图

拉祜族猎人的陷阱装置种类丰富，根据猎物的大小、捕猎的地点，设计了各种各样的陷阱。按猎物的大小来分，捕获中小型猎物的陷阱有"简娃""扣子""粘粘胶""地弩"等；捕获大型动物的陷阱有"白周""生咔娃""刷竿""豹夹子""地枪"等。但不论陷阱形制如何，都遵从以下几个规律：一是设在野兽经常出没的地点；二是隐藏陷阱；三是放出诱饵。狩猎的陷阱装置不仅体现了拉祜族是一个善猎的民族，也彰显了拉祜人的劳动智慧。

"白周""生咔娃"是拉祜西人常用来捕捉大型猎物的陷阱。"白周"为一种竹刀，即把竹子劈成长条形，一头削尖。把"白周"设置在狗熊、豹子等动物经常出没的地方，插上一两百把，用竹叶、树叶、树枝等隐藏好陷阱，然后，在周围设置自动猎具，野兽出现一碰到机关，设置在上方的压板就会掉下来，受惊的野兽便会四处逃窜，掉进布满"白周"的陷阱里被刺死。"生咔娃"类似"白周"，但不用设自动猎具，而是把竹刀插在地里，隐藏好后在上面放上食物作诱饵，野兽一旦来吃，便会掉进"生咔娃"中被刺死。

豹夹子，顾名思义就是能夹住猎物的一种工具，它的原理类似夹鼠板装置。早期拉祜人的豹夹子是木制的，上下两块大木头，中间设触发装置支撑，放入诱饵。当猎物去吃诱饵时，会触动触发装置，上面的大木头便会掉下来，将猎物砸伤或砸死。如今，豹夹子变为铁制的，如张开的钳子，上面布满锯齿，中间放诱饵，用一根长绳系好，一头系在树干上固定。猎物一旦掉进陷阱，便会被夹住脚或头，无逃跑机会，是捕虎、豹、野猪、熊的极好猎具。

粘粘胶，是一种捕捉小型动物的猎具，原理类似粘鼠板。粘粘胶的制作原料为寄生藤的果实，或是鸡蛋白花树根的皮。制作方法是把果实和根茎洗净放入碓臼里捣烂，放入盛有水的盆中用木棍不断搅拌，杂质上浮，胶体则因向心力粘在木棍上，取出晾干即可。要用时，取出少许粘在小木棍上绑在树枝一端，小鸟或松鼠碰到便会被粘住。这种胶体黏性极强，粘住的动物一般无法逃脱。

地枪，就是把铜炮枪隐藏在野兽经常出没的地方，枪体充上火药，打开扳机，装上铜炮，细线一头绑在枪机上，一头系着诱饵，诱饵置于明显处，易让猎物发现。当野兽在吞食或撕扯食物时，细线便会拉动枪机，发射火药，把猎物击中。现在，国家大力保护野生动物，已经禁止使用铜炮枪和火药枪这几种猎具。

图片来源
图一至图五　李天琦　制图

图二　拉祜族陷阱装置"白周"示意图

图三　拉祜族陷阱装置"生咔娃"示意图

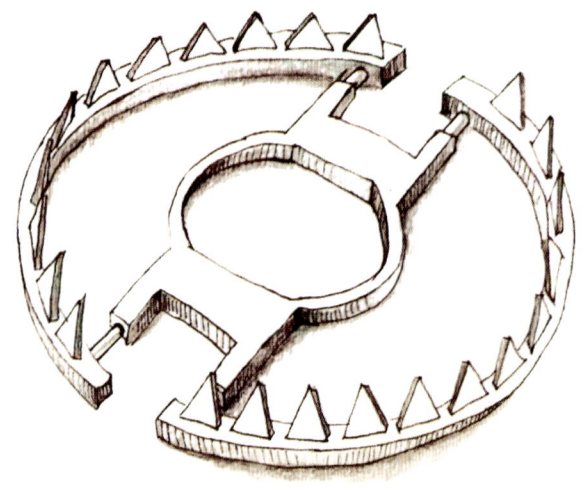

图四 拉祜族捕猎工具"豹夹子"示意图

图五 拉祜族猎捕工具"粘粘胶"示意图

拉祜族弹弓

图一　拉祜族弹弓主图

弹弓，是拉祜族喜爱的狩猎工具，也是一种常用的手工艺品。弹弓的构造和弓箭极为相似，都是由弓身和弦组成，都是利用弹力发射。它们的区别是发射物不同，弹弓发射的是弹丸，它的弦的中部多了一个用来装弹丸的弹巢；弓箭发射的是箭，它的弦比较平滑，以方便搭箭。

拉祜族弹弓十分轻便，利于携带，制作也比较容易。弹弓的制作一般分为以下三个步骤：

第一步：制作弓身。中等的弹弓一般长约90厘米，可以选择两段各有三个竹节的竹子，一定要结实、韧性好；将竹子剖成3厘米宽的竹篾，以中间节为中心向两段渐次削去，两端宽约1厘米，呈尖锐菱形；在距端点1厘米处刻出凸形头，以供拴弦用。

第二步：制作弹巢和弦。选用比弓身长30厘米的竹条，制成宽0.6厘米的竹片，反复用刀刮削，使其表面光滑、厚薄均匀；然后用小刀从中间均剖为二，将长约1.8厘米的细竹棍插入其中，使弦中心呈横菱形；再将浸泡后发软的竹篾"人"字纹编织在菱形处。这样弓弦和弹巢就制成了，最后将弓身和弦进行合并就行了。

第三步：制作弹丸。拉祜族老人和小孩都是制作弹丸的能手，老人闲着没事的时候制作弹丸，小孩打鸟的时候也制作弹丸。山上及田中的泥巴，哪里的最适合搓弹丸，土生土长的他们是一清二楚的。他们搓出的弹丸几乎每一粒都大小相等、圆滑光亮。弹丸搓好后，先让太阳晒上一阵，再送到火塘中烧上一两个小时，使其成为坚硬的陶弹丸，这样就可以储存备用了。

拉祜人使用弹弓时，往往一手握住弓身，一手用食指和拇指夹住弹丸填入弹巢，将弓拉成满月，用眼睛瞄准目标，就可以发射了。弹弓是打鸟猎兽的好工具，生活在山区的拉祜人，时常会遇到雀鸟小兽，他们随身携带的弹弓便发挥了作用，归家后用收获的成果做成菜肴，十分惬意。

图片来源

图一、图二　汪萌　制图

图三、图四　陈春园　摄影、制图

图五至图七　马文斌　制图

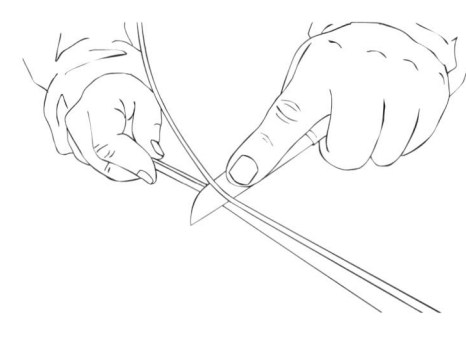

图五　拉祜族弹弓弦的制作示意图

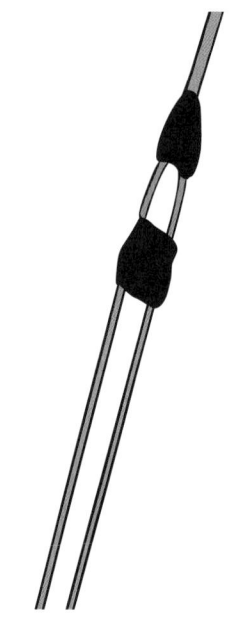

图二　拉祜族弹弓竹编弹巢示意图　　图三　拉祜族弹弓塑胶弹巢示意图

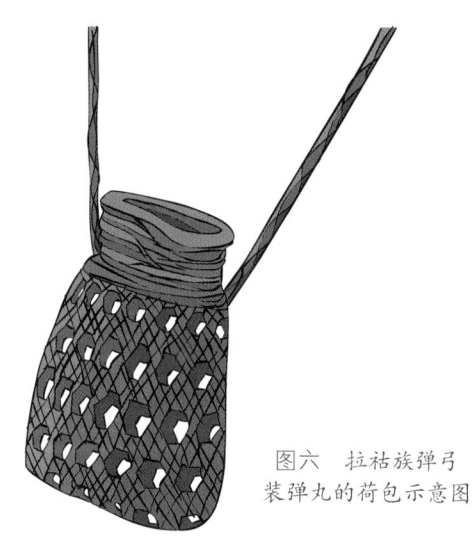

图六　拉祜族弹弓装弹丸的荷包示意图

图四　拉祜族弹弓泥弹丸实物图

图七　拉祜族弹弓操作示意图

拉祜族鱼篓

图一 拉祜族鱼篓主图

拉祜族虽然生活在山区丛林茂密之地，但他们居住的地方还是有很多河流穿过，诸如澜沧江、南定河、威远江、把边江、曼老江、湄公河等。拉祜族人不仅喜欢传统遗留下来的采集生活，也特别擅长渔猎活动，他们认为擅长打猎彰显了自己民族的英武，而擅长捕鱼表现了拉祜人的智慧。他们用最好的竹子，劈成粗细、厚薄均匀的竹篾，编成精致耐用的捕鱼工具。

拉祜族的鱼篓，虽形状很不一致，但大体上和临近傣族的鱼篓相近，多为竹制。一般都是男子编织好鱼篓，女子使用。按照传统习俗，捕鱼是妇女们的活儿，男人一般不捕鱼，至少不专门捕鱼。

鱼篓的制作并无多大讲究，所以外形上的差异很大，有的矮胖，有的细长，有的呈圆柱管状或是圆锥形。拉祜族鱼篓大多为圆锥形。在制作技术上，有的鱼篓是按经纬错落交织，有的鱼篓是纵向竹篾编织；有的密密实实，有的稀疏透指；有的精致光滑，有的比较粗糙。精致细密的鱼篓一般用于捕捉浅滩小河里的鱼，稀疏形大的鱼篓一般用于捕捉湖泊大河里的鱼。

拉祜族精致细密的圆锥形鱼篓，其特点是经纬编织、紧实细密，即使小如蚯蚓的鱼入内也难以逃走。此类鱼篓规格大小不一，大的长约1米，圆锥口的直径约60厘米；小的长度仅40～50厘米，圆锥口约20厘米。鱼篓的边缘不能太高也不能太低，太高鱼不容易入内，太低又关不住鱼。拉祜族捕鱼的时候，将锥形鱼篓放置在山涧入洱海处，或是田地的地沟渠中，圆锥大口朝水流的方向，鱼进入锥形口以后，过倒刺入鱼篓中，即不得出。将鱼篓放置好，然后再找来水草树枝之类，将其固定在水面上，营造出鱼喜欢的人工环境，过上几小时，轻轻将鱼篓提起，活蹦乱跳的鱼就这样捕捉到了。

拉祜族妇女喜欢捕鱼，鱼是拉祜人肉食的主要来源之一。但如果不是自己放置的鱼篓捕的鱼则绝不染指，否则会被认为是偷鱼，而遭到拉祜族社会舆论的唾弃。

图片来源
图一至图六　李天琦　摄影、制图

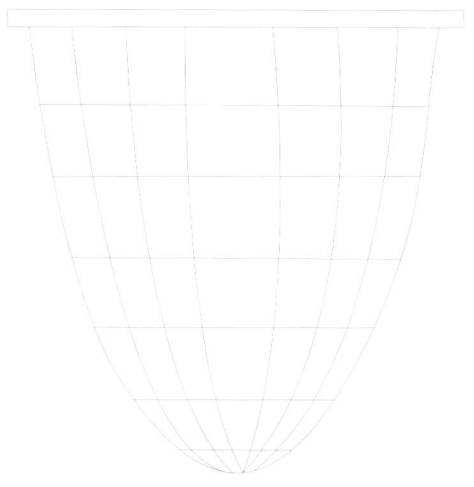

图二　拉祜族鱼篓之侧视图

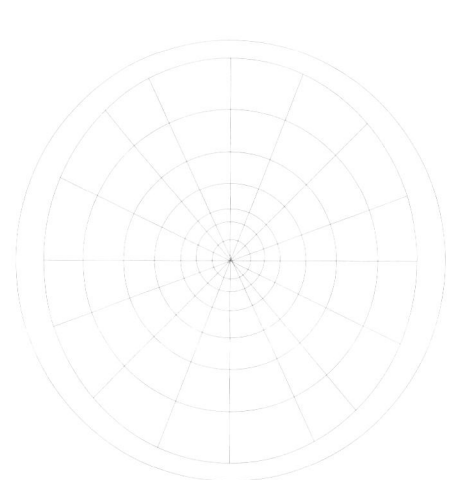

图三　拉祜族鱼篓之顶视图

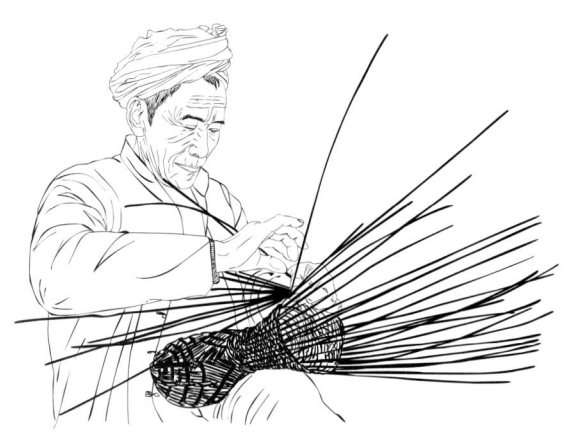

图四　拉祜族鱼篓编织示意图

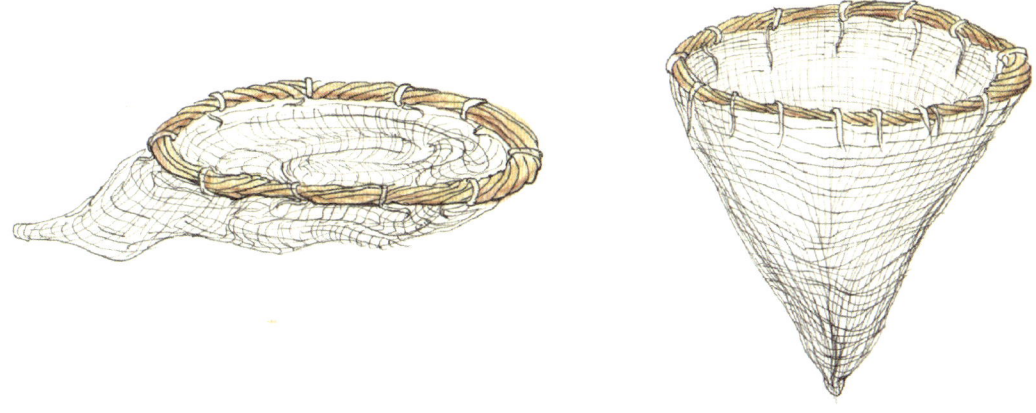

图五　拉祜族鱼篓延展图

图六　拉祜族鱼篓使用情境示意图

拉祜族碓臼

图一　拉祜族碓臼主图

碓臼是拉祜族粮食加工的重要工具，是拉祜人生产生活的好帮手。在拉祜家庭里我们可以发现有很多东西会与碓臼联系上，例如稻米需要碓臼脱谷，称为舂米；把谷物碾成粉末要用碓臼；把块状物体制成粉末状，需用碓臼舂一舂。有些拉祜美食，也是用碓臼舂出来的，如粑粑，即用碓臼打熟糯米，称打粑粑；做生、熟舂的菜色，用碓臼舂一舂，捣烂入味。正是因为碓臼的用途十分广泛，因此，人们便发明和制作了不同样式、大小的碓臼，以供使用。

碓臼按操作方式划分有手碓、脚碓、水碓。一般来说，大规模的粮食加工会用水碓，而家庭自行劳作一般用手碓和脚碓。拉祜族的碓臼都是自己制作，大型水碓则是寨子里的人共同建造。因此，水碓是公共碓臼，并非私人拥有。

手碓，相对于脚碓和水碓形制较小，工艺简单，但也划分了不同种类。有较大的手碓，臼大、杵长，一般用来舂米、碾米等。这种手碓的臼分两种材质，一是石臼，二是木臼。石臼取材于较大的石头，长、宽、高各约50厘米，依形而制，在石块中间打磨出一个内空较大的圆洞，底部不打通如碗状。木臼，取材于树龄较长的大树树干。把大树砍倒，取树干，砍成高约60厘米的木墩，挖去木墩中间的部分，留底，如单口圆筒。杵，是捣碎东西的木棍。材质为普通树干，去皮，打磨光滑，中间稍细，两头稍粗。大碓臼的杵较长，160厘米左右，和人的身高相差无几，粗9厘米左右。使用时，把要舂的粮食放入臼中，双手紧握杵的中部，上下捣动，其间不时翻动臼中粮食，使其舂得更均匀。较小的碓臼，臼一般为木质，高度相对比大碓臼矮。杵的长度较短，约五六十厘米。中间为一段较细的手柄，长约15厘米，直径约5厘米，方便单手握紧。杵两头为较粗的木棍。小手碓一般用来打粑粑和生舂食物，使用时，一手拿杵舂，一手扶臼，或翻动臼中食物。

脚碓相对较大，制作工艺较复杂，用于丰收后的粮食加工，如舂米、碾米、舂其他谷物等。脚碓固定于地面，一般设在后院，榫卯结构，杠杆原理操作，取大型树木为材。臼为石质，嵌于地面。杵身为长两米多的粗树干，一头插入一根长约50厘米、粗约6厘米的木棍，对准臼心。以臼心为杵身起点，在中间偏下的位置横插一圆形木墩，木墩两头削成较细的圆柱，以架在与地面有一定距离的木架上作为杠杆的支撑点。杵的末端，在左右两边的地面上分别垫上两块石板，高度与杵面齐平。使用时，一脚踩在石板上作为重心，一脚踩在杵的末端，来回踩动，使杵上下翘起，杵头的木棍就不断在臼中敲打，捣碎谷物。

水碓，形制最大，一般会在其上建一座小房子，以避风吹日晒。水碓的原理和脚碓一样，不同在于它的动力来源是水流。水碓设于田间地头，臼身设在地面，因此，杵架得相对高，利用水筧引水，使水流入杵尾的大水槽内。等水槽装满水，把杵尾压下去，则杵头翘起；继而水槽内的水便倾倒入地面的水沟里，杵尾弹上来，则杵头又落下。这样不断地装水倒水，杵头便不停地上下敲动，连续不断。

图片来源

图一至图五　李天琦　制图

图二　拉祜族小型手碓臼示意图

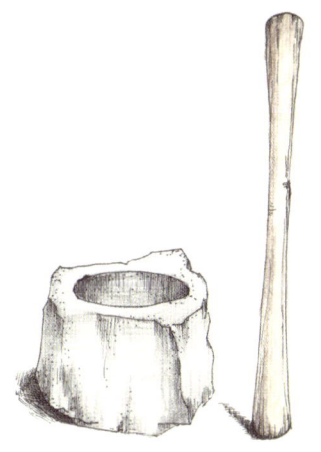

图三　拉祜族大型手碓臼示意图

图四 拉祜族脚碓示意图

图五 拉祜族水碓臼示意图

拉祜族纺织机

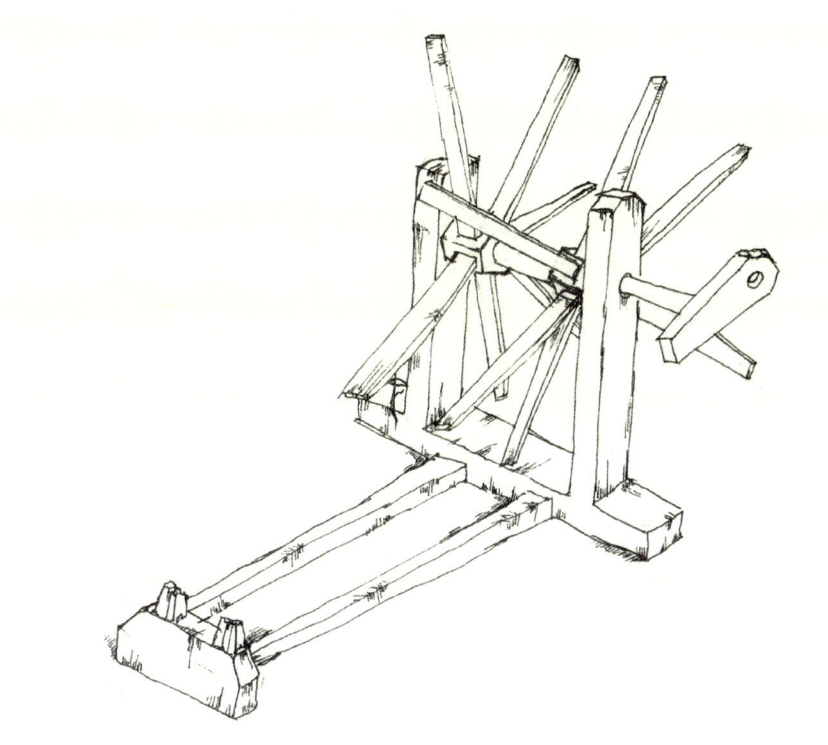

图一 拉祜族纺织机主图

拉祜族妇女皆能纺织制衣，一般是在农闲时织造。她们自织自穿、自给自足，不对外销售，没有形成规模性的纺织作坊。据记载，古代汉人就与拉祜族有纺织方面的交往，说明拉祜族的纺织历史久远。

拉祜族的纺织工具主要有两种，手摇纺织机和脚踏纺织机，皆为木制，构造与汉族的纺织机相差无几。插四根木桩在地上，搭成一个四方形架子。用一个形状如笓子的装置绑在木架上，笓子下装一个竹笆子，防止线团掉下。织布时先将棉线穿排在笓子齿上，线的一端绑在木架子上。一天下来能织3米多长的布，一个月能织约100米布。这么长的布可以做四至五个人的衣服。但大多数妇女还要料理家务，在田里劳作，因此，一个月只能织20多米布，也就够做一个人的衣服。

拉祜族的纺织分麻纺和棉纺两种。麻纺的材料全是自己种植的麻。麻纺是全手工织造，一般纺出一匹布需要20天时间。棉纺用脚踏式织布机，棉花都是在市场上购买的，拉祜人并不种植棉花。把棉花买来先纺成纱，一天只能纺几两纱，织一丈棉布要八两纱，这样算起来，织一匹布至少要十多天时间。

拉祜族纺棉布的方法为：第一步，把棉花手工搓成一根长棉条。第二步，用纺车把棉条纺成纱线，一手拿着棉条，一手摇纺车，

第五章 拉祜族传统生产工具

一根接一根，纱线的粗细和均匀度完全靠手感控制。或者，把棉条抽一小撮系在纺线坨上，一手拿棉条，一手在大腿上搓纺线坨，使其旋转，将棉条慢慢抽细成纱，走几步收一次纺出的纱，并再次搓动纺线坨，不断循环操作，不停更换纺线坨和棉条。第三步，等到农闲时，到一个开阔的场地把所有纺好的纱展开，用形状如梳子的一种工具在纱上不停地梳理，使纱线光滑柔顺。第四步，用简易织布机将纱织成布，按布幅的宽度将纱线穿过篦形梳框作为经线，踩踏织机，两个梳框一上一下，织布人双手在两线之间来回穿梭织纬线，织出来的一段用一根木棍在两线之间用力拉几下，让经纬线结合得更紧密，布匹织得就更结实。最后，用自制的染料漂煮上色，一匹成品布就制作完成了。

在新年时，拉祜族的女人们都忙着赶织布匹，为一家人制作新衣服，做出来的衣服结实、厚重、保暖。

图片来源
图一至图六　李天琦　摄影、制图

图二　拿纺锤的拉祜族妇女

图三　织布的拉祜族妇女1

图四　织布的拉祜族妇女2

图五 拉祜族脚踏纺织机实物图

图六 用脚踏纺织机织布的拉祜族妇女

第五章 拉祜族传统生产工具

拉祜族养蜂箱

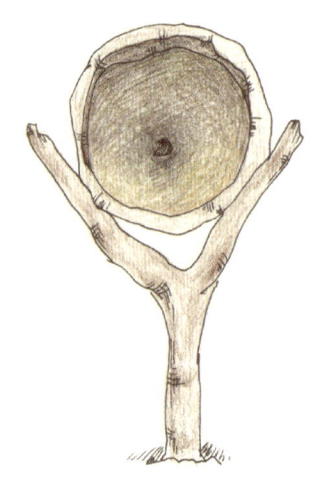 

图一 拉祜族养蜂箱主图

养蜂是拉祜族一项传统家庭生产副业，它的成本低、精力投入少，每年春秋两季还能收获甜美的蜂蜜，既可以自己食用，又可以作为礼物馈赠，还能到集市上出售，一举多得。

在拉祜族居住的澜沧江流域，植被丰富，气候宜人，且无污染。因此，蜜蜂采来的蜜清香甘甜，营养价值也非常丰富。拉祜人把蜂箱多放于后院或田地里，有的拿树杈把蜂箱架起，有的放在垒好的石块上，有的则用麻绳吊挂在屋檐下。一般家庭会养上五六箱蜜蜂，有的甚至养十来箱。

蜂箱的制作方法简单易操作。

（1）箱体取材于大型树木。把一棵树龄较大的树砍倒，树的直径一般在40厘米左右，劈成数段，每段长约六七十厘米，把树干上的枝杈全部砍掉，然后去除树皮，打磨平滑，把树干内的木头掏空，形成中空的圆筒状，筒壁的厚度约为两三厘米。掏出来的木头拉祜人会拿来作为柴火，绝不浪费。

（2）箱体做好后开始封箱。封箱的材料为泥巴，取田间泥土，去除石块杂质，混入少量的水和成泥。泥巴太稀无法成形，太干则不粘合，水分适中，泥巴易塑形且弹性最佳。之后用泥巴封死箱体两端的洞口，在其中一端留一小孔，以便蜂王进入。然后放置屋外晾干，在这期间可以等待蜂王发现并筑巢。

（3）支撑做好的蜂箱一般用树杈。砍下大小适宜的树杈，树杈间的距离要大于蜂箱的直径。削去小树枝并去除树皮，做成"Y"字形。把两个做好的架子插在地上，它们之间的距离要小于蜂箱的长度，然后把蜂箱放在上面即可。有的蜂箱是用自制的麻绳挂起，麻绳是用野麻叶抽丝晒干，然后搓成条状，粗细根据捆绑物体的大小自定，绑的物体越大越重，麻绳就要搓得越粗，有时为了坚固，会先搓再编。把麻绳做好后捆住蜂箱箱体，然后挂在房屋外墙的杆子上。

做好的蜂箱，拉祜人几乎不用管理，等蜜蜂自己进入箱内酿蜜。每年春、秋各收一次蜜，而且蜂箱可重复使用。

图片来源
图一至图五　李天琦　制图

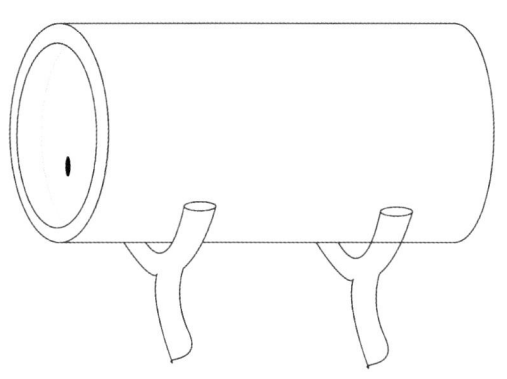

图二　拉祜族蜂箱结构示意图

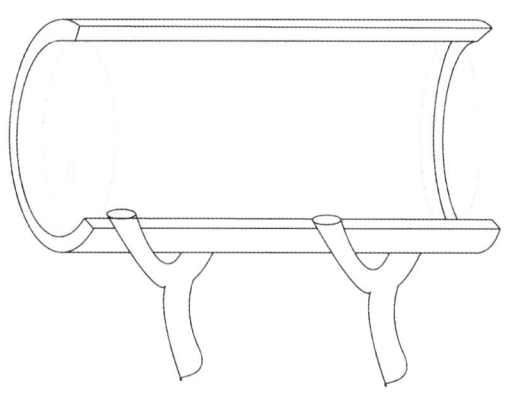

图三　拉祜族蜂箱剖面图

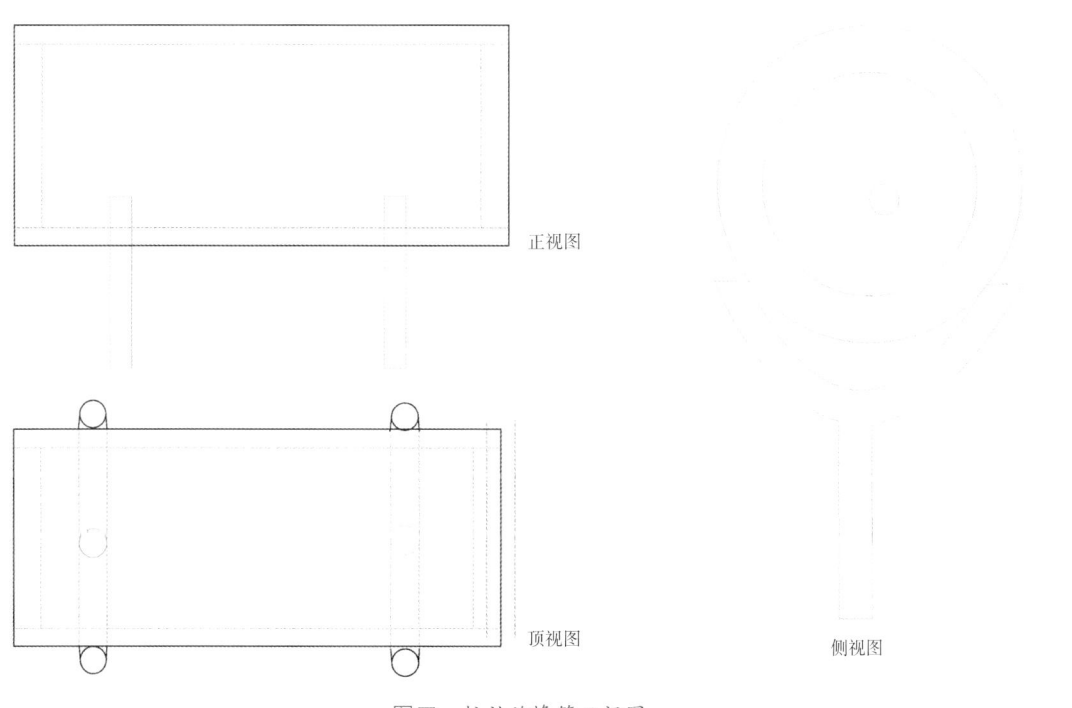

图四　拉祜族蜂箱三视图

第五章　拉祜族传统生产工具

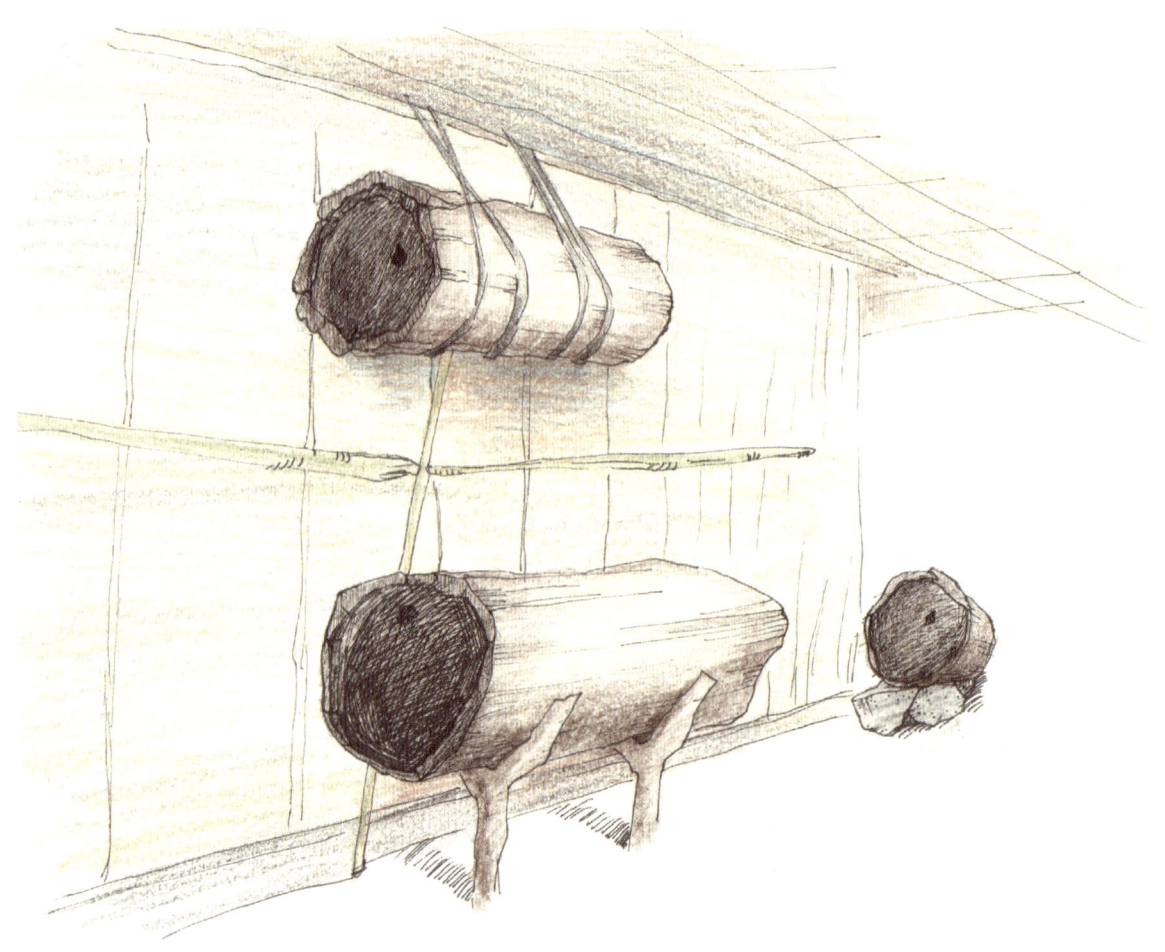

图五 拉祜族蜂箱使用情境示意图

第六章 拉祜族传统手工艺

拉祜族织品图案

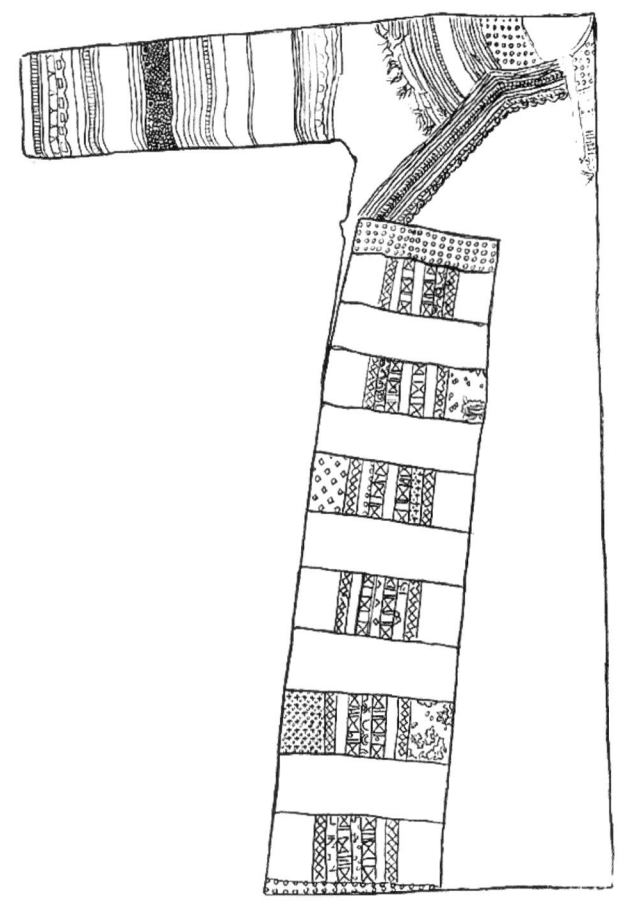

图一　拉祜族织品图案主图

　　拉祜族织品图案是指用在服装、背包、帽子及纺织类饰品上的图案。这种图案丰富多彩，主要来源于大自然，来自拉祜族人对自然的热爱和表达。拉祜族妇女把这种对自然爱的表达织成了图案，穿戴在身上。

　　拉祜族织品图案是拉祜族人一针一线纯手工缝制出来的，图案纹样主要有犬齿纹、彩虹纹、蝴蝶纹、葫芦花纹等，图案做工精美、装饰感强。

　　犬齿纹是拉祜族织品图案中最常见的图案之一，它的想法来源于狗。拉祜族人很尊重狗，和狗有着深厚的感情。在拉祜族的传说中，狗救过他们的祖先，能驱赶恶魔和邪灵；狗曾经从天神厄莎那里带来了粮食，每年的新米节也会让狗先品尝粮食，就是为了纪念狗给他们带来的贡献。拉祜族妇女绣出的犬齿纹，就像狗尖锐的牙齿一样。

　　彩虹纹是拉祜族织品图案中最具浪漫性的图案。据说彩虹纹是为了纪念一位女子为保卫自己的爱情和封建势力作斗争而创作出来的。还有一个神话是说一位织女织出了彩虹，人们看着很美，就依此织成了图案。彩虹纹是按照一定的空间比例织的，有长方形、菱形、交叉三角形和波浪形等。

蝴蝶纹表达了拉祜族人对美好生活的向往与期盼。蝴蝶纹是由几何形图案组合而成的，由于外形像蝴蝶，所以称为蝴蝶纹。

拉祜族视葫芦为吉祥神圣之物，所以拉祜人将葫芦花织绣在衣服上，相信这样能驱赶身上不好的东西，还能达到美化装饰的效果。

织品图案不仅是拉祜人对美好事物的描绘，也成为拉祜人思想情感的寄托。

图片来源
图一、图二　朱正旗　制图
图三至图六　马文斌　制图

图二　拉祜族背包图案展示图

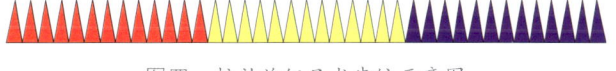

图四　拉祜族织品犬齿纹示意图

图三　拉祜族织品彩虹纹示意图

图五　拉祜族织品蝴蝶纹示意图　　图六　拉祜族织品葫芦花纹示意图

拉祜族竹木编织

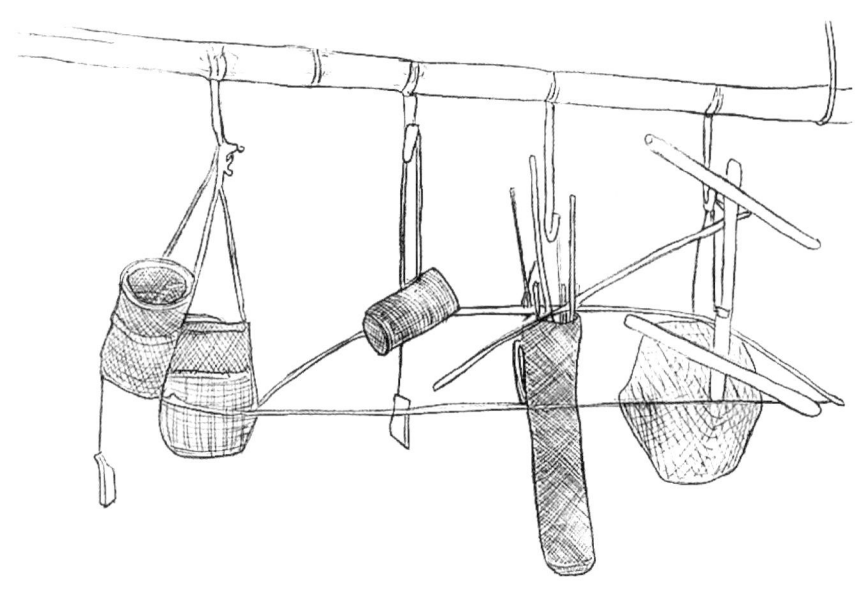

图一　拉祜族竹木编织主图

拉祜族竹木编织得益于他们居住的热带、亚热带山区茂密的森林和偏僻幽深的峡谷坡地上的各种苍翠的竹木，这为竹木编织提供了源源不断、取之不尽的原材料。

竹木和藤篾编织是拉祜族最常见的编织手艺，同时也是日常生活中不可缺少的东西。竹木和藤篾编织除了可以用来盖房子以外，还用来编织各种各样的生产和生活用具，如篾桌、箩筐、鱼篓、簸箕、竹篮、篾席、竹箱、饭盒等。竹木编织是拉祜族主要的家庭手工业之一，这种手工活一般由男子承担。在每年春天播完种之后，如果遇到下雨天，就不出门干农活了，一般都是在家里编制竹篾器物，编织能手每年可编织 40 余件各类的竹篾器物，一般人也能编 20 多件。拉祜族最具特色的竹篾器物是篾桌、饭盒和簸箕，这些器物编织得比较紧密，篾面上还有精美的图案，簸箕或饭盒上都会编织拉祜族崇拜的吉祥物和葫芦图腾。不少村寨以编织某一种手工艺品而出名，如金平县拉祜西人手编的竹篮，它的精致程度可以达到滴水不漏。

拉祜族男子在农闲的时候用竹木编制各种盛具，跟拉祜族女子纺织制衣一样，都是自给自足、自编自用，也有将其作为简单的商品拿到市场上出售的，或是用它与相邻民族交换铁农具、食盐、衣物等生产、生活用品，作为副业收入的来源。这些竹木编织的器物也是拉祜族采集渔猎的必备储存用具。

图片来源
图一、图二、图四、图五　朱正旗　制图
图三　梁显龙　摄影

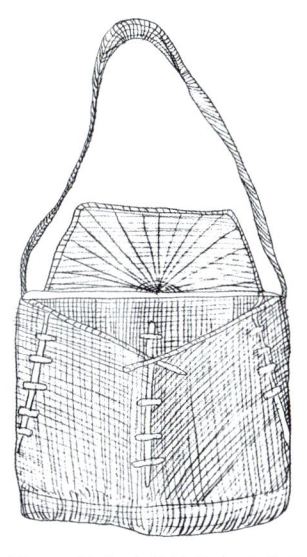

图二 拉祜族竹编挎包示意图

图三 拉祜族竹箧桌实物图

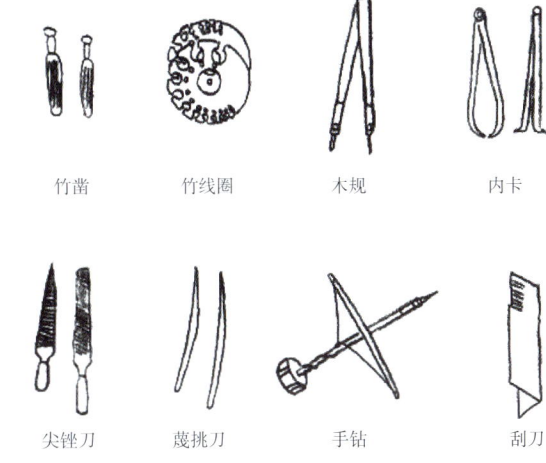

| 竹凿 | 竹线圈 | 木规 | 内卡 |

| 尖锉刀 | 蔻挑刀 | 手钻 | 刮刀 |

| 竹篾刀 | 竹剑刀 | 竹手锯 | 一字刨 |

图四 拉祜族竹木编织工具展示图

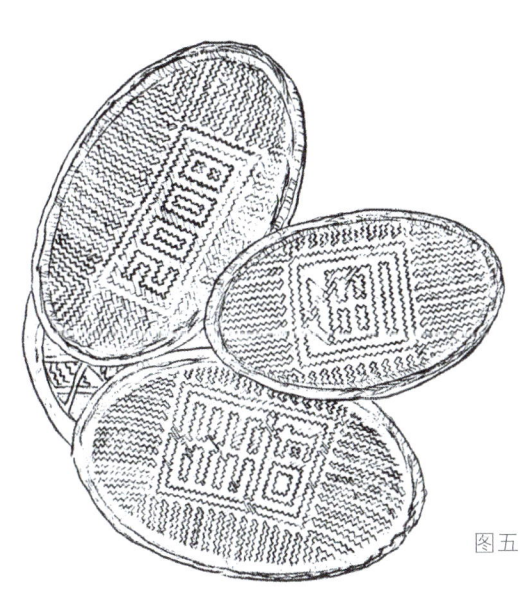

图五 拉祜族竹木编织图案示意图

第六章 拉祜族传统手工艺

拉祜族木雕

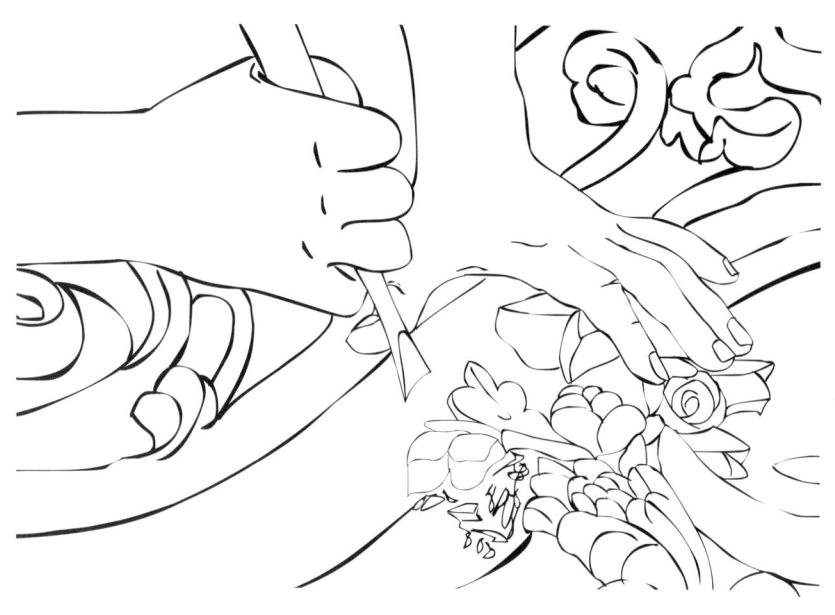

图一　拉祜族木雕主图

拉祜族木雕属于云南木雕的一部分。云南自古以来就是多民族的聚居地，各民族文化互相渗透、争奇斗艳，但由于交通闭塞，拉祜族木雕受外来影响不大，还是保持了本民族自身的艺术特色。

拉祜族木雕大致可分为建筑木雕、佛教造像木雕和祭祀木雕。这些木雕既追求实用性也讲究装饰性，采用多层雕刻、镂空雕刻、圆雕等雕刻技艺，手法狂放大胆，造型古朴。

建筑木雕多为拉祜族房屋顶梁、门窗、神龛必不可少的装饰构件，题材多为飞禽走兽、田园山水和花草树木等，寄予了拉祜人祈盼的吉祥、平安、和乐。

佛教造像木雕主要是法器和礼器，迄今完整保留下来的为数不多，比如拉祜族的木刻佛像。这些木雕一般表现拉祜族家园风调雨顺的场景和对美好生活的祈求，装饰手法注重淡彩，以单色为主。

祭祀木雕是拉祜族祭祀寨神非常重要的组成部分。在拉祜族村寨的村寨中心、寨门旁边或是墓地中经常可以看到一些造型怪异、醒目且雕刻手法粗狂的神柱，这些神柱都是用来祭祀寨神的。拉祜族人在重要的节庆日，都要围着这些神柱木雕举行隆重的祭礼。拉祜族村寨中一般立有几根高约3米的木雕神柱，一根为男性柱，一根为女性柱，女性柱比男性柱略细。男性柱顶端凿有矛形，矛长50厘米，上刻三道粗环纹；女性柱顶端雕成长椭圆形，长约40厘米，也刻着三道环纹。男性柱与女性柱中间和周围另外还有一些细柱、竹竿，并用篱笆围住，上垂白布旗幡，节日里人们献供祭神，并在柱前连续数晚跳舞。

拉祜族木雕既朴实又大气，彰显出无拘无束的想象力和丰富的创造力，给我们带来强烈的视觉冲击。

图片来源
图一至图三、图六　马文斌　制图
图四、图五　朱正旗　制图

图二　拉祜族门窗镂空木雕示意图

图三　拉祜族梁柱木雕图案示意图

图四　拉祜族神柱木雕示意图

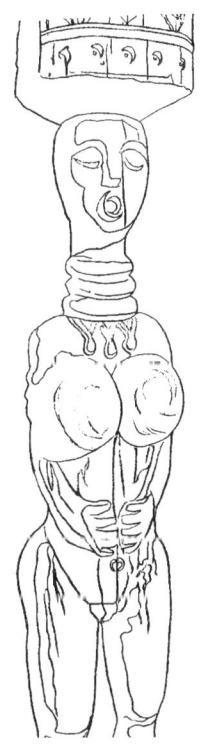

图五　拉祜族女性题材木雕示意图

图六　拉祜族吉祥物木雕示意图

拉祜族器物彩绘

图一　拉祜族器物彩绘主图

拉祜族器物彩绘是在物体或是人体上画一些彩色的图案，把拉祜人自己内心所思所想、精神上想要表达的东西，通过彩绘表现出来。

拉祜族的彩绘主要是与宗教信仰相联系。拉祜人信奉葫芦，把葫芦作为本民族吉祥的象征。他们会在葫芦上描绘图案，涂上各种各样的颜色，创作一些凶神恶煞的面孔，这是为了战胜魔鬼、消除内心的恐惧。每年的大年初五，村里的壮汉会带着弓箭上山去找一棵大树，然后把大树的皮剥掉，在上面画上一些小动物，再用弓箭去射击，射到什么就预示着来年打猎会收获什么。这种彩绘也会描绘到人的身上。在一些重大的活动或者祭祀的时候，拉祜人会在身上或是脸上画一些图案来为活动做准备。

彩绘过程也就是造型填色的过程。首先把图案描绘出来，然后在上面填充自己想要的颜色，进行色彩的搭配。拉祜族在彩绘时用色比较大胆、随意，他们主要是用纯度很高的色彩，不会过多地进行色彩调和。物体的形状会用黑色或是白色描绘出来，这样的图案更加醒目、直观。他们通常都是很直白地通过色彩来表现自己的思想感情。

拉祜族器物彩绘很多都是关于本民族的图腾和信仰的，一般都是放在外面院子里，要经过长时间的风吹日晒。拉祜族器物彩绘使用的是一些矿物质颜料或丙烯颜料，不会脱落，保留的时间比较长。

拉祜族器物彩绘增添了物体的生机与活力，给人带来眼前一亮的感觉。它不仅是拉祜人对美好事物的情感表达，也是拉祜人对未来的一种精神寄托。

图片来源

图一、图五、图六　马文斌　制图

图二至图四　朱正旗　制图

图二　拉祜族人脸彩绘展示图

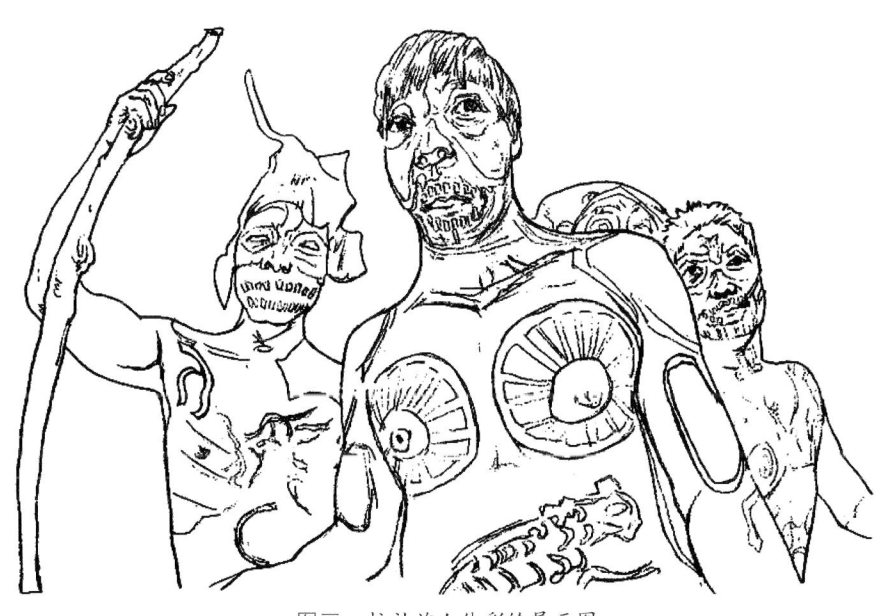

图三　拉祜族人体彩绘展示图

图四　拉祜族器物彩绘之葫芦彩绘展示图

图五　拉祜族器物彩绘制作图

图六　拉祜族树上彩绘射击情境示意图

第七章 拉祜族传统民俗和宗教造像

拉祜族葫芦笙舞

图一　拉祜族葫芦笙舞主图

葫芦笙舞就是"跳葫芦"的意思，在拉祜语中称"戛克"，是拉祜人特别喜爱的一种代表性舞蹈。无论男女老少，只要听到葫芦笙乐器演奏的音乐声，就会舞动身姿，快乐地跳起来。

民间流传的拉祜族舞步有70多种，其中的葫芦笙舞是把拉祜人生产生活中的一些动作舞蹈化，像割麦舞、喂猪舞、喂鸡舞、犁地舞、娃娃舞、老人舞、青年舞、男人舞等，还有一些模拟鸟兽动作的舞蹈，自娱性比较强。

葫芦笙舞有130多组套路，主要分为两类：一类是宗教礼仪活动的时候按照一定的套路和程式跳；另一类是婚丧或娱乐的时候大家很自由地跳，没有宗教礼仪活动时的那么多套路，可以随心所欲、任意更换或增减动作。

在拉祜族新米节、扩节、火把节等重要的节日里，拉祜人都会跳起葫芦笙舞。这种舞蹈节奏感很强，主要是随着节拍屈膝跳跃，重拍向下，肢体律动。葫芦笙舞整体来说风格豪迈粗犷、多姿多彩，舞姿随性、自由，对环境要求不高，大家一起围成一圈拉着手或扣着手，逆时针方向边唱边跳；也可以男女成对，前后左右对称，变换三步一抬、三步一转、三步一跺等动作，有一定的程式和固定的套路。

葫芦笙舞形象地展现了拉祜人的生产、

生活场景和积极向上的精神风貌,是拉祜族民族文化的一部分,也是云南少数民族中的经典之作。

图片来源

图一　朱正旗　制图

图二至图六　马文斌　制图

图二　拉祜族男女对跳葫芦笙舞示意图

图三　拉祜族两男双人葫芦笙舞示意图

图四　拉祜族葫芦笙舞围圈拉手动作示意图

图五　拉祜族葫芦笙舞模仿动物动作示意图

图六　拉祜族葫芦笙舞模仿劳动动作示意图

拉祜族磨秋

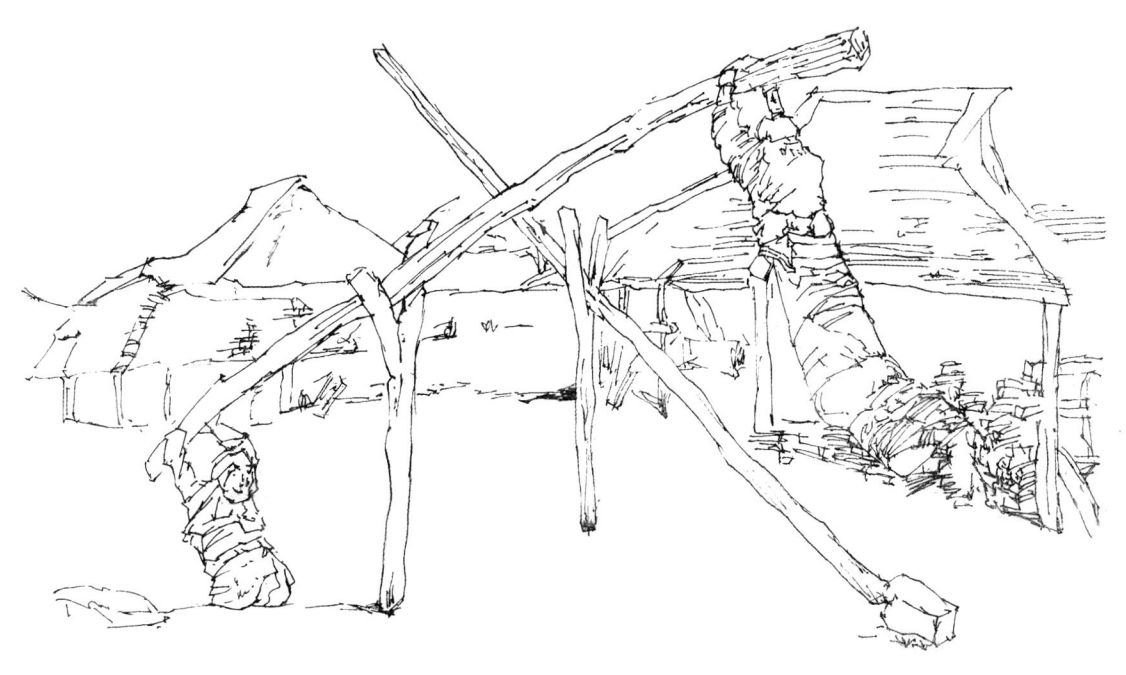

图一 拉祜族磨秋主图

拉祜族磨秋又叫"阿浅",是拉祜族的一种体育活动项目,也是拉祜族孩子们的游戏用具。在拉祜族重大的节日中也有打磨秋活动,如库扎节、年节喜庆的日子等。

拉祜族打磨秋的由来是每逢过年时要宰杀猪,猪觉得不合理就向天神厄莎告状,请求天神把拉祜人也吊起来,得到了天神的同意。之后每逢过大年宰杀年猪,但在过小年的时候拉祜人要将自己也吊起来,以此来谢罪。猪很得意,但拉祜人不情愿这样做,于是就想办法,过小年的时候在村子里搭建架子打磨秋。就这样,他们把惩罚变成了一种娱乐方式。

拉祜族磨秋由一根长木头和一根"Y"字形树干组成,在使用时,将"Y"字形树干固定在地面上,然后找到长木头的中点,将其中点放在"Y"字形树干上。这样,拉祜族磨秋算是组装完成。其中"Y"字形树干也可用削有凹槽的木桩替代。磨秋要两个人一起游戏才能找到平衡点,两人各把住木头的一端,一高一低,前后俯仰。磨秋的高低是没有限制的,大人们使用的磨秋比较高,小孩子玩耍的磨秋相对比较低。

磨秋作为拉祜族传统的体育项目,既能带给拉祜人游戏的快乐,又有助于拉祜人锻炼身体。

图片来源
图一 熊文 制图
图二至图四 梁显龙 制图
图五 陈春园 制图

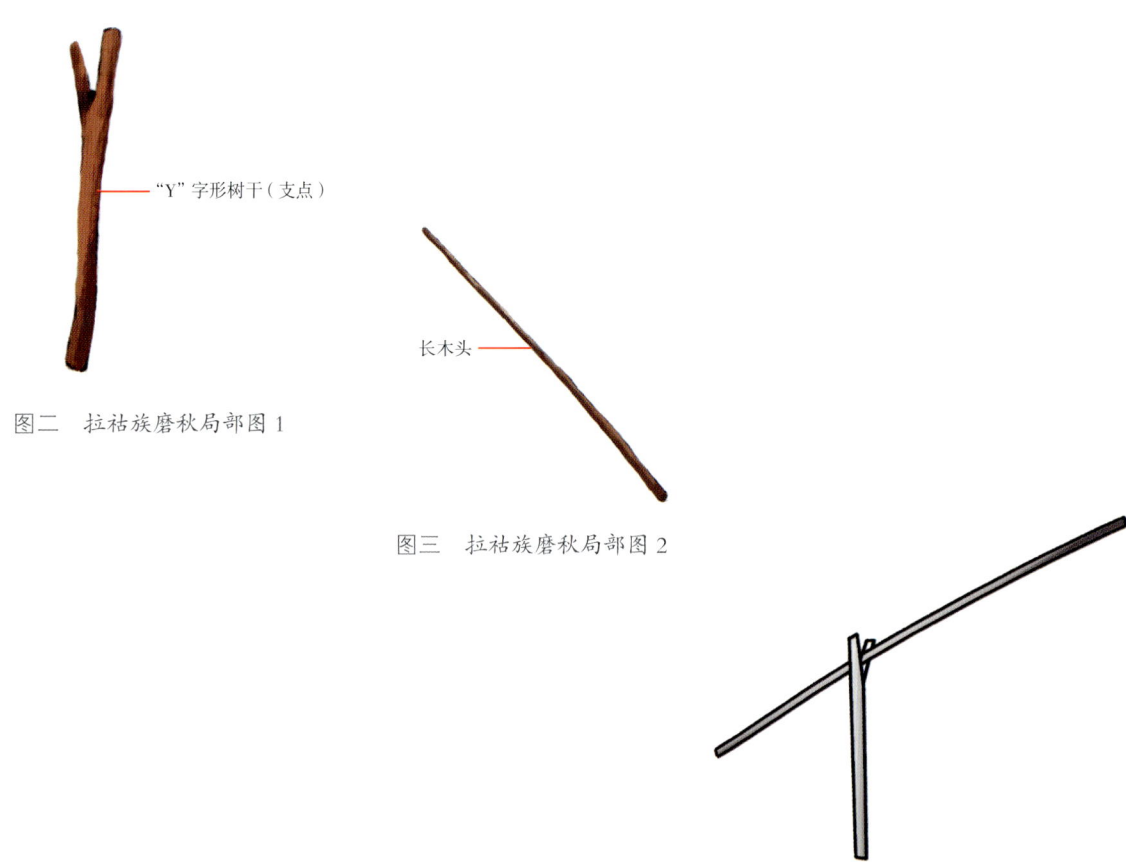

图二 拉祜族磨秋局部图 1 —— "Y"字形树干（支点）

图三 拉祜族磨秋局部图 2 —— 长木头

图四 拉祜族磨秋矢量图

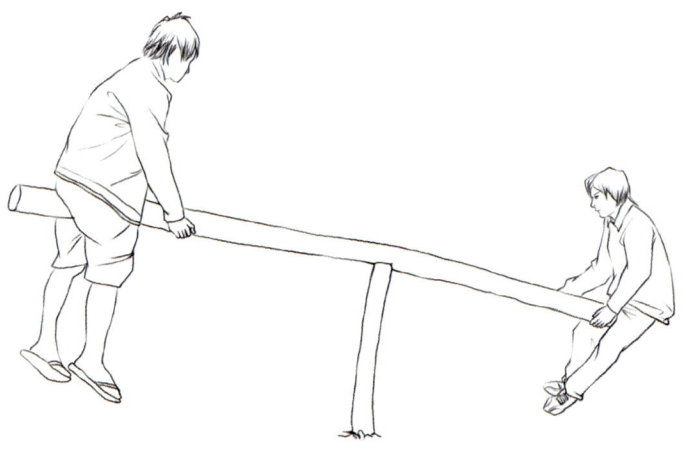

图五 拉祜族打磨秋情境示意图

拉祜族陀螺

图一 拉祜族陀螺主图

陀螺是拉祜族民间比较常见的手工艺品。拉祜人往往自己打磨制作陀螺给孩子们玩耍，闲暇时拉祜人也会聚在一起进行打陀螺比赛。

陀螺由陀螺身和陀螺鞭两部分组成。陀螺身基本上都是由木头制成，包括枣木、樟木、番石榴木或龙眼木等。枣木质地坚硬、木纹细密、耐腐耐磨、防虫蛀，是做木陀螺的最佳材料，其次就是梨木等质地坚硬的木材。选取硬木作为原材料能够使陀螺旋转有力，耐磨损。陀螺鞭的鞭杆通常用弹性好的毛竹或荆条制作。鞭绳很结实，一般用棉绳或细麻绳制成。鞭梢有的用柔韧结实的细皮条扭成，也有的用光滑柔软的麻皮捻搓而成。

陀螺制作简便。首先，把木头削制成倒锥形，并打磨光滑。其次，在尖端用钻头打眼，镶嵌一颗大小合适的钢珠。最后，在表面打蜡或涂漆。打蜡或涂漆的目的一方面是让陀螺表面更加光滑，减少与空气的摩擦，旋转得更久；另一方面，还可以防止陀螺木质被氧化腐蚀，延长使用时间。制作好的陀螺最好存放在阴凉通风的地方，避免日晒龟裂和潮湿发霉。当陀螺鞭绳感觉变硬时，可以用水浸泡、搓洗后阴干。

拉祜人从小就喜欢打陀螺，技法高超。他们常常先用陀螺鞭缠好陀螺身，在地上前抛后扯，使陀螺旋转起来。当陀螺旋转速度慢下来时，再用陀螺鞭不断抽打它的侧面，加速它的自转。拉祜人除了喜欢给孩子制作陀螺，自己在劳作之余也通常三五成群聚在一起进行打陀螺比赛。比赛时，参赛人要同时抽打陀螺，最后转动不倒者胜出；或者把大小、质地差不多的陀螺放在一起抽打，使之相互撞击，最终还在继续旋转者获胜。陀螺比赛是拉祜人集体娱乐的主要项目之一。

图片来源
图一、图六、图七　汪萌　制图
图二至图五　马文斌　制图

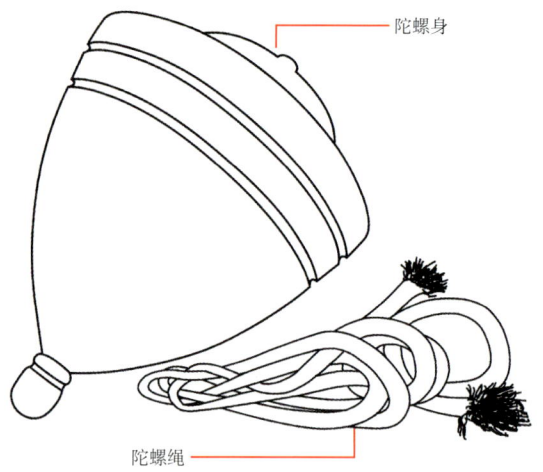

图二　拉祜族陀螺结构名称图

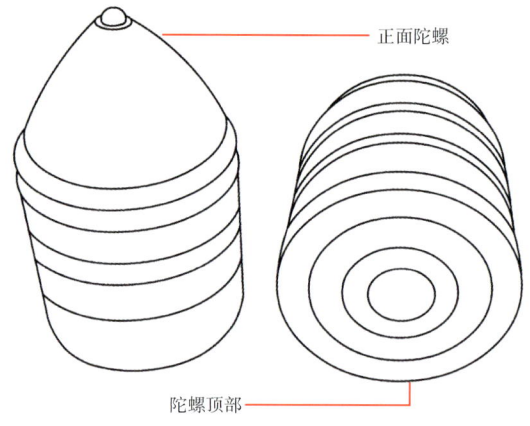

图三　拉祜族陀螺多角度示意图

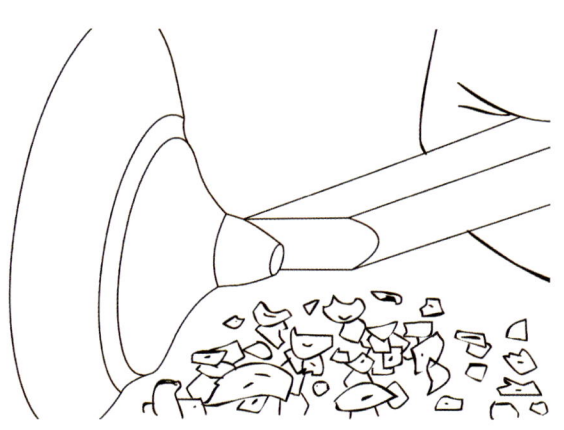

图四　拉祜族陀螺制作示意图1

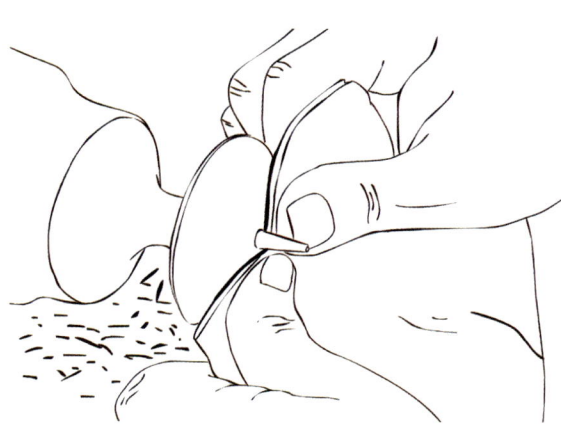

图五　拉祜族陀螺制作示意图2

图六　陀螺鞭缠好陀螺身示意图

图七　拉祜族打陀螺情境示意图

拉祜族"扩"节

图一 拉祜族"扩"节主图

春节在拉祜族简称"扩",有大年节和小年节之分。在节日期间,拉祜族人都会穿着不同的节日盛装。如中老年妇女穿着由黑、红、白、蓝四种颜色的布料做成的节日服装,头披头巾或戴瓜形小帽。男人也穿着节日服装。拉祜族人和汉族人一样,节日时要提前清扫寨子、清洗衣物,平时没有居住在村寨里的人这段时间也都要回归村寨,一起团圆过节,所以热闹异常。

拉祜族"扩"节活动众多,主要包括以下几个方面:

1. 舂糍粑

糍粑是拉祜族人"扩"节必备的食物,所以舂糍粑是拉祜族"扩"节必不可少的活动。舂好糍粑后,拉祜族人会用糍粑来祭祀洗干净的刀、斧、锄、犁等生产工具,对这些工具为他们所做的贡献表示感谢。等到太阳快落山时,拉祜族男女老少会站在自家门前,面向西方祷告,恭迎祖先亡灵回家一起欢度佳节。

2. 抢新水

这是拉祜族人"扩"节中必不可少的庆祝活动。新水，就是指新春之水，在拉祜人的心目中是纯洁和幸福的象征。大年初一的清晨，天蒙蒙亮时，村寨里的青年都争先恐后地奔向泉边，用竹筒或葫芦水瓢抢接新水。

3. 拜新年

拉祜族"扩"节的第一天不准出门，不能离开寨子，只在亲人之间拜年。"扩"节的第二天开始串门拜年，这一天入赘的儿子或出嫁的女儿都会带着家人和年礼回父母家拜年，父母会把准备好的幸福线拴在晚辈的手腕上，祝愿其生活幸福、吉祥如意。

4. 围猎

大年初二后，村寨里的男人要举行一次围猎活动，据说可以预测当年的年成好坏。即捕获猎物的多少和大小直接决定了是否吉利，猎物多和大代表大吉大利，少和小代表小吉小利，如果空手而归则预示着不吉之兆。因此，围猎时男人们绝不轻易空手回寨。

5. 其他活动

拉祜族在节日期间还有许多各式各样的庆祝活动，杀猪宰鸡、与好友吃年饭、荡秋千、打陀螺等。当然，全寨男女老少在夜间云集寨场一起跳歌也必不可少。跳歌活动时伴着优美的葫芦笙演奏和三弦欢快的旋律，大家手拉着手围成一圈，按节拍一起跺脚、踮步、摆手、曲腿、弯腰，边歌边舞。这种盛大的跳歌活动一般要持续三天，但如果是大丰收年，跳歌活动则会从大年初一持续到正月十五。

拉祜族"扩"节积淀着本民族悠久的文化创造和生存智慧，是拉祜族传统文化习俗的重要组成部分，也是拉祜族非物质文化遗产的瑰宝，更是维系拉祜族民族团结、社会和谐、家庭和睦的重要纽带。

图片来源

图一　朱正旗　制图
图二至图五　马文斌　制图

图二　拉祜族"扩"节习俗之大年初一抢新水示意图

图三 拉祜族"扩"节习俗之拜新年示意图

图四 拉祜族"扩"节习俗之打磨秋示意图

图五 拉祜族"扩"节习俗之跳歌活动情境示意图

拉祜族婚俗

图一　拉祜族婚俗主图

　　拉祜族历史上经历了血缘群婚、转房婚等婚姻制度，然后经过血缘集团内部父系和母系相互混杂，并且双系大家庭制度长期并存、同居，导致以后长期实行族内对偶婚。

　　近代以来，随着一夫一妻制法律化、制度化，同居型对偶婚姻逐渐被家庭型一夫一妻制取缔，自由恋爱成为婚姻的构成基础和情感基础，但同时也继续保留了本民族的民俗特色。杀猪庆贺是拉祜族人嫁娶时必须有的活动，它既代表了办喜事时的喜悦、幸福，也是为了喜宴时的丰盛、满足。杀猪后的猪头有特殊寓意，双方家庭都会把猪头一分为二，相互赠送，以此表示从此成为骨肉至亲。

　　现代拉祜族青年的婚姻一般要经历串婚、订婚、结婚三个程序。串婚，其实就是拉祜族青年男女的恋爱过程，但是有季节性特征。按照拉祜族传统习惯，串婚具有一定的时间限制，只能在一年一度的"火把节"（即农历六月二十四日）到第二年的春耕农忙期间进行，主要就是为了避开农忙时间。拉祜族青年男女如果在农忙季节谈情说爱，会被认为是一种伤风败俗的行为而受到谴责，这充分显示了拉祜族人对农业的重视程度。

　　拉祜族青年男女在串婚过程中如果正式确定了恋爱关系，就会告诉双方家里人，然后男方父母会托媒婆去求婚。媒婆去女方家说媒时会带上男方家的酒水，如果女方家长同意对方的求婚，就会高兴地喝下媒人带来的酒；反之，就会拒绝喝酒，甚至会把酒推翻在地。男方向女方求婚成功后，双方就可以正式举行订婚仪式了，而仪式多在男方家举行，也有在女方家举行的。在正式订婚那天，男方会提前做好丰盛的饭菜，再托媒人带上自家的米酒、鸡、肉、盐、茶叶等食物到女方家宴请女方父母和亲戚，在酒宴上双方边吃边商量聘礼和具体的婚期。按照拉祜族的习俗，在双方订婚之后，男女双方必须到对方父母家中劳动一段时间。在此期间双方家人各自都会观察对方的劳动能力和人品好坏，如果发现对方不会干活或者人品不好，可以据此解除双方的婚约。

拉祜族人正式的结婚仪式一般都会安排在热闹的农历腊月至春节期间。婚礼当天，新郎带着聘礼迎娶新娘时要先向岳父献一桶清水以表示尊敬。盛大的婚宴在下午举行。婚宴上，新郎新娘必须坐在一条凳子上，新郎新娘还要相互夹菜以表示互敬互爱。晚宴后，还会举行新婚夫妇拴福线仪式，仪式由女方家长主持。仪式后，女方亲友将陪同新人返回新郎家，并在新郎家举行类似的一系列仪式，这样婚礼才算圆满结束。

新中国成立以后，拉祜族昔日的繁琐礼仪已经大大简化。拉祜族人结婚均按《中华人民共和国婚姻法》规定，办理登记手续。

图片来源
图一、图四、图五、图八　朱正旗　制图
图二、图三　马文斌　摄影、制图
图六、图七　黄勋　制图

图二　拉祜族婚礼仪式之订婚：男方送聘礼示意图

图三 拉祜族婚礼仪式之定制新娘服装

图四 拉祜族婚礼仪式之定制新郎服装

图五 拉祜族婚礼仪式之男方迎娶新娘示意图

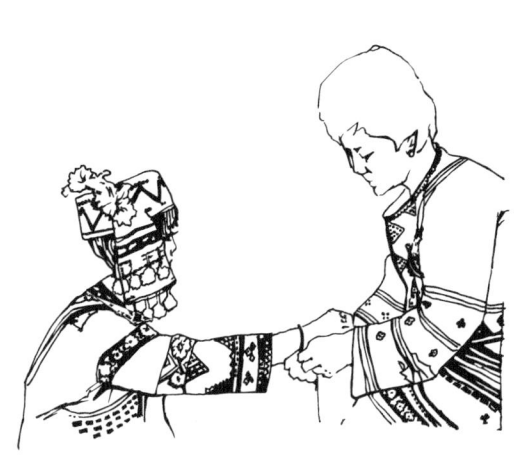

图六 拉祜族婚礼仪式之拴福线示意图

图七 拉祜族婚礼仪式之新郎新娘拜天地示意图

图八 拉祜族婚宴情境示意图

拉祜族祭祀行序与用具

图一　拉祜族祭祀行序与用具主图

拉祜族的祭祀活动众多，像日常的生产劳动、生活中的病痛亡故以及年节喜庆等都要进行祭祀活动。

1. 祭祀食俗

受原始宗教和大乘佛教的影响，拉祜族每逢佳节家家都要赕佛和敬祖。祭祀时，人们要沐浴更衣，把身体清洗干净，"三鸣炮"仪式后献上丰盛祭品，再把祭品作为"福分"分到各家各户。在每年农历六月二十四这天，镇沅、新平一带的拉祜人都要过年节，每户拉祜人都在自家田里搭一石台用以祭祀，石台上铺上松树叶，插上麻栎树叶，再架上小梯子，最后用鸡血淋石台四周，在祭祀时祷念五谷丰登和人畜兴旺的祭词。祭祀之后，采摘成熟谷穗，并把鸡带回，作为晚上的食物享用。到了晚上，还需要杀3只鸡，并用丰盛的食物祭祀谷神。

2. 年祭

拉祜人在新年的第一天早晨，一听到村长的号令，就以敲铓锣和象脚鼓以及翩翩起舞的方式来迎接回来过年的亲人。而回家的亲人则捧着丰盛的食物如糯米粑粑、白薯、蜡烛、谷穗等接受族人撒米、敬酒和祝福。早饭后，各家人在安占的率领下在锣鼓声中载歌载舞，撒米相庆。之后，还会在山箐边举行打靶比赛。比赛结束后，各家各户就开始入庙进行祭祀。祭祀三天后，再把庙里的东西取回，并给家人拴线，祈求平安健康。

3. 祭寨神

拉祜人因为群居在村寨里面，所以有祭祀寨神的习俗。每个拉祜族村寨都种有两棵大树作为村寨寨神的象征，所有人都要保护这两棵树，不准砍伐破坏。每逢节庆时，寨中人都要带着祭品到神树下祭祀，以祈求寨神保佑人畜平安。

4. 叫谷魂

每年拉祜人还要举行"叫谷魂"仪式以庆祝庄稼收获。具体过程分两个部分：首先，人们把一只鸡和一撮谷子带到田里，然后边念咒语边往家走，祈求谷魂跟随自己回家；带领谷魂到家后，杀鸡祭献，然后把鸡脚和数粒稻谷包裹起来放到一个小布口袋里用以悬挂在粮仓和米囤中，祈求谷魂保佑自家来年谷多仓满。

5. 叫魂

新中国成立前，拉祜人居住在深山老林里，笃信巫术。当有人久病不愈或者遭受惊吓时，村里人就要请族中巫师"磨八"来占卜问卦，举行叫魂仪式，认为能从鬼魂那里召唤回人的魂魄。

图片来源
图一至图四　马文斌　制图

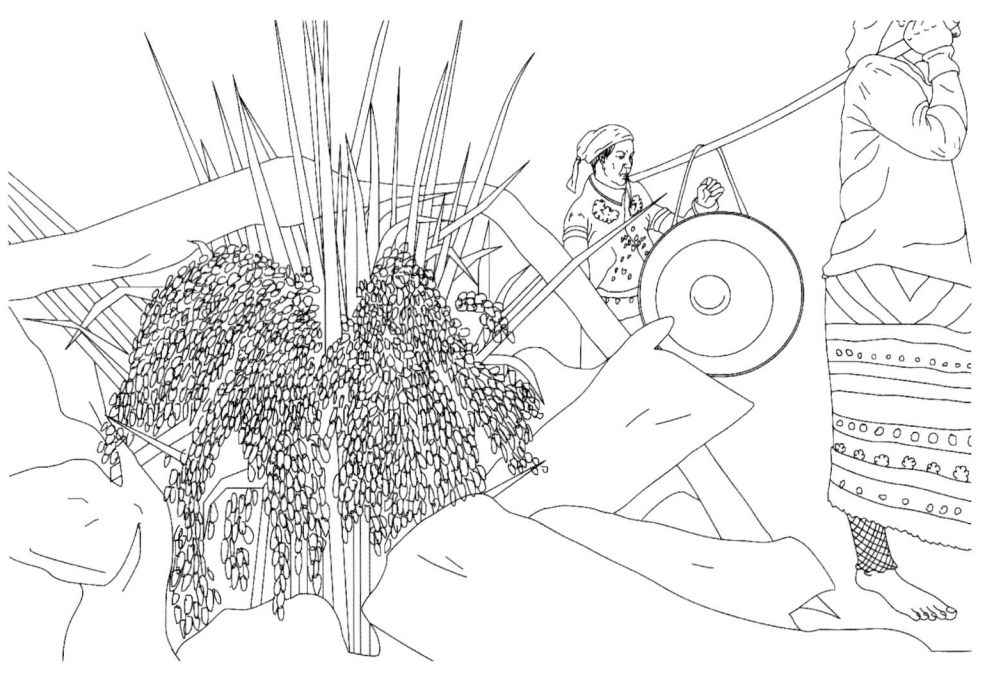

图二　拉祜族秋收后祭祀示意图

图三 拉祜族祭寨神仪式示意图

图四 拉祜族"叫谷魂"仪式示意图

第七章 拉祜族传统民俗和宗教造像

拉祜族自然崇拜

图一 拉祜族自然崇拜主图

拉祜族自然崇拜是指拉祜人对自然界的事物举行祭祀的仪式活动，像祭茶仪式、火把节、祭太阳等，都是向自然表达自己的敬意和崇拜，希望来年风调雨顺，获得大丰收。拉祜族对自然的崇拜还有很多，包括在衣服上绣上自然界的图案，如犬齿纹、蝴蝶纹、葫芦花纹、彩虹纹等，通过这些方式来寻求心灵上的慰藉。

自然崇拜仪式里的祭茶仪式是采摘春茶、祭拜古茶树的仪式，这是为了祈求茶树能很好地生长。大家采摘一些新鲜的茶叶放在芭蕉叶上，再放上一些晒干的茶叶，一起合上双手，对着地上的茶叶祈祷。德高望重的老人会向搭好的祭台上投放茶叶，人们吹着葫芦笙、打着钹，围着圈共同祈祷。

火是拉祜人生活中的重要内容，火把节是拉祜族不可缺少的节日。在家里，火塘是家庭的核心，拉祜人把火塘和神龛联系在一起，火塘像神龛一样重要。火把节是为了纪念扎努扎别。当天，由德高望重的老人点燃广场中央的松明火把，其他人在各家门前点燃火把，大家持着火把在屋前屋后四周转一圈，然后到田地里去驱赶虫鼠。年轻人在广场的中心火把前围着圈，跳起欢快的芦笙舞。

拉祜族对自然崇拜的最后一个仪式是祭太阳。每年的夏至日，拉祜人都会举行祭太阳神的仪式。女人们手持箩筐，在里面装满爆米花，一边走一边跳，然后不停抛撒爆米花；男人在女人后面，敲锣打鼓，持着长刀排着队，去太阳神庙祭拜；最后在庙前举行祭祀仪式，由祭司念咒，大家围在一起，女人继续撒着爆米花，边走边跳，持续到太阳下山，爆米花撒完了，仪式就结束了。

无论参加哪个祭祀活动，妇女们都会穿得很正式。她们身上的服饰都绣有彩虹纹、蝴蝶纹，还有其他一些自然图案。这说明拉祜族在服装上也表现出了对自然的崇拜，在重要的仪式上穿着这样的服装，也是对自然崇拜的一种方式。

自然崇拜仪式不仅祈祷来年风调雨顺、获得大丰收，还把拉祜人对未来的寄托转变成一种精神，借助自然崇拜来追求心中所向往的美好生活。

图片来源
图一、图二　朱正旗　制图
图三至图七　马文斌　制图

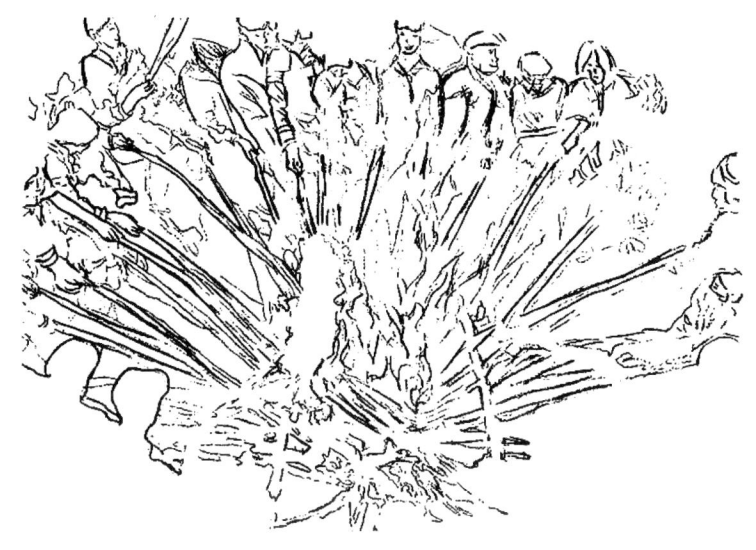

图二　拉祜族火把节点火仪式示意图

图三　拉祜族祭太阳仪式示意图

图四　拉祜人祭茶仪式示意图

图五　拉祜人祭茶仪式之打锣示意图 　　图六　拉祜人祭茶仪式之打钹示意图

图七　拉祜族长老祭茶仪式示意图

拉祜族屋内祭祀神龛及香案

图一　拉祜族屋内祭祀神龛及香案主图

　　拉祜族每家每户都会在家里正房或父母居住的内室摆设一张神桌。这张神桌在拉祜人心中异常神圣，因为它是家神休憩的场所。人们是不能够在神桌上摆放其他东西的，更不能随便触碰神桌上的神器和祭品。同时，屋内还供奉着祖先的牌位。

　　神龛在拉祜语中称"铁娃拉"，即拉祜族祭祀祖先的地方。在拉祜族的村落中，不论贫穷还是富有，家家户户都设有神龛。神龛常常悬挂在火塘之上的搁架上，并在住屋房梁之下。原本拉祜人认为神龛应该挂在房屋正中的主柱之上，但是正中主柱往往承受着巨大的外力，对整个房屋有支撑作用，因此才将神龛挂在靠近主柱的大梁上。到拉祜族人家做客时不得随意触摸神桌上祭祀神灵的物品，更不能触碰用来供奉家神的敬水献饭用的小竹筒。拉祜人家中往往有两个火塘，即老人专用的火塘和煮饭用的火塘。火塘是家庭的朝圣核心，拉祜族视火塘如同神龛一样神圣，有火塘的地方不能随意坐人或跨越。

拉祜族一般是在正门中心靠墙的地方摆设香案供奉祭祀，默默祷告家神能够保佑家中人畜、财产免受侵害。香案之所以位于家庭中心，是因为在拉祜族原始宗教中，祖先与传说中的造物主厄莎往往联系在一起，祖先祭拜居于中心地位。拉祜人认为，厄莎是造福于下界百姓的天神，主宰着宇宙，并兼管人间的吉凶福祸。拉祜人对厄莎的崇拜具有很深的祖先意识，厄莎已成为全民族共同崇拜的神。因此，拉祜族上到掌管祭祀活动的摩巴（巫师）家，下到普通民众家，都会在居室的正中位置搭建香案，并在香案上放置香炉、烛台等神器。每逢重要的节日，如春节、新米节、火把节等，都会摆上香蜡、新鲜的五谷、茶水等祭品，焚香祭祖。

图片来源

图一、图四至图六　朱正旗　制图

图二、图三　张贺峰　制图

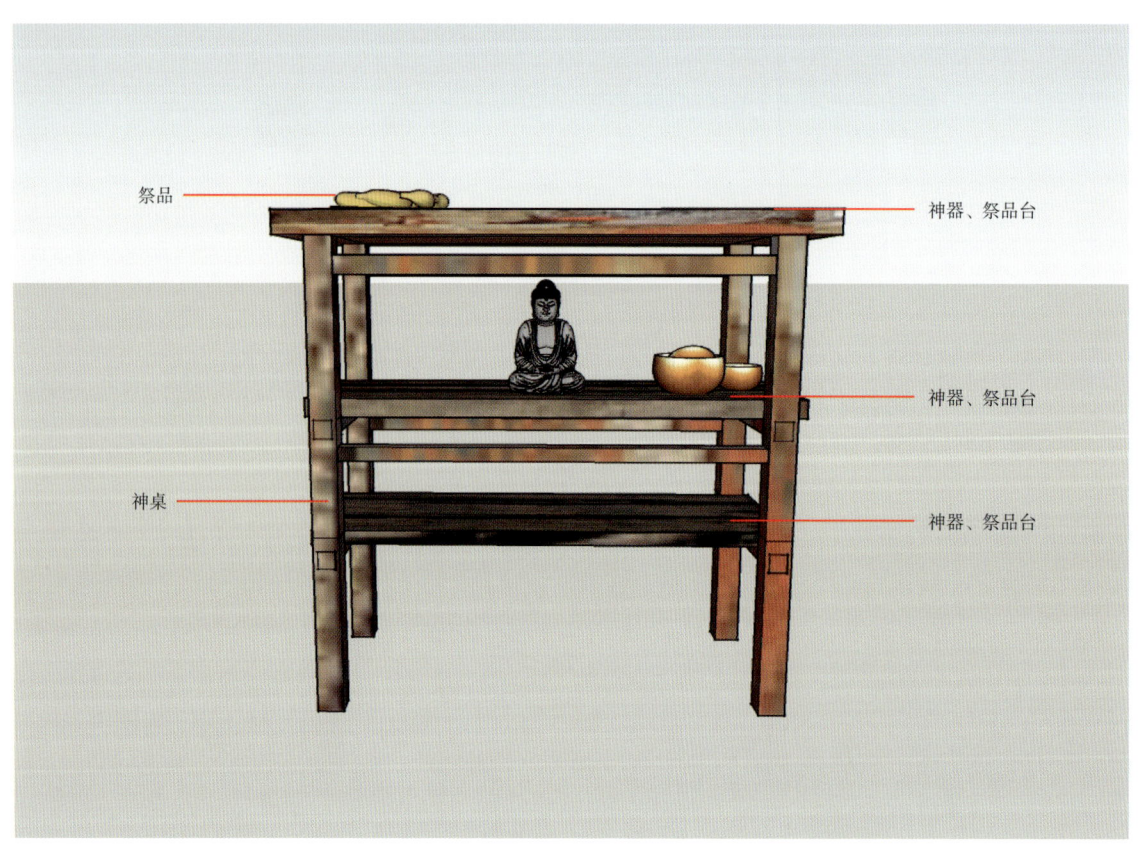

图二　拉祜族屋内祭祀香案结构名称图

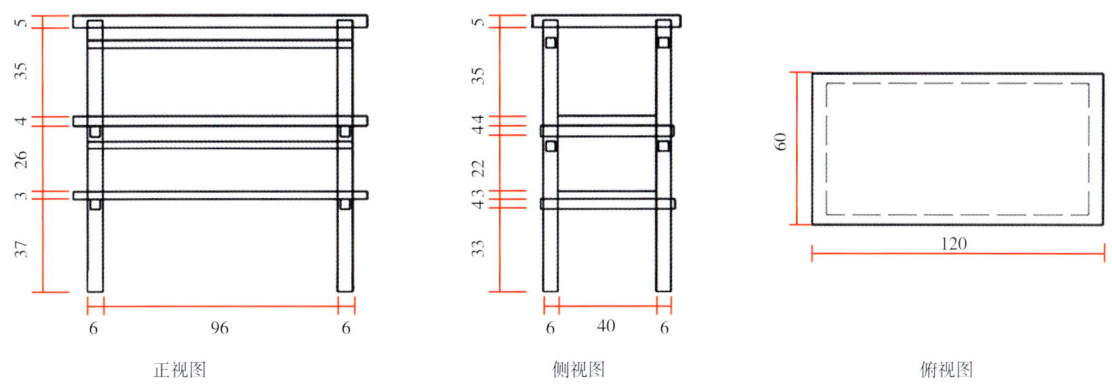

正视图　　　　　　　　　侧视图　　　　　　　　　俯视图

图三　拉祜族屋内祭祀香案三视、尺寸图（单位：cm）

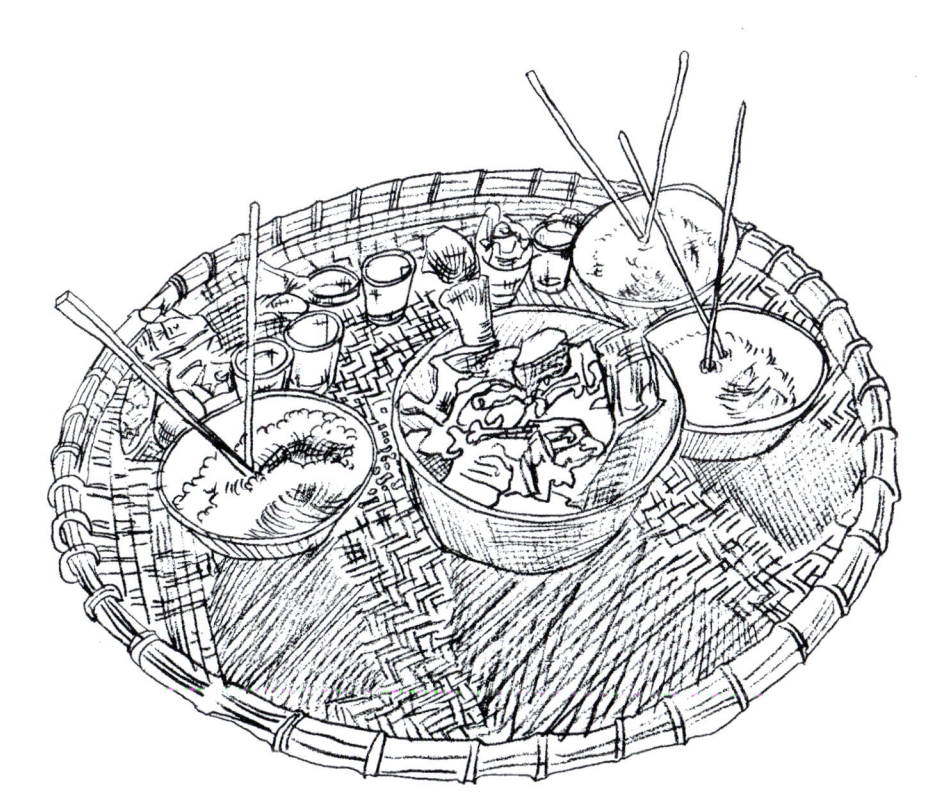

图四　拉祜族屋内祭祀祭品示意图

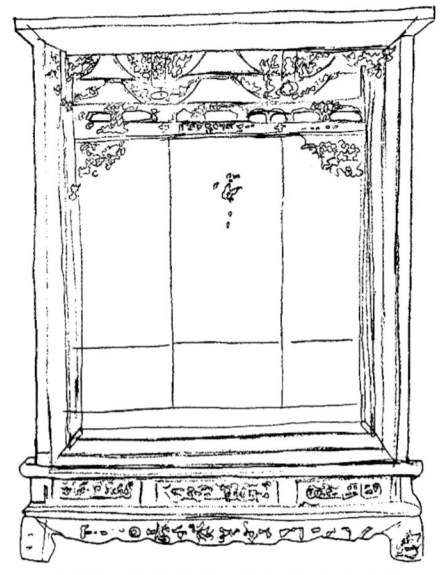

图五 拉祜族屋内祭祀神龛示意图

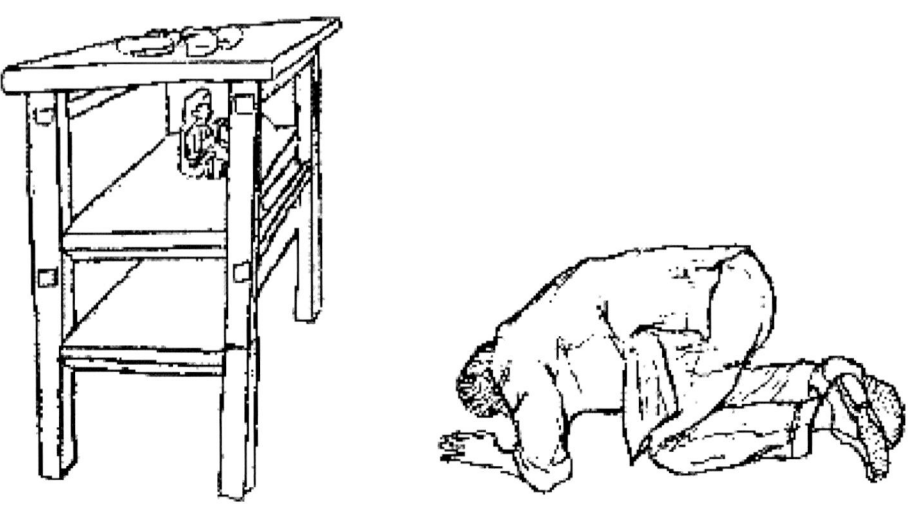

图六 拉祜族屋内祭祀情境示意图

参考文献

［1］杨春.中国拉祜族.银川：宁夏人民出版社,2012
［2］拉祜族厄莎信仰下的祭祀舞蹈研究.学位论文，云南艺术设计学院，2011
［3］王正华，和少英.拉祜族文化史.昆明：云南民族出版社，1999
［4］陈昌文.宗教·哲学·艺术.北京：宗教文化出版社,1999
［5］张铁山，赵永红.中国少数民族艺术.北京：中央民族大学出版社,1999
［6］晓根.芦笙恋歌口弦情.昆明：云南教育出版社,1999
［7］http://www.bxwx.org/text/91/91790.html
［8］http://www.gxmzb.net/conten/2013-11/04/content-5667.htm
［9］http://www.sea.gov.cn/col/col441/index.html
［10］http://www.sogou.com/h9538223.htm?sp=152143006
［11］互动百科·口弦
［12］搜狗百科·木筒鼓舞
［13］百度贴吧·巴乌
［14］歌谱收藏站·中国乐器·口弦
［15］百度百科·拉祜族

声　明

　　本书编写时收入的个别图片，因条件所限，未能同相关著作权人取得联系，获得授权，敬请谅解。请相关著作权人及时与编者联系，以便奉上稿酬。谢谢！